本书获“广西一流学科·中国语言文学”经费资助

天人合一及心心美学

中国出版集团
中 译 出 版 社

图书在版编目（CIP）数据

天人合一及心心美学 / 丁来先著. —北京：中译出版社，2020.12
ISBN 978-7-5001-6433-3

Ⅰ. ①天… Ⅱ. ①丁… Ⅲ. ①心学—美学—研究 Ⅳ. ①B244.8-05

中国版本图书馆CIP数据核字（2020）第247829号

出版发行 / 中译出版社
地　　址 / 北京市西城区车公庄大街甲4号物华大厦6层
电　　话 / (010) 68005858，68358224（编辑部）
邮　　编 / 100044
传　　真 / (010) 68357870
电子邮箱 / book@ctph.com.cn
网　　址 / http://www.ctph.com.cn

策划编辑 / 范　伟
责任编辑 / 范　伟 张若琳
封面设计 / 潘　峰

排　　版 / 北京竹页文化传媒有限公司
印　　刷 / 北京顶佳世纪印刷有限公司
经　　销 / 新华书店

规　　格 / 880mm×1230mm　1/32
印　　张 / 13.25
字　　数 / 250千字
版　　次 / 2020年12月第一版
印　　次 / 2020年12月第一次

ISBN 978-7-5001-6433-3　定价：68.00元

目录

CONTENTS

导论

天人合一存在境界及多面孔显现

一条路，存在，它不能不存在，这是说服之路，也是真理之路；另一条路，它不存在，非存在是必然的。

——（古希腊）巴门尼德

一　天人合一与中国心学传统的核心肌理

(A)

每一种文化传统都有自己最深也是最坚实的精神根基，并因为这个根基使成员充满精神的活力（也可以说是存在活力），这个精神根基是最根本性的，但也是无影无形的，其也隐蔽地、不断地在人们的体验中显现。这个无形而根本的实在也是那个文化传统的第一精神原理对象。一种文化最有价值的呈现差不多也就是尝试返回到这个根基处。人（或文化显现）要与这个隐形（或隐蔽）根基进行持久的对话与交流。人类经常做这种看似不够确切实在之事，而且常常是在无意识状态中进行。何以如此？因为这涉及人之存在深邃的精神本质（或人的先验性精神潜能及本质）。真正的所谓人之精神尊严也蕴含在这一方向上。在各种新的不同于过去的自然发现——宇宙大爆炸、暗物质、量子纠缠理论等——被普遍认可后，再像以往那样自作聪明地把视域限制在有限自然范围，不加思考盲目地“反形而上学”，就有点“不合时宜”了。目前的思想界（尤其是人文思想界）有越来越远离“深邃”（另一方面也就是走向肤浅）的倾向，识时务（包括尊重感官）成了基本定位。因此，把目光限制在有限的、可见的物象范围内，但也因此越来越远离真正的智慧。从人类的存在体验史看，只有那些伟大而深邃的存在形象（包括与此相关的思考）才能将人类从虚无中（尤其指精神的心灵虚无）拯救出来，而人类的精神（心灵）归根结底更要集中在这一点上：即同一直伴随着自己的各种虚无做斗争，也即避免让人之存在陷入“空心”状态。让人拥有心，拥有一颗被充满的充实之心，这是一种思想、一种哲学、一种文化最应该做的。所谓的思想大师、哲学大师等如果不能在这一点上有所贡献，那这个所谓的大师一定是浪得虚名。但现在流行的似乎是相反的方向：用琐碎的、看似机巧的实证材料解构，解构任何一种使人逃离虚无的企图及学说。近代以来人类注重各种有限自然对象，试图通过对其规范及征服来为自己服务。在这过程中，各种看似精明机巧的思考方式（包括琐碎的实证主义、琐碎的逻辑分析等）应运而生，但这些外向的发展与成果对解决人之存在的虚无这一根本点似乎无济于事。

“基础乃真理之本质。”[①]

一种文化传统的第一精神基石——最深邃、最深奥，也是最宽广的存在根基——是十分重要的，尽管其看起来无影无形，但对克服人之存在的无意义（或虚无）却是一个关键。人之存在的表象性体验是多彩多姿的，也有多个方向，看起来也纷繁复杂，但最有深度价值的体验常常却是这个精神基石之或隐或显的流露。可以说，第一精神基石也是各种思想传统的最核心内涵，也是各种文化传统方方面面的起点与归宿。虽然不同的文化传统之间——由于地域与历史经历的不同——难以避免地会有许多差异性呈现，但在第一精神基石（或第一精神原理）方面共同性却远大于差异性。为什么会有这种共同性的深邃的精神欲求？因为这涉及人之存在的先验精神结构及精神潜能的满足，涉及人之存在的核心价值支撑，涉及人之存在的真正有价值的方向，也涉及人的心灵真正归属之处。当人心陷入混乱无序无处安放时，人就不再是真正意义上的人了。因此，真正意义上的有价值的人文传统——不是面向人之存在的局部头脑，而是面向人之存在核心与存在整体（所谓心灵，在东西方传统中就代表存在核心与存在整体倾向）——就是能帮助人类从心灵深处战胜虚无并获得内在生机的传统。

在这个多变复杂而又喧嚣的时代，人类尤其需要深邃的精神智慧及基于谦卑的精神努力。那么，哪些谦恭的精神努力能够帮助人们战胜如影相随的虚无呢？东西方传统的共同的看法是：要避免人之存在的最终虚无，首先人得正确认识自己的局限性、脆弱性，这就

① 〔德〕马丁·海德格尔：《哲学论稿——从本有而来》，孙周兴译，商务出版社，2012 年 6 月版，第 404 页。

是希腊德尔斐神殿铭言："认识你自己"的要义。人并不是衡量万物的尺度，也不是万物的中心，人只是万物的一部分——一个微弱的很小的部分。人需要谦卑地认识到自己只是原初普遍本质的特殊显现（不管人自己认为自己如何具有先于普遍本质的优越性），并因此把自己奠定在最深邃最坚实的精神根基之上，这就是印度《奥义书》"认识你的真我"（Atman）的要义。所谓真我代表世界终极性实在（或终极本性），也代表人之存在最深邃也是最核心的根基或基础。这个根基（或基础）虽然难以捕捉和言传，但却能被我们的本心切切实实地体验到。这个根基（或基础）在东西方思想传统里获得了不同的称谓。"本原性存在"（存在本身，或其他象征性表达如上帝、太一等）是西方的一种描述，也是整个西方传统的第一精神基石，也是他们哲学（宗教）的最核心问题之一。巴门尼德的确奠定了最初的关于存在的思考。而人对那个原初存在本身的信仰也代表一种"最高关怀"（保罗·蒂里希语），这是对最原初实在的确信，是对人之存在根基支撑的确信，是对克服虚无（从无到有的）力量的确信，也是对各种非存在力量之非根本性的确信。中国思想传统在大的思考方向（或思路）上并不例外。

中国思想传统的最根本的精神基石——托马斯·阿奎那将之称为"纯粹存在"，不同于被演变的复合实体——是天，更准确些说是天之心。天心不是天的精神或意识或心理，而是天之真正的"真我"。中国思想传统确信作为终极性存在支柱的"天心"，确信作为主宰之灵的"天心"；这也是中国宗教—哲学传统的"最高关怀"。天之整体从外观上看是物质—生物性自然，但这只是局部现象—表象，这个自然现象—表象折射的是"心性"，所以从本质上看天就是一个超大的、超乎想象的“心体”。天心之真我，代表物质—生物性自然现象—表象背后的真纯存在，或者说代表自然背后的存在本身，也代表终极性的肯定性存在力量（人心则代表人之物质—生物自然现象—表象背后的真纯存在，也代表分有了天心之纯存在性，并代表带有终极性的肯定存在的内在力量），是物质—生物自然的存在依据与创造性源头，也是人之存在精神启示的源泉与根据，也是人心的最核心、最隐蔽的本质，这一本质深藏着人之存在的和谐、玄妙、深邃、丰富与完善之最高圆满性（尽管在人的实存在状态——也就是疏离状态——中很难达到这种高度）。东西方的古代思想传统有着共同的现象学式的洞彻：差不多都想象了那个最根本的第一存在基石（或第一实在），并预设其作为人之启示依据与最高坐标的地位，这也代表最原初的、丰富的源源不断地圆满完善的创造性力量。

几千来年，中国民间传统普遍以最诚挚的方式“祭天”，对古今中国人而言，这也代表了最高的、形而上的安慰。古今中国人祭的当然不是天之物质的物理方面，而是祭天的那个通人心的主宰之“灵”，祭天之可与人间（人心）沟通的那个存在中心。在中国日常用语中至今依然有“天地良心”之说。这可算是中国民间传统信仰的无意识表达，也是中国传统想象与体验的集中表达。“天”在象征与隐喻的意义上，代表中国思想传统的最高存在，其似乎也是理解中国几千年文化历史的一把钥匙及潜在的精神线索。“天”这个汉字符号充满了深刻的精神寓意，是古代中国人的伟大创造之一，也代表中国古代传统对整体世界的认知与领会。从汉字字源学角度看，天属于会意字，“人”字上面顶着一个“口”字。本义意指人头顶上方的无边无际的苍穹。这个“天”之所以成为最高存在，不是因为其物质—生物层面的大而广，而是因为这个具有无边感的现象—表象之“天”，其整体是有灵的有心性的。天之整体就是“心体”，也是更为核心的本原存在（天之超心）的展现，那个推动着天神秘展现的本原才是真正的中心，那才是天之根本，天之依据与真正的主宰力量。

“天者，百神之君也。”（汉董仲舒《春秋繁露·郊义》）

“盈天地皆心也。”（明黄宗羲《明儒学案·序》）

“万物未生处……乃天地之心也。”（明王夫之《周易内传》卷二）

“惟其理本一原，故人心即天……圣学所以天人合一，而非异端之所可溷也。”（明王夫之《张子正蒙注：太和篇》）

在中国古代传统观念里，所谓天是被神明主宰的，因而天之心也具有神明性，是具有神明之“心”，而所谓神明之心也不是人格性的，其在天之整体之中心之深处。所谓天心地心人心万物之心具有共同共通的本质，也意味着彼此本质上都是“心体”，心就在各自之深处之中位，故称中心。天之中心被简称“天心”。居中位之天心作为终极性实在，也通过天之存在整体（心体）特性显露出来。《周易》中已经提出“天地之心”的概念。《礼记·礼运》进一步把人之心与“天地之心”联系在一起，其也谈“大道之行”。孟子、董仲舒等思想大家都对天心与人心有过深刻思考。在吸收了佛教关于“心”的种种思想成果之后，后来宋明清的中国心学学者则较为系统地讨论探索了“天地之心”，也更为清楚地领悟到：天心与人心拥有一个共同共通的核心本质，这个共同共通的“心”超越身形，内居于中，具有本体性、终极实在性，并内在地、幽深地主导着自然之形。《说文解字》里说“人心，在身之中”。《黄帝内经》说“心主神明”。荀子则曰：“心居中虚，以治五官，夫是之谓天君”（《荀子·天论》）。他又中提出："心居中枢，以治五官，夫是之为天君""心者形之居，神明之主"（《荀子·解蔽》）；《管子·心术上》说："心之在体，君之位也……心者，智之舍也"；《淮南子》则道："心者，形之主也，而神者，心之舍也。"

"天心"与"人心"的本质相同相通。所谓"人心"只是天心的一种微观的特殊显现的副本，也是天心的一种延伸性显现，也是天心的一部分，这个延伸的微缩的副本能感应呼应天心，也以某种方式显露、表达天心，而且在本质上也属于"天心"。天心代表终极性实在，代表终极性肯定存在的力量；人心则代表人之存在的终极性实在，代表带有终极色彩的肯定力量。人心的伟大独特正在于能领会、感悟、分有天心，并能接受启示，呼应天心之隐蔽的启发。人们也可以通过领悟人心去领悟天心。

"尽其心者，知其性也；知其性，则知天矣……存其心，养其性，所以事天也。"（战国孟轲：《孟子·尽心上》）

"与人相副，以类合之，天人一也。"（汉董仲舒：《春秋繁露·阴阳义》）

这也被称为"事天"，或事天之道，或事天之心。"'大人'者与天地合其德。"（《易·乾卦·文言》）"人何以知道？曰：心。心何以知？曰：虚一而静。"（《荀子·解蔽》）"以心观道，道即心也；以道观心即道也。"（《玄教大公案》）中国传统思想家中对天心—人心本质相通，并进行类比性思考的大有人在，这也有一个源远流长连续不断的传统。在中国漫长的历史时期，众多思想者对其做过天才性的沉思。"心者，神明之主，万物之统也。"（西晋傅玄：《傅子·正心》）"心为太极"（北宋邵雍：《观物外篇》）。天心在老庄等道家那里也被称为“道”(“道等于心，即道是心，即心是道。”(《三论元旨》)。佛教道统对“天心”的关注似乎也很突出，中国传统佛教所说的“三界唯心”(“三界所有，唯是一心”《华严经·十地品》)说的也是同样的道理，整个世界(欲界、色界、无色界)，皆是心造。当然这个心，是超心，或者说是超越物理自然之天心。而人之本心本然地、先验地指向天心(或天之心性、神性)，被天心(或天之心性、神性)隐蔽地、静静地召唤启示。这种关于“天心—人心”的思考极富有启发性，这也促成了我们创造性沉思状态的活跃，也促成了我们在此基础上“接着说”。

“心者天地万物之主也。心即天，言心则天地万物皆举也。”(明王阳明《答季德明书》)。

中国思想传统有推举“心”的理论倾向，虽然对“心”的理解角度不同(比如有生物论意义上的理解)，但总体来看，倾向于把其推到“本体”地位。人之存在价值依存于人心与天心之“本体”的关联，这种内在的贯通、联系与统一构成了人之心心存在秩序(结构)；心心存在是一种具有内在的贯通性、联系性与统一性的存在。要达成这种内在的贯通性、统一性、一体性，人首先就要做好“心”的准备，也就是敞开的联系性“心向”。中国的传统儒佛道对“存心”“明心”“修心”“养心”都很重视，但目的不是为了精确地掌握心，而是为了天人之内在一体感、统一感，为了分有(或存明修养)天心之纯存在性，或者说是为了分有其终极性肯定存在的内在力量，为了由此而生的自由的、富有生机的“心心秩序”，也就是为了达成理想的人心秩序，即具有内在贯通感、一体感、统一感的人心秩序。在这种内在的人心秩序里，人心分有天心之纯在性，留存了带有终极性色彩的肯定存在的内在力量。

天人合一中人的问题本质上就是“人心”问题。那么何为“人心”？关于心灵的本质问题，是西方思想史（包括哲学史等）的一个热门问题。从古希腊起，经古罗马、中世纪到近现代，西方所有最伟大的哲学家都对其进行过思考，包括柏拉图、亚里士多德、奥古斯丁、阿奎那、斯宾诺莎、笛卡儿、洛克、康德、谢林、黑格尔、胡塞尔、柏格森等等。与此相关的还有灵魂问题、意识问题、身心问题等。近代以来，随着科学的兴起，关于“心灵”的思考则更为具体，并更多与“心理学”产生了联系。基于此，关于人心就有了各种各样的奇奇怪怪的说法，经验主义的、理性主义的、内省主义的、功能主义的、行为主义的等等。这些说法基本都把人心理解成现象—表象心。但从中国思想传统视野出发，真正意义上的“人心”不是现象—表象心，而是指与天心贯通联系着的本心，或称本体心。或者说，不与天心贯通统一联系的心就趋向表象—现象心，本心（或本体心）也不可用科学的精确方式把握。人心是人之决定性中枢，代表带有终极性的肯定存在的力量。人心不是一个意识器官，也不是一般的意识活动或心理，人心代表人的核心与中枢，其不在形构之生物性自然现象—表象方面，尽管人心的显露脱离不了人之自然现象—表象。所谓和谐完整的人，其核心秘诀在于拥有和谐完整的“人心”，也即人之整体成为和谐完整之“心体”。人心之内核在人之生物性自然现象—表象背后的纯存在方面，也即分有了天心之纯存在性方面，其也代表人之带有终极性的肯定存在的内在力量。人之“本心”之说，只是一种极富有精神内涵的象征性表达，其也超出一般意义上的能指—所指语言符号定式。

"心"不是各种局部的自然事实现象或表象，其也逃离一切试图对其客观精确把握的企图，其可以被沉思被领悟被洞悉被想象被理解，但不能被精确或规范地确定。我们这个时代是现象—表象心发达泛滥的时代，似乎也是"心理学"发达泛滥的时代。现在的每一种学科最后似乎都可归位到"心理学"，似乎一切都可从心理学的角度去透视："性心理学""体育心理学""教育心理学""文学心理学""审美心理学"…… 但这种现象心及心理学越是泛滥，人们对真正人心的认识似乎也就越少。在这个心理学大泛滥的时代潮流中，现象—表象心也几乎代替了本心—本质心。这也造成现代人心的"空漠"。好多心理学家（包括有心理学倾向的哲学）把"人心"当成人的一般的心理意识，或当成一种意识功能，或当成一种意识器官，由此又将其引申为心思、心意、心念、感情、情绪、性情等，甚至由此引申出思虑、谋划等理性活动功能。美国哲学家约翰·赛尔在《心灵、语言和社会》一书中用很大篇幅探讨了"心灵的本质"。

"有些种类的有机系统已进化为神经系统，而那些神经系统又进化为我们称之为'心灵'，即人类的核动物的心灵的东西。"①

现代一些学者把心当成大脑的脑神经元活动已经是常事。赛尔认为心灵的运作方式就是"意向性"，他说：

"一切重要的东西都是由于与意识相联系才成为重要的。就其与世界的交涉来说，意识的重要特征是它本质上与意向性相联系……心灵在进化上的首要作用就是以一定方式将我们与环境、特别是他人联系起来。我的主观状态使我与世界的其他部分相联系，而这种

① 〔美〕约翰·赛尔：《心灵、语言和社会》，李步楼译，上海译文出版社，2001 年 2 月版，第 40 页。

关系的一般的名称就是‘意向性’。这种主观状态包括信念和愿望、意图和感受以及爱和恨、恐惧和希望。”①

尽管他的这个意向性观点和我们说的“心”之敞开联系性等在主观特征上有某些相似性，但在本质上是不同的。这些基于种种意识形式的“心灵”都不是我们真正要探讨的心，其也没有真正触及“人心”之本质，也没法理解中国心学传统中“心”的真正的内核。还有很多学者基于现代的知性理性及科学观念作各种理解，由此也造成了各种各样的对“心”的解说、界定：各种各样的“心理学之心”应运而生，这其中包括美国学者米德的《心灵、自我与社会》②与英国学者吉尔伯特·赖尔的《心的概念》等著作③。赖尔虽然也强调心灵的无空间性、私密性，但总体来说他和我们说的“心”大相径庭。这些看起来很有条理性、实证性的研究，一方面帮助我们认识了现象—表象心，另一方面也助长了对“心”理解的琐碎的实证之风。各种现代哲学心理学意义上的“心”不是我们要说的“人心”（即不是人之本心），现代哲学心理学之心总体来说说的是现象—表象之心（知性心、分别心、机械心、欲心、妄心等）。基于生物性、社会性的现象—表象心也是与人对世界的局限局部理解、体验相关的心，其可以成为基于客观观察的以数据为基础的实验对象。近现代的大多数心理学流派（甚至哲学流派），基本上也都把“人心”当作一个可以客观观察的“意向活动”“内在活动”或“主观状态”，也当作科学可以

① 〔美〕约翰·赛尔：《心灵、语言和社会》，李步楼译，上海译文出版社，2001年2月版，第80—81页。

② 参见〔美〕乔治·赫伯特·米德：《心灵、自我与社会》，赵月瑟译，上海译文出版社，2018年4月版。

③ 参见〔英〕吉尔伯特·赖尔：《心的概念》，徐大键译，商务印书馆，1992年7月版。

研究的对象，或者说当作可以通过科学方法把握的对象。但真正的“人心”不是理性或实验科技可以接近的，其也不是时间性空间性的局部的自然对象。在中国心学思想传统中，对人心的理解是基于某种先验性，人心并不外在于天心，从最根本处看其是天心的一部分，也是天心的某种分有式表达，也唯有如此人心才能真正成为人心，即本心，或本质之心。

“心无体，以天地万物感应之是非为体。”（明王阳明：《传习录》下）

“天地之心不易见，于吾心之复几见之尔。”①

所谓心无体是指没有具体的器物性之体，没有具体地占有自然空间时间，或者说没有准确的自然现象—表象之所，也就是没有具体的自然对象性之体。心体即天地万物之本体，而天地万物之本体也是心体，简略地说，天之本体之体即心体（不同于天之现象—表象形构之体）。但天地之心是难以窥见的，我们常常更便捷地从人心处领会天心，因为人心与天地万物之心相通，人心与天地万物拥有共同的心，天地万物之心与人心也内在地相通相连（这让人想起英国歌星斯汀的流行歌曲《Shape of my heart》（我心之形），其实人之真正的本心内在于超越于自然之形）。在中国古代思想家看来，“人心”与“天心”本质相通，并与“天心”在根基处连接，也是天心的一种延伸与表达，也是人之最高核心，也是人之中心，也是人形的根据与主宰力量，也是人之整体存在的创造性源泉；人心是没有任何自然物理意义上的具体场所的，也不在任何自然物理性的时间里，也不是有形

① 明王夫之：《周易内传》）（转引自王夫之：《船山全书》（一），长沙岳麓书社，2011年1月版，第227—228页。

有限的自然对象。人心没有具体的场所（空间）、时间，但其并不外在于人之有形的作为整体的自然身体。人心不是具体的有形的自然对象，所以用自然科学的方法难以接近之。但无法用精确的自然科学方法接近，并不意味着看似无形的人心不存在。人之存在现象—表象皆可是“人心”显现之“窗口”；人心处处可通过人之现象—表象流露显现出来（比如通过特别的空间、特别的时间，特别的富有象征性的部分——眼睛、脸部神情等）。人之现象—表象之自然身体有时之所以迷人，常常就在于其成为天心—人心的隐喻与象征；人之现象—表象之自然身体最迷人之处也正在于其成为天心—人心之象征或隐喻。人心是人之现象—表象之形的主宰，蕴含在人之存在的整体里及难以言及的中心或深处，但这个所谓的“深处”或“中心”又不是空间性，也不是时间性的，而是超越性与内在性的。人心渗透在人之整体存在的内部核心处，作为一种隐蔽的（或无形的）内在力量，赋予有形存在以内在的支撑，并超越人之自然之形的缠绕与奴役，向着神秘的纯粹之一隐蔽地回归。人之主宰在“心”，天之主宰更在心。

关键还是对“天心”的理解，在中国的思想传统中，天心作为一种隐喻性表达，指向第一存在或存在本身，其具有终极的实在性与本体地位，以及具有来自本体的绝对主导性质。前面我们已经说过：关于“天地之心”，中国思想传统有一个源远流长的讨论，从《周易》《礼记》就开始了这种体悟与想象，尽管各朝各代的讨论者对其理解有所不同，但总体精神倾向还是明确的。这一个倾向到了宋明（尤其是明朝）就更为确定了。明湛若水说：“事物行乎心之中”（《孔门传授心法论》），“心无所不包”，与天地万物合一《心性图论》)，这个心与万物交融，并且是天之核心，也是天之主宰，也是具体万物存在的根据与本质。天之心性是天之最根本属性，或者说是天心之原初纯存在性或绝对性或终极实在性等。“天心论”是天心之本体论。在这个意义上，万物都在天心之内，天心也内在并超越于万物，其也是人类各种精神形式（宗教、哲学、艺术等）的共同的本原。这种具有本体地位的天心在中国早期思想史中也有其他称谓。在中国经典《诗经》《尚书》《周易》《礼记》等书里，这种具有本体地位的终极实在被称为“上帝”(《诗经·大雅·皇矣》等)[①]。西方的传教士利玛窦等人的发现也能从侧面说明这一点。他们在翻译儒家典籍的过程中，渐渐发觉在《大学》《中庸》等中国四书典籍里具有明显的“天人合一”思想，并认为他们西方的信仰和中国人的信仰极其相似。利玛窦将中国的四书译成拉丁文，还利用《诗经》《尚书》《易经》和《礼记》中的一些章节，创作了一部新作品《天主实义》[②]。在最古老的中国语境里，上帝（同西方一样）也代表终极性实在，代表创造性本原存在，上帝性也即本原存在之性。《诗经》中出现的上帝（或皇天等）思想也代表了当时社会的普遍的社会心理。这种匿名的文学不同于个人的哲学思考，它具有普遍而广泛的社会民众基础。其实在中国道家思想的源流里，一直不缺对宇宙本体的思考。后来道家之道也演变成了“心”，道与心可混用，这样，天道也就变成了天心，天心差不多就等同于“天道”。到了宋明（尤其是到了明朝）时，天心及天心之性之说已差不多成系统性的论说了。

---

① 参见〔日〕铃木大拙：《铃木大拙中国哲学小讲》，吾久乐译，北京大学出版社，2019 年 9 月版，第三章第一节“五经中的上帝”，第二节“天与帝”。

② 参见〔美〕詹启华：《制造儒家——中国传统与全球文明》，徐思源译，北京大学出版社，2019 年 5 月版。

对“天心”（或天地之心）不可做望文生义式的解读，不可用比拟的方式将之理解为宇宙的意识心灵或宇宙的心灵器皿。天心（或天地之心）不是天的某种意识性或心理器皿，也不是天之意识或心理。天心代表的是终极性实在或绝对性存在，也是第一存在（存在本身），拥有第一存在本性，也是天之决定性中枢，是天之本原性内在创造力量（宋代白玉蟾《鹤林传法明心颂二首》：法是心之臣，心是法之主），也代表终极性肯定存在的力量。天心也代表原初的大全及开启力量，代表对万物的内在性超越，也代表万物初始之最高圆满，与天心对应的人心也代表可以被开启与被大全的种子，代表人之存在的终极性实在核心，“人心论”是人之存在的本体论，人之存在终极性实在论，人之存在整体内在于心，或者说人心内在于人的存在整体中，其经常以康德所说的绝对的“内在声音”形式显现，其代表对诸物诸事的内在超越，也是人之存在的核心圆满之所在。“天心”就是中国思想传统所说的太极之心，这也是人心真正的本质之所在，人心只有通过启示性对话交流，有了天心之纯存在性才可算人心。“天心”作为一种隐喻性表达，是一种极富精神内涵的象征性描述，是对天之整体最高核心及创造性源泉的命名，其是天之终极性实在与中心，是天形（物质—生物性自然现象—表象）之依据与主宰力量，或者也可以说是天之主宰之灵，或超灵、超心。天之整体从形构之外观上看是物质—生物性自然，但这只是呈现出来的现象—表象，这个形构的自然现象—表象折射的是“心性”，所以从本质上看天就是一个超大的超乎想象的“心体”。天心代表物质—生物性自然现象—表象背后的纯存在本身，也代表终极性的肯定性存在力量，是物质—生物自然的存在依据与创造性源头，也是人之存在精神启示的源泉与根据，也是人心的最核心最隐蔽的本质。在无堵塞无遮蔽的情况下，天心可以延伸（或流泻）到人心里。天心是形构物质—生物性自然现象—表象的核心，但却没有任何自然物理意义上的具体场所，也不在具体自然万物的物理—生物性时间里，也不属于有形有限的自然对象。天心没有具体的场所、空间、时间，但天心并不外在于作为整体自然之天——天之心体。天之形是现象—表象之天，而天心内在于却超越于现象—表象之天。天心也不是具体的有形的自然对象，所以用自然科学的方法难以接近之。但无法用精确的自然科学方法接近，并不意味作为内在核心的天心不存在。天之现象—表象之有形部分皆可成为天心之显现的“窗口”（宋代张伯端《见物便见心》：见物便见心，无物心不现）。

“天心”可以被启示、被沉思、被领悟、被洞悉、被想象、被理解，但不可能被精确规范地把握。天心处处可通过有形的自然对象流露显现出来（通过特别的时间空间、特别的有形的自然景象、特别的富有象征性情境），这时有形的现象—表象之自然时间、空间或自然对象（或景象）就成为“天心”的象征性表达或隐喻体。我们人类能接触的大自然常常之所以迷人，就在于在天心—人心的启示性交流沟通存在情境中，自然现象—表象成为天心的隐喻性表达与象征体；大自然现象—表象的最迷人之处，正在于其成为天心之象征或隐喻。“天心”不脱离现象—表象之时空物性，又超现象—表象之空间、时间及物性，其渗透在天之整体的内部核心处，作为一种隐蔽的（或无形的）内在力量，赋予自然宇宙之形（现象—表象）以内在的支撑，并超越宇宙自然之形（现象—表象）的缠绕与奴役，维持自身遍及自然的神秘的纯存在性。天心在天之存在的整体里及天之难以言及的中心或深处，但这个所谓的“深处”之深又不是空间性，也不是时间性的，而是超越性与内在性的，天心和人心是本质相同相通的，人心从本质上讲是天心的一部分。中国传统的天心概念在德国哲学家黑格尔那里被称为“绝对理念”，也被称为“绝对的心灵”。虽然这个心与那个心有很大的不同。

“如果我们要按照它的真正的实质去简略地说明绝对理念，我们就应该说，它就是心灵，当然不是有限的受制约受局限的心灵，而是普遍的无限的绝对的心灵。这绝对的心灵根据它本身去确定真实之所以真实。”①

天心与人心是一体的。万物之心也都是一体的。万物之心都在根处隐蔽相连，因而可以说万物都是一体的。这也是中国思想传统的儒家源流之“仁学”（事实上和道家源流之道学相似）的基础思想，“仁学”之最核心处就是万物一体学。在这一点上张载（“民胞物与”）、程颢（“万物一体”）、杨简（“天地万物通于一体”）、王阳明（“万物一体之仁”）等大儒体认得最为深刻。而万物之所以能成为一体，就是因为万物有其共同共通的存在本体，拥有共同共通的存在源泉（或起源），也就是拥有共同共通的超心，这个共同共通的超心就是“天心”，或者说万物之所以能够一体，是因为其共同根基于“天心”。有了天心才会有心心相通相同之道，才会有己所不欲勿施于人，己所不欲勿施于物（众生平等等），才会有孟子所说的“四心”。天人合一思想、心心存在思想与万物一体思想是紧密联系在一起的。没有万物一体思想何来天人合一？没有万物一体何来心心贯

① 〔德〕黑格尔：《美学》第一卷，朱光潜译，商务印书馆，1996 年 6 月版，第 118 页。

通与统一？所以，天人合一与心心贯通的依据在万物一体上。天心本体论与万物一体论密切关联，在本质上是一致的。偏重文字阐义的《说文解字》也说天是一个基于一的整体：顛也。至高無上，从一、大。天不仅代表物理的空间的无边之大，更代表其被“一”主宰，代表至高无上的一之精神；这是存在之无上性与“一”性，代表了具有统一感的最高的存在整体及核心，其也是人之存在最高关怀及最根本的精神基石，也是中国思想家们思考与追问的那个终极基石。印度诗人泰戈尔在《飞鸟集》中有一个疑问：压迫着我胸膛的，到底是体内想要冲出去的灵魂，还是敲打着我的心门想要进来的这个世界灵魂呢。其实，世界上的各种灵魂（万物之心）虽然会有各种不同的表现，但其最深邃的灵魂基石却是同一块。换句话说，世界万物本质上拥有同一颗心（灵魂），而所谓天心就代表了那唯一的心。天（天心）就是中国传统的第一也是最初的精神基石，也是哲学追问的终极性依据与真正对象，就如上帝（或存在本身）是西方传统第一的与最初存在基石，是其哲学追问的终极性依据与真正对象一样。

(B)

中国心学思想传统的最核心看法是：对人心（人之存在）而言，与天心发生一体性或统一性的关联是最重要的，这也是人之本质之所在，没有发生一体性或统一性的人心还只是现象之心（现象心也不具有终极性的肯定存在的内在力量）。而所谓一体性统一性关联指的就是天心与人心融而为一，或者说是人进入心心贯通的存在秩序（结构）里。有许多古代中国学者断言：整个中国主流传统精神都具有“心学”性质，即追求天人合一之心心存在。明宋濂曰：“六经皆心学”（宋濂《六经论》）。王阳明说“圣人之学、心学也”（《象山全集·序》）。关于中国心学发展的基本脉络，上文已经提及，此处不再赘述。所谓心心存在就是心性贯通之存在，也就是天心—人心启示性对话交流的存在，也是天心—人心相通同在的存在。所谓人心不是一般意义上的心理学之心（即不是现象心之心），也不是一般意义上的道德之心——道德心只是人之本心的一个显现。这个心指向人之存在的最根本，指向人之存在的核心与基础，这个心也是人之整体性存在与天之本原的启示性对话交流沟通的结果。从中国心学传统视角看，人的本质不在孤立封闭的现象之我方向，而在联系的敞开的心的方向，也就是本心方向。中国心学传统对人的本质的理解与界定更着眼于垂直层面（对人的本质的界定有垂直与平行两种路径、方式或视角），即着眼于人与终极实在或创造性本原的贯通性、同一性或统一性，也即通过人之联系性敞开获得天人之贯通性、同一性、统一性，认为人的本质在其理想性上（或在纯粹性上）就是天人合一（心心合一）——通过内在的意向性：启示性对话交流，并趋近相通同在——存在关系及存在状态的总和。或者说人的本质在其理想性上（或在纯粹性上）就天人合一之存在境界的总和。也就是说，人的本质不是固定的，而是运动的，敞开性的，是一个永无终结的启示性对话交流过程，这也确保了人的存在被向上引领。天心—人心对话交流之结果也不是一般意义上的心理意识变化（比如基于意向性的现象心的变化），或一般意义上道德状态的改善——所谓道德只是人之整体存在改变的一个方面（虽然中国思想传统很重视这个方向）。事实上，重视人之存在的道德状态是中西方传统的共同特征。美国著名学者列奥·施特劳斯认为：

“启示信仰的根基在于，相信道德具有核心的重要性。”①

但人之本心不是一般意义上的道德心，而是比一般道德心更为基础之心，是与天心沟通相连产生一体感之心。心心存在状态更不是一般意义上道德状态，而是比道德状态更为本真的具有一体感、统一感的存在状态。中国传统心学所说的“心学功夫”目的也不只是指向一般的道德，而更着重指向那种深邃宽阔的启示性对话交流。进入心心存在秩序（结构）也就是进入内在的一体感、统一感的存在状态（用道家术语讲就是“得道”状态），进入心心存在秩序（结构）也就是进入内在的一体感、统一感的存在状态，进入心心存在秩序（结构）也就是进入具有内在的贯通性、一体性、统一性的存在秩序（结构），进入心心存在秩序（结构）之心就是纯粹之心，用中国传统术语讲就是本心、道心或照心等。中国心学集大成者王阳明（习近平也认为，王阳明心学正是中国传统文化中的精华）指出了心学的一些“法门”。他的“心学”法门的真正核心就是要人心复归于心之本体，那么他要复归的心之本体是什么呢？就是主宰自然万物的天地之心，即天心。王阳明的所谓心学功夫也就是对话沟通功夫，也即天心—人心的启示性对话交流沟通所必需的心性修炼的功夫，这包括他所说“省察”“诚意”“致良知”等等都是心性贯通的功夫

① 〔德〕迈尔·Hernrich Meier:《古今之争中的核心问题》，林过季等译，华夏出版社，2004年9月版，第227页。

实践，人心与天心——心之终极本体——的心性贯通是心学功夫的核心。后人所谓“念念致良知”之解读，说的也是心心之启示性对话交流方式。

“心外无物，心外无事、心外无理。”（明王阳明：《与王纯甫》）

“他（指王阳明）提出了一对概念，即‘本体’与‘功夫’。本体即指心之本体，功夫则指复其心之本体的具体实践和过程。”①

再联系他的“心即天”之说，我们可做如下理解：真正的核心是天心；天心是终极性启示源泉。从中国心学思想传统中的视角看，贯通心性的“功夫”可体现在人的各种技术性修为上，但心心对话交流在核心本质上却是启示性的，其通过人的种种内在“意向性”，也就是心灵的种种敞开的联系性倾向发挥作用。启示的终极性源泉就是天心。天心（或天之超心）是万物存在的源头、依据、核心、基础与支撑，也就是使万物得以存在的存在，天心作为第一存在，作为最丰富最具有创造力的“本无”，也毅然决然地隐藏自己，不露自身的有形之迹，不可把握难以言说，但人心可以通过体察万物（格物）被启示，从而领会其本于万有又超乎万有的心性，从而“吾心致良知……也。”（《王文成公全书》卷二六）。艺术家郑板桥通过这种体察，即天心——万物存在之创造者支撑者——与人心交流对话产生同在感。天心—人心之间的相通同在感及启示性对话过程，也是人之真正存在的过程，也是解蔽与澄明的过程，也是人显露终极性关怀与智慧性认识的过程。在郑板桥看来万物如果没有一个作为整体与中心的超心——即天心——就会失去存在的依托、原动力、主宰与依

① 陈来：《宋明理学》，北京三联书店，2011 年 1 月版，第 305 页。

据，这也是天地和谐美丽、充满秩序感的景象对他的启示之一。

比之中国传统的那些思想家（儒道佛思想家），西方的那些大哲人对心心存在之启示性对话交流或许更为迷恋（东方的印度其实也是如此）。虽然东西方对那个终极性的叩问依据与对象——作为万物创造性来源的“存在本身”——的命名不同。同中国的思想家（儒家道家等）热衷于沉思“天”“天心”一样，西方的思想大家（包括基督教思想家）则着迷于对“上帝”的沉思。这实质上也是心心启示性交流形式，也是普遍的内在心性的一种贯通方式。十三世纪哲学家托马斯·阿奎那就是从事沉思性叩问、启示性静观的出类拔萃者，他所使用的隐喻性语言（本体性隐喻）当然不同于中国思想传统。他的终极性叩问的依据、方向是上帝，启示性源泉也是上帝，万物存在的依据也在于上帝，上帝是第一与最高真理。在中国思想传统中，万物之根与依据是天心，其也是万物之最深邃最核心本性，人也不例外。人需要一种内在的意向性（包括像禅宗禅修一样的内在信仰），才能和根基性本性产生内在的贯通、联系与统一，正如在西方语境中，人需要通过信仰和“上帝”（圣灵）产生内在的贯通、联系与统一一样。

“上帝的存在是第一存在，并且是完满的。所以，它的真理便是第一真理和最高真理……真理是本质上被说成是上帝的。所以，他的真理即是最高真理与第一真理。”[①]

中国思想传统的“天心论”与西方思想传统的上帝论，同属第一存在本性论或终极性本性论。托马斯·阿奎那是西方哲学大家的

① 〔意〕托马斯·阿奎那：《反异教大全》，段德智译，商务印书馆，2017年6月版，第288页。

一个代表，他心中的上帝——作为一种纯粹存在——用中国传统的视角看就是天之超心——也代表完善、大全与圆满。天心代表最纯粹的存在，代表看似本无之存在本身，其是人之存在的启示的依据与源泉，也代表终极性肯定存在的力量。这同东方的印度关于“梵”的思想是一个层次。这同具有东方哲学视野的伟大科学家爱因斯坦等人的“宇宙宗教”相似：他的“宇宙宗教”也肯定使万物成为万物，并使万物得以存在的存在。中国传统中对“天”或“天心”的启示性信仰也是一种有中心的超越性宇宙宗教，也是对宇宙之心的信仰。关于第一存在之本性的思考，中西方似乎是也有可比较之处。西方的另一个大家，古罗马时期的普罗提诺说：

“我们必须认为至善是这样的事物，万物依凭于它，它却不依凭于任何事物；有句话说得不错，它就是‘万物所向往的’。因此它寂然不动，万物转向它，就像圆圈至于圆心，所有半径都出于圆心……每一个事物都以一定的方式为一，都以一定的方式存在。”①

中西方对那个终极性关怀与沉思对象，对那个存在根据与源泉用词不同。但普罗提诺的思路与中国传统的思路是大致相似的。据此似乎可做如下类比：天心作为超心就是至善，就是圆心，是万物都指向它的圆心。人心虽然与天心相通，也是天心的一部分，却不能完全了解天之心性。因为天心——作为最高存在——超乎人之存在（经常是被遮蔽的存在）所能理解的范围，甚至超乎人之存在所能参透、所能想象的范围。但人不同于一般自然存在物，他的特别之处在于：有天心（本原性存在）播撒在他身上的潜在核心种子，有对天心的

① 〔古罗马〕普罗提诺：《九章集》，石敏敏译，中国社会科学出版社，2009 年 10 月版，第 72 页。

回应、仰望之渴求（用西方的术语说就是有对上帝、神性回应、仰望之渴求）。这颗心性之种子赋予他各种潜在的精神秉性（或先验的精神潜能），赋予他足够的精神敏感，让他可以直觉（及领悟）存在的起源与核心，让他能够参与与最高存在的启示性对话，即天心—人心的内在隐蔽地启示性对话。虽然他不能最终参透最高存在的秘密，但依然——凭借被赋予的深邃之心性，以及凭借自身如实的存在直觉，凭着自己真切的存在体验——能够内在地确信一些事情。

这种心心存在秩序（结构）也鲜明地体现在伊斯兰文化里，只是他们把这种心学功夫称为“念功”。所谓念功本质也是一种心学，是心心存在之启示性对话交流形式。念功是伊斯兰教的五项基本功修之首，这也是伊斯兰信仰的核心，是一信徒接受伊斯兰信仰的宣言，是穆斯林心中常存安拉的表白，所诵念的内容也被称为“清真言”：我作证：万物非主，唯有安拉，我作证：穆罕默德是安拉的仆人与使者。东方的佛教“心学”色彩更为明显。甚至可以说，所谓佛学本质上就是“心学”。佛教中所谓“念佛”实际上就是心心存在的一种表达。信佛的人念“阿弥陀佛”或“南无阿弥陀佛”。而净土宗也鼓励信徒对阿弥陀佛名号的反复念诵，以此作为往生净土的手段。而所谓自性念佛指的就是明了自身本所具佛性，为此就要求念佛者的念词字字清楚，句句不乱，耳听心入，自念自听，念佛也就是弥陀念弥陀。有了这种坚固的信愿心，就可以水到渠成地逐渐进入“事一心不乱”及“理一心不乱”的高层次念佛境界。天台宗的止观、密宗的三密相应、唯识宗的转识成智、禅宗的开悟等，在这一点上本质上是相通相同的。《大集念佛三昧经》曰：

“当知如是念佛三昧，则为总摄一切诸法。”

佛教也特别强调沟通性的“念”（及正念等）。可以说东西方传统心学信奉的是心心存在主义。心心存在是具有内在贯通性、一体性、统一性存在，也是人以敞开的意向性方式——但不同于一般意义上的意向性方式——达成的联系性存在。心心存在也是启示性交流对话之存在，这种对话交流沟通形式贯穿于中国思想传统。心心之启示性对话交流也包括那种沉思性叩问、独自的冥想、祷告与沉思等形式。从战国末期的屈原到清代的郑板桥，中国思想传统中的基于“识天心”的沉思性叩问（或启示性叩问）一直不断：

“遂古之初，谁传道之？上下未形，何由考之？冥昭瞢暗，谁能极之？冯翼惟象，何以识之？明明暗暗，惟时何为？阴阳三合，何本何化？”（战国屈原：《楚辞·天问》）

“亦欲以究天人之际，通古今之变，成一家之言。”（西汉司马迁：《报任安书》）

“吾辈竟不能体天地之心以为心，万物将何所托命乎？”（清郑燮：《潍县署中与舍弟墨第二书》）

郑燮的“天地之心”就是“天心”，也就是万物所托之中心。天地之心也是天良真心，“识得此心，守而不失，则大本已立，其余易事耳。”（刘一明：《道书十二种·象言破疑》）“识天心”似乎也成为各个历史时期中国思想家的一种精神使命。但认真说来，人由于受到现象之我的种种羁绊，很难真正地领悟“天心”，所以与其说是“识”，不如说是“被启示”“被隐蔽召唤”或“启示性对话交流”。屈原对天之沉思性发问，传达的与其说是有浓厚知性意味的“识天心”，不如说是“天心—人心”的启示性对话交流，他面向的是天之隐蔽着的具有神明性的心，而不是天之自然的物理的对象。儒家道家佛家都有这类天人思想对话者。司马迁在《报任安书》中“天人之际”中的所谓“天”，也是超物理的存在，郑板桥之“天心”（天地之心）更是万物所托之存在，其也在“人心”里最内在地存在着，天心所显现出来的多种心性（或神性），常常显露在人心之最内在的渴望里。这些渴望展现了人之存在的先验性精神性、精神潜能，及最根本的精神方向、价值方向（这个方面会在本书的正文里详尽论述）。而这种对天之“究”与追问就是一种内在的对话，也是一种内在的交流，也代表了天—人（或天心—人心）的相通同在性，这种天—人（或天心—人心）启示性对话交流，也是海德格尔意义上的解蔽与澄明的过程。依据施特劳斯的说法，最伟大的心灵都是独白，哲学只能是一种内在启示。① 天心（宋明理学所说的天理其实也是天心一部分，是其秩序性显现）作为超心——用更为深邃、更为隐蔽的方式与声音——进行更为普遍的象征性独白，而人心之所以叫人心，从其根本来说，就是因为其是超心—天心的一部分，就是因为其本质上归属于天心，就是因为其能够隐蔽地倾听并回应天心之隐蔽独白，就是因为其有了基于专注倾听（包括冥想、纯思等）的相通同在感，有了基于专注倾听的内在启示。人的真正存在就蕴含在这种内在启示过程及其结果里。

人之本真存在是天人（天心—人心）相通同在的存在，在这种存在的纯真里，人将天心隐蔽的静悄悄的独白转化，转化为天心—人心的启示性交流性对话。这种启示性对话交流是对存在中心的仰望，也是对存在源头的领会。通过这种叩问、沉思、仰望、领悟，人就会

① 参见刘小枫，陈少明主编：《古典传统与自由教育》之五，华夏出版社，2005 年 1 月版，第 7—8 页。

对自身的存在有一种彻悟。人心之所以具有纯粹性，就在于其向着天心敞开、产生联系性贯通，反过来说，不向天心敞开并与之相通同在的人心，难以成为人心，这也是心心存在秩序（结构）的本质。从古老的思想传统视野看，所谓哲学（包括美学、诗学等）本质上是心性的——而不是知性的——这种心性来自对天心的基于敞开的联系性、贯通性，以及相通同在性。凭借沉思性叩问人们可树立起来一种信仰；哲学本质上就是通过沉思叩问而后树立起来的精神信念。对中国思想传统而言，哲学的根本也即叩问穷究天人关系，或者说哲学就是领会天人本质相通相同之后树立起的精神信念。儒道两家从本质上看都是如此，这种叩问穷究而后产生的相通同在感，也是海德格尔纯思之路所要走的。心心存在——通过某种内在的意向性——寻求天人之内在的贯通性、一体性、统一性，强调心心之内在一体感、统一感、联系感。基于思的启示性对话交流也是其表现，其中的一个流行的思的方式是：

“我是谁？从何而来，又将到哪里去？”

这是意志自由之个体人的沉思性叩问，也是人之最基础性的关怀。这里的人（对人的定义视角）是内在个体意义上的，不是外在的社会集体性的；这种自省是人类真纯的内心觉醒的重要表现，没有这种个体意义上的“觉性”，没有这种孤独之中的沉思，人很难洞察自身的纯粹本质。其也是西方最普遍的启示性对话交流形式，也是对古希腊哲学思想（苏格拉底“认识你自己”等）及基督教思想（耶稣的从哪里来到哪里去之说等）的一种融汇性总结。

这既是现代现象学思想蕴含的基本态度之一，也是东西方古老传统的思想精髓之所在。从此角度看，甚至可以说，最具有智慧性的哲学就是“心学”（天心—人心之学），也是关于心心美学（或诗学）是追寻内在贯通性、一体性、统一性之学，也是关于信仰信念之学。心心存在差不多就属于具有内在信念与信仰之存在。德国现象学思路属于承前启后式的，既和东西方古老的传统思想有着相似的前提设定，也与那些积极吸收传统思想的许多现代思想家——比如丹麦存在主义哲学大家克尔凯郭尔等——思想大体相同。克氏认为基于存在的真理是主观的，不可能被客观化，充满信念的存在状态来自“信心勇士”（“信心的跳跃”），而信仰之所以叫信仰总会超出理性所能把握的范围与深度，信仰是在完整的内在存在层面上展开其合理性与价值的①。他想说的是客观化的科学精确与存在的价值性体验真实是两回事。同样，用现象学的视角来看，常常基本信念决定了人（也包括一个民族）之基本的存在逻辑，也决定了人（也包括一个民族）之基本的精神品质，也决定了人之文化（也包括一个民族的文化传统）的精神基调。最根本的精神信念对人（包括一个民族）之存在的影响——在现代主义背景下——没有受到真正的重视。所谓现象学事实上也是精神本质学，也就是对意识直观中的普遍精神本质的确信学。基于根本信念的价值启示具有精神的价值性及存在的有效性，其常常是人类的理性科学（包括归纳实验科学）无法证实之事，但却在人之富有价值感的存在状态——常常通过人的富有深度的体验——确切而自明地显现。天心—人心之启示性对话交流及相通同在感，其在西方思想文化语境中则被讲述成基督教式的“启示信仰”。

① 参见〔美〕奥尔森：《基督教神学思想史》，吴瑞诚，徐成德译，北京大学出版社，2003年8月版，第619页。

中国思想传统中的启示性信仰及哲学在形式上不同于西方，其没有把信仰启示之根置放在全能的人格神（事实上也是超人格的）上，而是放置在天地之心——“天心”上，这就让这种启示具有更多的内在“心学”的意味（事实上也具有很浓的人格比拟性），并借助这种本体性类比或象征探寻存在根基——通过天心—人心的本体之类比性获得深邃的启示性体验。中国传统的启示信仰（天心—人心启示性对话交流）避免了西方人格神启示而生种种“神迹”，也避免了“人格”之被（上帝位格）摧毁与湮灭的可能性，但中国思想传统所奠定的存在根基同西方所奠定的一样深邃、坚实，也都超越了一般道德意义的层面，其是人的先验的精神潜能（及本质）的显现，也是感应、响应、顺应第一存在的隐蔽召唤，这同时也体现了人的纯粹精神热望——这种欲求通过价值体验（包括道德）现象，及深层的圆满及意义感受等——体现出来，并常常通过相信—深信—依靠精神路线来实现，但这种相信—深信—依靠路线并未使人感受到压抑（内在对话不会使人压抑、贫乏），并未使人失去内在主动性。施特劳斯认为现代性的最大的危机与弊端就是价值虚无，这种虚无常常就植根于实证主义、历史主义等。其实所谓价值虚无集中表现在对稳定的精神根基的怀疑与不信方面。前面我们已经说过，中国思想传统的启示性信仰同样植根于“信”。古罗马时期的圣奥古斯丁“信才能了解”之“心学”也同样适合中国心学传统。从人的存在角度看——而不是纯知性（科学等）角度——是有道理的。西方的心学传统同中国式“心学”传统在精神实质上是相似的。

东西方心心存在主义的思想内核是：存在之真理及价值植根于天人（或天心—人心）相通同在感，植根于基于相信（或思等）的天一人的启示性（或天心一人心的启示性），在这种相信中听到了纯粹存在的声音，并去除种种使人非存在的杂多性遮蔽。东西方古老的核心传统都是基于启示的相信，并由此相信价值真理与价值根基，也都通过信仰确立根本性存在价值。东西方信仰的核心基本上是重叠的，也就是人心相信一深信一依靠的传统，你也可以说这种基于相信的游戏是东西方集体无意识原型想象。当然东西方文化的信仰内容与方式有所不同，但被信仰实体都具有终极性、基础性、根本性，其信仰指向以及由此而来的信仰型存在结构大体相似。与现代自然科学不同，更多依靠存在体验的信仰之传统与最终的存在之谜紧密联系在一起，而最终的存在之谜被彻底揭开或被彻底启示之前，谁也不能说这种相信（凭着那份自明的深切的体验——体验似乎比理性更能感应世界的整体秘密、起源秘密、本质秘密等）就比看起来更精巧聪明的理性更不可靠。终极存在之谜也是人用自以为是的理性（实证、实验、逻辑等）之精巧与聪明无法把握的；如果人认为可以通过科技理性做到这一点，那就是所有虚妄念头中最虚妄的念头。本原存在超乎人的能力把握范围。东西方人在几千年来的存在实践中，大部分时间都是真诚地听从心灵的最内在的声音，立足于深切体验去解决核心的精神存在问题。

(C)

“诚者，天之道也；思诚者，人之道也……诚者，物之始终，不诚

无物。”（战国子思：《中庸》）

“至诚而不动者，未之有也；不诚，未有能动者也。”（战国孟轲：《孟子·离娄上》）

天人合一之存在境界代表传统中国人的最高人生追求，但如何才能实现这一至高的存在境界，中国传统学者（尤其是宋明清心学学者）探讨了心学之路。现代国内不少学者也论及了中国传统中的天人关系（或天人合一关系），但他们的那些看法大多着眼于作为自然之天与人的关系（一些传统学者则偏重从伦理道德角度论及天人感应）。天如果被局限于物质—自然层面，那中国思想传统中的所谓“天人合一”就变得难以理解。人作为灵性存在者究竟如何与物质性自然合一？探讨到最后也只能泛泛地从“生态”层面去理解，理解为人与自然的和谐共生等。北京大学哲学系教授张世英也是这种理解中的一员。但我认为他的观点没能触及天人思想的本质。他似乎认为天人关系就是主客不分关系，天人合一就是主客合一。西方人倾向主客相分，中国人则倾向天人合一，也就是主客不分、物我交融。其实天人关系不是一般意义上的主客分不分的关系，也不是一般意义上的物我融不融的关系，而是一种特别的心心内在相通“心学”关系。天人关系本质上不是“生态”而是“心态”。张世英认为：

“中国的天人合一的传统思想给中国人带来了人与物、人与自然交融和谐的高远境界。”[①] 这是对天人合一的常规性的流行的理解，也是一种比较表面的理解，既没能真正地理解天也没有真正地理解人，也没能真正理解天人合一的性质。作为已经走出自然的人（灵

① 张世英：《天人之际——中西哲学的困惑与选择》，人民出版社，1994年12月，第3页。

性存在者）与物如何在形的层面上合一？又与这种自然如何合一呢？外在的形的合一几乎是不可能的，只有通过内在之神（是心心相通同在而不是自然之生生相连）才谈得上合一，这种合一是内在的合一。心心存在才是具有内在一体性、统一性的存在，也即被称之为大小之心（天心—人心）的相通同在。子思与孟子所讲的“诚之道”本质上是心之道，也就是心心相通（心心贯通）之道，或者说是天心—人心相通（贯通）之道。没有“诚”天心—人心如何发生启示性交流对话，又如何发生相通同在感呢。这就相当于亚伯拉罕信仰体系中的“诚信祈祷”。只是孟子之“诚”面向的是“天心”，并通过这种诚获得内在启示。所以，真正的所谓天人合一主要是指天心—人心的合一，天人合一之存在境界也就是天心—人心合一之境界。对古老传统中的中国人而言，天人合一之存在境界牵动着他隐蔽的最高人生关怀。在集体无意识中，传统中国人确立价值根基的方法是简单而明澈的：通过联系的内在的敞开（也即子思与孟子所谓的“诚”之道），达成天人（天心—人心）启示性对话交流，达成天人（天心—人心）的相通同在感。在长期的存在实践中，传统中国人树立了一种纯一简单的信念（基于“诚”的信念）——也是胡塞尔所说的根本性信念或基本信念，这个“诚”之信念为人之存在找到最深邃的精神基石。传统中国人最普遍最核心的信仰——相信天不是大而僵的以形构为核心的自然之物，而是有心的，或者说是有心性的，这个心或心性虽然也与具体的有限的自然对象相关，但核心性质却是非对象性的，其是天之根基、中心、依据，是天之整体核心及深邃特性的显现。

中国思想传统中陆王所说之心和程朱理学说的那个理也并非对

立，“心即性，性即理”，这也是王阳明所强调的，这个理也是朱熹意义上的大理与天理，所以心性即天理，天理即天之心性的显现，天心比天理更根本，天理即本质上是心性之天的那个理：“诚者……天理之本然也”（朱熹：《中庸章句》）。再联系王阳明的关于“天地万物为一”（“一体之仁”）之说，就可明白：天之心性与吾之心性在本质上是相同的，从根本上说是相互贯通的，要不何来一体之说。中国道教一直有“心即道道即心”之说（《玄教大公案》）。明陈献章“心为道舍”的命题也能说明一些问题。宋濂在《六经论》中提出了“吾心即太极”。这从某一侧面说明程朱与陆王思想的内在相关性。在他们看来，人之存在追求心性的贯通，即以孟子之诚追求天心—人心的启示性交融同在。心心存在是具有内在一体性、统一性之存在，是天心—人心之启示性对话（或内在对话）交流并相通同在之存在。德国诗人约瑟夫·封·艾辛多夫说：“诗人就是这个世界的心”。俄罗斯伟大作家托尔斯泰又说“天国在我心中”（西方传统心学的一种），托尔斯泰的这句话也可翻译成天心就在我的心底里。这也也都直接或间接折射出天人合一的基本存在结构。

“依据这些神话，个人与宇宙始祖的永恒基底是同一的，在这些神话中造物主被称作‘本我’。”①

“天人之际，合而为一。同而通理……谓之道德。”（董仲舒：《春秋繁露·深察名号》）

天人精神基底同一，天人本质上也是相通的。所谓人心也并不真正外在于天心（道），人心是天心的一部分，尽管天心——人心的神秘通道常常被现象之我的我执所惑，被自然欲望、社会功利性算计

① 〔美〕约瑟夫·坎贝尔：《千面英雄》，朱侃如译，金城出版社，2012年2月版，第182页。

以及表层意识（与局部对应的意识）遮蔽，并由此隔离了本来相连相通的通道或一体性。所以真正的存在就是要恢复原本的一体性（或通道）、统一性、联系性；真正的存在就在这种复归的过程里。这也是支配着人之存在的深邃的核心倾向。由此就涉及中国思想传统的一个核心信仰原则，即最高存在与人的关系原则：天人合一原则。这是中国思想传统关于人之存在的第一精神原理，也即对最高存在与人之存在一体性交融关系的信仰。因此，天人合一也就成了以天为依据的人之理想的纯粹的存在秩序（结构），其所描述的人之存在本质上是天人一体性（或统一性）存在，也是一种本真性的真理存在，也是天人之间（天心—人心）的隔离（或遮蔽）的消除，也是天心—人心的同在交融的存在，也是天心—人心之内在对话（或启示性对话）交流的存在，也是难以言喻之精神性存在，也是忘我的和谐的深邃的美妙的神圣的伟大的存在状态。

人的本质在其理想性上（或在纯粹性上）就是天人合一（心心合一）——通过内在的意向性：启示性对话交流，并趋近相通同在——存在关系及存在状态的总和。人的本质在理想性上就是天人合一之存在境界得总和。在这种心心存在境界里，人走向忘我同时获得更本真完整之我，走向更深邃宽阔之我。这种忘我的存在就是最典型的诗性存在（或美学性存在），而研究天心—人心的交融同在，研究其内在对话（或启示性对话）存在状态的学问也就成了心心美学（或诗学），也可以说心心美学（或诗学）就是研究天心—人心交融同在，隔离（遮蔽）之消除及恢复内启示性对话之学。与之相对照的是自然物—人或人—物分离式对应的存在，以知性理性为中心的现代真理模式对这种存在更感兴趣。真正的诗人（包括那些具有诗心、美学之心文人学者）差不多都是心心存在主义者，也就是被宏大深邃之天心召唤启示者，也是天心之最深刻的领悟者，他也因为这种领悟而具有了启示他的那个大心的性质。心心美学（或诗学）是追寻内在一体性、统一性的美学，重点领悟并研究各种基于心心存在秩序（结构）的精神启示之光，也就是注重倾听世界那颗隐蔽的"超心"——天心——及其隐蔽微妙的精神律动，以及其与人心—人之存在的精神性关联。这同现代世界对人之存在的科学式描述有很大的不同。中国经典传统对人的存在的描述是精神性的，并具有普遍的超越性意义，这些思想经典对心灵路线具有很大的价值。可以说，天心—人心之存在秩序（结构）体现的就是以天心为中心的人心为本主义，这里所谓的人心为本就排除了以人的自然身体为本，也排除了以人之群体之形为本。以人心为本就是以人的心灵的生机为本。这和西方思想传统中的以神性（神）为核心的人本主义是一致的。在此天人合一的存在秩序（结构）中，天——主要不是自然物理性的——是指有"心"之天，或"天心"。和人心相比，天心（内在于万物）是具有无限超越性的超级之心，等同于"超心"或"超灵"，或如王阳明所说是超"心体"，也差不多等同于西方之"上帝"。这是中国思想传统儒道佛经典之潜在核心，也是中国古代传统心学及宋明理学所蕴含着的核心思想之一，也是中国最古老的延续了几千年的精神传统。

"古老性本身就是一种依据，所有砌层都历经锤炼而巩固，在它们的下面，人们可以在地层深处发现最后的，也是首要的基石，那就是神的意志。"①

---

①〔法〕伊波利特·泰纳：《现代法国的起源：旧制度》，黄艳红译，吉林出版集团股份有限公司，2014 年 4 月版，第 211 页。

天人合一之存在境界也以此为基础。在中国思想传统里，所谓“神意”就是“神明性”（在更为古老的传统中也有同西方一样的称谓叫上帝性），也就是天之心性。这就是中国传统关于人之存在的首要精神基石。中国传统是天心—天之心性—天之心体的讴歌者（也包括了人之存在先验性心性或心灵），并给予人类心灵以极高的赞词。真正意义上的人之心灵从来都不是人的孤立的分散的小心灵（孤立分散的小心不能算真正的人心），而是与天的心灵微妙相通及天人合一式的心灵。从这个大角度出发，中国传统中的程朱理学与陆王心学，其思考方式是正确的。陆九渊的最重要哲学命题：“宇宙便是吾心，吾心即是宇宙”，其说的就是“万物一体”之理，“人心”与“宇宙之心”也是同一颗心，天心是其共同的存在本质。作为哲学家的陆九渊这种看似形而上之言为什么对后世产生这么大的影响？这里的关键在于：他对深层存在的认识靠的不是堆砌一定数量的证据（或者说不属于现代人的理性至上与无上的套路），靠的是自己先验性精神潜能及其实现：真实的体验与精神性直觉。这和他所说的“心即理”是一致的，而他说的“理”也是天之理，也是人心的深邃之理。这种闪烁着光芒的哲思来自敏锐的心灵领悟，来自“直指本心”的易简功夫。人类有价值的存在理念大多来自深切“体验”（或本质直观）——这类有价值的存在理念也只能靠存在直觉来检验——而不能以“严密逻辑”或“充足的实证证据”，或以外显的社会功利性指标作为判断依据。

（D）

中国古代传统中“天”，大体上包含两个方向的含义：一是天之物质的物理表层所表明的，其指向物质—生物性自然或物质—生物自然性，这层意义通常“天地”连在一起使用。《孙子兵法·始计》曰：“天者，阴阳、寒暑、时制也。”儒道两家也都有此看法（老子关于“天地不仁”的论述就同诺斯替教所说的冷酷的自然相似）。“天演论”中的天，就是指向物理的物质意义上的自然。一般用法“天性”中的“天”是指自然本性，也更多指向物理—生物性自然。还有“天理”中的部分用法。对比一下这层天的含义与一般意义上的“宇宙”概念的关联。“宇宙”这个词来源于拉丁语的“universum”。也常用“宇宙（cosmos）”这个词来代替“宇宙（universe）”。“cosmos”这个词源自希腊语“kosmos”，字面意思是“世界”。此外还可用源自日耳曼语“natur”的“自然（Nature）”以及英语中的“一切（everything）”来描述这层含义的“天”。这个自然主要是物理的物质意义上的。

“‘天’是泛指世界万物或自然万物，而不只是指与地相对待中的天空。”①

事实上，这只是对天的一种狭义的表层理解。这同汉代大哲董仲舒的理解有太大的差异，也可以说是本质上的差异：

“天者，百神之君也。”（董仲舒：《春秋繁露·郊义》）

王阳明所谓的心无体，心体即万物之体说也与董仲舒的说法一

---

① 张世英：《天人之际——中西哲学的困惑与选择》，人民出版社，1994 年 12 月版，第 2 页。

致。按照中西方古老的传统（古希腊的、印度婆罗门教的、中国道家的等），所谓天所谓自然，其含义主要不是物质性的，而是超越性的，通向存在之初始，是对初始的守护。这就涉及天的含义之二：作为原初存在之天，或存在之天，也可说成道性之天，充满心性之天，其是一的一切或一切之一。这是与超越性相关之天，也是指向天之本体存在层面之天，也即指向天之自然物理背后的心性、道性，或道之神性，或指向天背后的神明性，这个神明可用天帝、天主或上天称谓，也可类比性地简称"天心"。这是万物的存在之依据、核心（"祭天""祈福于天"及"奉天承运"等传统中的天不可能是物理性自然），或天之具有绝对意味的终极性之根。当然这些都是一种象征或隐喻性表达。儒道两家在这一点上也是相同的。儒家之宋明理学关于天之"心性"之论更为典型。在宋明理学中，"天性"更多的是"心性"。在中国古代儒道一些大思想家看来，人之存在不是孤立自足的，是天之性的延伸，受制于天之心性，人的存在特性（或生命性、或生命显现）本质上体现的是天之性，尤其体现了天之心性。由此，我们可以说，中国古代的关于生命的总体思想既涉及天之物性，更涉及天心（天之神性、道性、心性），但天之心性（或神性）决定着天之性质。

中国传统思想中的天人合一，和德国哲学家海德格尔所说的天、地、神性（神）、人的合一思想相似。只是海德格尔把天人"两方"变成了天地神人"四方"而已（在中国思想传统中天地神合为一方）。海氏的天地之自然含义本来就与神性含义就不可分，在《论自然的本质与概念》《柏拉图的真理学说》等文中，他就谈及过相关论题。除古希腊外，海氏也受到中世纪的哲学家，波埃修与爱留根纳的影响。后者写了《自然的区分》一文，对自然进行了全新的解释，把能够被心灵把握与超越的存在与不存在，都归于“自然”的名下。基于此，海氏不满罗马人用 natura 一词来翻译古希腊文的自然，因为 natura 出于 nasci，后者意为来源、诞生于，即希腊文的；natura 就是让……从自身中起源。海氏不满这种或实体或诞生的用法，因为这两种用法都指向“存在者”。而在海氏看来，希腊的“自然”（physis）与真理（aletheia）相关，是对 letheia（遮蔽、蒙蔽等状态）的否定。所以真理与自然都是一种从遮蔽状态中被争夺到的东西，是无蔽或去蔽。在超越的本体的意义上，所谓自然之天本质就是越过存在者指向存在，自然意味着存在的起始、对存在本身起始的保持、对存在本身起始的回复（或复归），是对原初存在的敞开，也是一种显露纯存在性（或神性）、去蔽或无蔽状态。①

中国古代思想传统与海氏思想有许多可对照之处。中国思想传统中的“天”也更多属于“心性之天”“超越之天”，与超越性（心性）自然含义联系在一起。物质—生物性自然只是现象—表象，内核是天心。这也和中国道家的“道之自然”（道法自然）的说法是一致的，本质上都是超越性的，指向存在本体、存在原初。这个意义上的天之类比性表达就是：“天之心性”“天之神性”，简称“天心”。如果不是从局部的分割性自然片段（存在者），而是从整体自然之魂（存在性）的角度看，人之基于自然的特性与基于神性的特性，在本质方向上是可以交融的，所谓神性（或道性梵性等）就蕴含于整体自然的隐形追寻与显露中，也即无蔽状态中。这和西方启蒙运动以后流行的“天赋人权”理论的思考方式也大体一致。“天赋人权”中的“天赋”，

① 参见黄裕生：《西方哲学史》第三卷《中世纪哲学》，凤凰出版社，江苏人民出版社，2005 年 12 月版，第 232—234 页。

也有基于自然与基于神性两层意思。

从现代人的视野看，所谓天、天心、道、上帝、梵等本原存在是人类无法用科学证实的，属于“宏大叙事”，其只是人类悠久无意识世界中价值性想象或修辞。因为其难以用现代人的科学理性把握，都可被归属于非理性虚妄之说。但东西方这些古老深层的价值想象、命名、修辞、书写，并不必然需要现代精确科学支撑（尽管现代前沿天体物理学已经起到种种间接佐证作用），重要的是，其已经渗透在人们几千年的内在存在实践（心灵实践）中，成为他们内在真实的一个核心，其真实地表达了这样一个思考：人之存在不是孤立自足的，而是与天（天心）紧密联系在一起，并因为分有天之创造源头特性才得以真正存在。人之存在会以某种隐蔽（先验）的方式维持与本原的关系，即与那个创造性本原存在产生感应、沟通、交流、联系与合一。对这个创造性本原存在（或存在本身）的命名、修辞与书写，虽然不同文化中的不同思想家用法不同。对东西方各种古老文化来说，这种本体意义上的价值想象、修辞或命名始终是最重要的，涉及人之为人的根本，涉及人的存在根基与心灵根基。

从广大的世界范围内来看，神或神性这一本体性命名或修辞方式，似乎是最为普遍的（中国古老传统也不例外）。因此，我们也在行文中经常采用了这个最普遍的用法。我们再强调一次，神性（天之神性）是世界各种文化中具有文化公约性质的普遍用法。所谓神、神性，只是描述了内在于人又无限超越人之终极性存在（或纯存在性）。在我们这里，神性，即天之神性，也即天之心性，是天心之根本性属性，也代表一种纯存在性。流传数千年的东西方古老古典文化，其关于人之存在的一个核心看法就是：人之真正的有价值的存在状态在面向本原的敞开方向，而不在纯自然的看起来活跃的肉体（形命）里，也不在人与人之功利性关系中，也不在人之现象—表象意识里，而在以天心（天之神性、心性）为基础的天人合一性里，并因此使人的存在成为意义与价值的承载者，也成为天心（天之神性、心性）的一种表达，并在此基础形成价值与意义体验。在中国思想传统中，人之精神超越的核心是天心（天之神性、心性）及其隐喻意象。

在我们这里，天人合一主要不是指物理—生物自然之天与人的合一，其内涵也不是一般意义上的自然与人的和谐共生，而是指天心—人心的相通同在（或贯通、统一、联系），是指天心—人心的启示性对话、交流状态，也是指天心（天之神性、心性）与人心的对应、感应与交融合一之状态，简称心心存在秩序（结构）及状态。从东西方古老正宗的传统看来，人之最独特的本质恰恰指向天人合一方向，这也是人本然本真之所在。正是因为这个先天性的存在根基，人之存在才会有超越纯自然性的种种表现，才会不同于动物世界，才构成自己的独有的价值与意义源泉，以及与这种价值意义源泉相对的方面——先验的精神潜能及其内在洞察力，或先验的洞察本原的能力。现象学所说的自明的本质直观等能力，也正是人的基于先天性的精神潜能的一部分，这也是人之存在的更为深邃的部分。在这种自明的直观中，人的先验性精神潜能静悄悄实现、显露。

天人合一之存在境界论与天人合一之天命论（心命神命论）紧密关联。其共同揭示天—人之先验的超越性精神存在结构。人之存在有基于自然的天赋性（天赋的生物性潜能，有形肉体、自然性生命，现代生命观念的核心基础，启蒙运动时期一些天赋人权说也来源于此）与基于天心（天之神性、心性）的天赋性（天赋的精神潜能及超乎形的存在，各种宗教性的信仰学说、哲学学说及形而上学思想倾向等来源于此）的区别。尊重人之天赋的精神潜能及生物潜能的存在方向，谨慎对待人为人赋的方向干涉，这是关于人之存在的思考基准，也是关于人之存在的最有价值的大方向。人之存在的确具有内在的难以调和的冲突，这即人之存在的二律背反（关于这一点后文会细谈）。自然生物性潜能与基础是人之实存的一部分，尊重人之存在的自然基础会给人带来生物性生机（生命冲动等），但人之存在的心性基础更应被重视，因为其是自然基础的基础，尊重这个基础的基础会让人之存在拥有内在活力（这也是人之存在的真正的价值方向）。对人而言，这两种天赋性都是具有深邃基础［自然基础也是漫长进化的结果，但自然基础的基础是本原性存在，也就是说天心（天之神性或心性）是基础之基础］，比之人类种种功利性理性之社会性建构，也都具有先天性（先验）表现。人之存在自然天赋性或许是生物医学界、文艺娱乐界、社会法学界等感兴趣的对象。思想家卢梭等人的影响力就来源于此。而人之存在的神性天赋（心性天赋）性似乎难以捕捉，似乎难以作为属人的方面被人领悟，但这种无形方向却在深邃处支撑着有形者，这种被无形支撑的存在是天人合一式存在，或者说是心心存在，这是心心存在主义的视点。这也是东西方几千年来一直流传并被践行的思想遗产，也是东西方古老传统共同的思想核心之一。

我只能在内在发生的事件的光亮中认识自己。

——〔瑞士〕荣格

二　天人合一与自然主义及生物主义生命观

(A)

人的外观是自然的，有一个与自然相连的看起来实在的肉体，有一个难以脱去的生物性的外衣。这是人之存在的最显而易见的事实。德国著名诗人诺瓦里斯，一个绝对的浪漫主义者，一个靠幻想过活者，一个认为看不见的世界比看得见的世界更重要的诗人，他也不得不承认一个常识性的肉体存在的事实。他在《颂歌》中似乎有些无奈地指出："谁参透过这尘世肉身的崇高意义？谁能说，他懂得这血，一切终将是肉体，一个肉体。"通过诺瓦里斯，我们领悟到：现象生物之身与本质纯粹心的冲突，其也体现出人之存在难以调和的二律背反。不管怎么说，人很难逃离自然及自然事件对自身的影响；自然性事件对人认识自身的影响也越来越大。各种各样的自然变动及自然灾害——包括病毒入侵带来的瘟疫等——使人意识到自然内在的互联互动的均衡力量。此即一般所谓的生态力量。但所谓生态归根结底还是呈现出来的现象世界，即是一个被决定的“如此”的世界。我们可以在此基础上继续追问：自然世界何以如此，即自然何以具有这种神秘的关联性？为啥就能够呈现出这种神秘的关联性？

“神秘的东西不是世界如何？而是世界存在。”[①]

值得探求的是世界为什么会以“生态”的方式存在？从深层的哲学视角看，何以比“如是”更重要。但这恰恰是现在喜欢谈论生态者较少关注、也较少进一步思考的。从生物层面上讲，大自然不允许某一物种过分繁衍；自然内部有着神秘的均衡制约机制。这种内在均衡制约机制，在中国古代就被总结成阴阳五行思想，也即自然内部的相克相生的理论。通过各种极端的自然生物事件——尤其是其造成的迅疾的大面积死亡——人们终于意识到：人类自己“生生”之身体脆弱得不堪一击。从生物层面之生态关联性看，人只是大自然手中的不起眼的玩偶，只是自然内部的均衡系统中的一个渺小的要素。很多中国学者在谈论传统的天人合一思想时，也着眼于物质自然层面的人与自然的和谐共生，把“天”等同于物质性自然（即自然万物），等同于有限有形的物质性自然——包括物理性、化学性、生物性自然等。如果从这个层面上理解天人合一，那么人是根本不

① 〔英〕维特根斯坦：《维特根斯坦全集》第一卷，陈启伟译，河北教育出版社，2003 年 1 月版，第 262 页。

可能做到的，这个层面人与自然的和谐共生，也根本就不是人所能左右的。想成为独特人的愿望越明显越强烈，也就越无法做到这一点。人放弃做人的权利，放弃自己的精神与灵性，直接回归于动植物世界似乎更能满足这一理想：动植物式存在也更符合自然层面的天人合一之理想，因为动植物式存在本身，可以说就已经成为天之有机自然的一部分。与动植物相比，人——因为各个层面的意识觉醒，尤其是现代人自以为是的理性意识——无论如何努力都是达不到那份与天浑然无分的境界的。单就是人越来越发达的理性，就已经构成这种合一的障碍，就足以分裂这种融合合一性。所以仅仅从生物层面谈论人与自然之生态和谐是难以实现的，甚至可以说，所有从这个角度谈论生态的命题都具有伪命题色彩。

从自然生态视野出发，人类就和某些动植物科一样，只是供大自然调剂使用的微小要素，几乎只是可以忽略的工具。从大的生态视野出发，关于人类中心的各种思想与主义是自大可笑的，也越来越不受觉醒的现代人欢迎，其中伴随着地球生态环境的恶化及更广阔宇宙的发现。为了摆脱所谓的人类中心主义，现在也出现一个相反的反抗性的主义，即所谓的非人类中心主义，或者叫自然中心主义，也即以我们置身于其中的物质生命性自然为中心。生物层面的天人合一就是一种自然中心主义，或生命中心主义。从这种自然主义或生物主义视点看，大自然领域的各种生命是平等的，都应该受到同等的尊重。第二次世界大战以来，这种万物平等为基础的生命观明显地受到重视（事实上这也是中国传统佛教中所说的众生平等的翻版）。但如果完全被自然主义（或生物主义）生命观点左右，人的生命存在就和动物的表现无异，按此思想发展下去，人的存在理想就是回归物质性自然，就是应该像动植物一样，一切使人与自然分开的潜能（或倾向）都应该慢慢被湮灭，这种生命倾向应该缺乏敏感的和宇宙中心共通共情的先验的精神潜能，缺乏分辨是非善恶的能力，也应该没有伦理道德心（更谈不上遵守生命伦理原则），也没有本原性的美学意识（或诗性意识）等。所以，现在流行的各种所谓的生态说，其核心就是尊重物质性—生物性自然。

所谓生态文明并不是人类要走的方向，也不是对人类最有益的真正的文明形态（或文化形态），也不会是人之真正的存在形态。在严格的意义上，所谓生态文明（或文化）是人与自然未分的文明（或文化），也许“荒野”状态或“丛林”状态更能显现这种文明（或文化），人类真正要走的文明是“心心文明或文化”，这是让人“拥有心”的文明与文化。从中国心学传统视角看，人的本质不在所谓的“生态”之自然物质性方向，而在联系着的敞开的心的方向，也就是本心方向。人的本质在其理想性上（或在纯粹性上）就是天人合一（心心合一）——通过内在的意向性：启示性对话交流，并趋近相通同在——存在关系及存在状态的总和。因此，生态意义上的走向（包括走向荒野的观念等）并不符合人之深邃的存在本质，也并不是未来文明（或文化）的真正走向。如果人类真的有所谓“生态文明或文化”，那其最高境界就是回到动植物状态，回到与物质—生物自然浑然不分的状态。这本质上也就是从物质—自然角度理解的“天人合一”，而不是从天心—人心角度理解的天人合一（也不是另一个层面上的自然—存在角度理解的天人合一）。前面我们在谈天之含义已经说过，东西方思想史上有两种自然观念，其中一种就是指自然—存在起始，并有守护、回归原初存在的含义，这种所谓自然实际上是内在超越性的，是和人的内在的信仰相关的。而物质—生物的自然属于海德格尔所说的存在者——包括各种侵害人的病毒等也是存在者的一种形式——其也是有限有形的大自然的一部分。真正属于人的文化或文明恰恰不是倒退性的，不是以某种方式回到动植物状态，而应属于超自然超生态方向，应属于超越蒙蔽成为无蔽性存在的方向，也即超越有限有形的局部的自然指向原初之存在本身（用中国传统属于讲就是“天心”或“道”）。现代人喜欢谈论人在自然中的不可逾越的界限，但这些谈论者却很少去思及为什么人类不能跨越那些界限。这个界限划定背后究竟隐含着什么，又是从何而来。

过分肯定自然中心或生命中心肯定是有偏差的。基于自然中心主义或生命中心主义，当下的一些学者喜欢歌颂的人之生命力量，恰恰就是物质—自然性力量。从有限的物质—生物自然视点来看，人之自然的生命力量就主要体现在那种欲望冲动与身体运动里，其可用外在的生物性生命感（或生命性）来描述，或可称其为以生物自然为基础的生命展现。美国诗人惠特曼的不少诗作就是颂扬这种原始力量的。他著名的诗作叫《我歌颂带电的肉体》很有代表性。“带电的”人之身体成为生命性的典型意象。还有美国小说家杰克·伦敦中篇小说《热爱生命》所传达的生命理念也大体如此（虽然不全是），其讲述了孤独淘金者在荒原上陷入困境的故事，其中的最重要场景系列是：他遇到了一只跟在他的身后的生病的狼，舔着他的血迹。为了活着为了能够回去，为了战胜这匹跟随着他的病狼，他和狼战斗获得了胜利，他咬死了狼并喝了它的血。这凸显了人的原始生命基础，及其所具有的力量。

如果只从源自下面（生物性）的视野——人与动物重叠的意义

上——看待生命性（或生命力），生命性似乎更多显现于人之物理（或肉体）之“电火花”状态，生命性似乎就是这种电火花发散时的景象。男女的自然交媾的激情（刹那阴阳交错带来的放电效应，最典型的被国内评论家几乎一致称颂的场景：莫言的《红高粱》中高粱地的突破伦理的野合，被认为体现了原始生命力），以及各种“见血”的暴力杀戮（各种森林草原的狩猎，包括上面说的淘金者对狼的猎杀）等，不正是显示了物理—生物激情吗？可能很多人（包括一些学者）认为：恰恰是这种“电火花”绽放时的存在情景——常常被称为具有原始激情的情景——才是生命性的最鲜明体现。自然生命（本能性生命）常常确实能激发出这种“电火花”，这种“电火花”属于人与动物的共同的有机世界（当然从更大的视野看，甚至可以扩大到星际世界的星系碰撞）。这种生命（或生命性）可被定义为特别突出的能量代谢功能，其也是能回应刺激及进行繁殖的开放性系统，其中包含着一种无名的物质性的能量。这种自然性的无意识自发本能生命是有限物质—生物自然的呈现。

“人们把关于生命的观念称为生物学。”[①]

这样人之存在就成为自然—生物性的。这和整个现代人的自然还原的走向是一致的。但遵循生物学意义上的生命概念与意识生长发展，人顶多就是个壮实健康的充满野性生机的动物。谈论天人合一如果只是从肉体存在及健康发展层面着眼，如果只是把人作为一个生物物种加以谈论，那人还有什么特别之处呢？关键是循此思路，人之存在会更具有精神尊严更加符合人之理想形象吗？循此方向，

① 〔德〕海德格尔：《海德格尔选集》，孙周兴译，上海三联书店，1996 年 12 月版，第 827 页。

人只是更健壮更充满野性而已，但人类存在的几千年的历史说明：最能给人的存在以尊严的是其他方向，那是和广阔的深邃之本原——天心或道或梵等——相通同在的方向。相反，过度的生物性的呈现被认为是人之真正存在的扭曲状态。因为人的最核心本质不在肉体之形上，而在存在之神上，也即在更为深邃广阔的方向上。从这种自然角度着眼，不可能把握人之最深邃本质。

然而，基于生物学的生命观念近年来日益受到重视，包括像“敬畏生命”（德国神学家、哲学家施韦泽的思想体系的核心）“生命中心主义”“生命教育”（还有诸如“生命尊严”）之类流行词很能说明问题，这里所敬畏所教育的生命观念差不多就是基于自然性生命的观念。这种生命观念重视人（包括部分动物等）的生物之身，这种观念的普及也会有利于人的（或部分动物的）生物性保障、活力与生机。因而，这种自然性尊重是需要的，包括各种身体理论与学说也是这种生物性尊重的一部分。天人合一之心心存在观是以自然与这种和谐共生观为基础的，但光有这个基础与底线是不够的，如果人之存在只是停留在这个基础与底线上，人依旧和动物没有任何区别，人依旧无法真正彰显人之存在的内在精神尊严。人之存在的真纯境界（及内在精神尊严）只能通过人之存在的内在敞开，只能通过这种敏感的敞开，与更广大更深邃的精神世界建立起隐蔽的联系。这条内在超越的联系之路也即是天心（天之心性、天之神性）—人心对应、感应、交融与合一之路。人之存在如果只有基于自然的活力与生机，显然是不能算是真正意义上的生命，只敬畏（或尊重）人之基于自然的生命（其实是基于人的局部自然）也是犯了本质性错误，困于单纯的自然方向，人的存在必然被局部化、片面化，也必然会被引向原子化、肤浅化，最终人的生命就会被引向倒退于禽兽的境地。

东西方古老思想传统对人之存在核心本质的认识是深刻的。从这种传统的视角来看，人之价值存在从本质上是天人合一之心心存在，也是内在超越性的存在，人之价值存在需要超越自然中心或超越自然主义（物质生物意义上的自然）。对人而言，没有一种真正有深度价值的存在状态是纯自然主义或纯生物主义的。从真正的属于人的存在状态（也是价值性存在、精神性存在、灵性存在等）角度来说，自然中心主义或生物中心主义本质上就是一种倒退性的思想视点。现代西方一些思想者已经开始反思生物中心的错误。美国思想家罗伯特·兰札（Robert Lanza）出了被称为最具前沿感的一本书《超越生物中心主义：以生命和意识为中心，重构时间、空间、宇宙与万物》[①]。他意识到单纯生物主义的局限。但究竟以什么样存在状态与意识为中心，他却未能给出有说服力的揭示。去人类中心主义或非人类中心主义或许没错，但这并不是要去人类的独特的存在本质。人类独特的存在本质在哪里？就在人的那份面天而在的敞开里，就在中国传统思想的核心命题天人合一里，但这个天不是自然物理生物之天，而是使自然之天成为自然之天的那个本原核心，即天心，而天心是内在超越性本原存在（或存在本身）。人类要体验真正价值——及其精神性尊严——就要回归到心心合一之存在状态中，并可因此使人之存在更具有灵魂深度。所谓敬畏教育首先要敬畏天心，也就是要敬畏天之神性（或心性），敬畏天之存在深处的那种本原性存在力量。然而这个时代显现出另一面：基于敞开的联

① 参见《超越生物中心主义：以生命和意识为中心，重构时间、空间、宇宙与万物》，杨泓，孙红贵等译，湖南科技出版社，2017 年 5 月版。

系之灵性那面日渐衰落，这也影响了整个现代社会文化的方方面面，也影响了现代人的思考及感悟方式。总体来看，现代人的生命观念有一种向着自然还原的趋势，各种各样的貌似有理的杂说大体都勇于维护人之存在的自然面，或者说，人之存在的自然面在现代的各种杂说中占了上风，而难以言说的基于天心（或天之神性、心性）的那个更为纯粹的面，几乎被有意疏忽了。在现代欧美文化世界，回归物质—生物自然的文化潮流倾向更为明显。但物质—生物自然并不能给人带来真正的价值性安慰。

“因为，心理就某一面而言并不是个人的，而是从民族、从集体、或者甚至从整个人类抽取出来的。在某种程度上，我们只是一个无所不包的心理生活的一部分，引用斯威登堡的话来说，我们只是一个‘最伟大’者的一部分。”①

这个最伟大者在中国思想传统中被称为“天心”。荣格这里所说的恰恰和中国悠久的“心学”传统相吻合。这是心心启示性交流传统，呈现为前逻辑的形式，也是建立在人的存在直觉基础上，在此基础上形成的文化一代代不分地域地流传了几千年。我们这里所说的精神和灵魂的含义近似，都具有与天心相通的纯粹性（或原型性），而不是指向一般的心理方向，由此，可以连接起来说，这就是心灵—精神—灵魂。这是科学理性及社会道德意志含义前的更为根本的精神含义。在这种古老的流传数千年（现在依然被人的存在直觉相信）的人之存在含义里，人的生命、心灵与精神都具有更多的敞开性、联系性、统一性，也具有天人对话基础上的精神人格性（个体性），也

① 〔瑞士〕C. G. 荣格：《寻找灵魂的现代人》，苏克译，贵州人民出版社，1987年9月版，第236页。

具有更多的内在超越性色彩。真正意义上的内在超越性就是天心—人心的启示性对话交流，就是天心—人心的相通同在（或贯通、统一、联系）。可以说，内在超越性（真实的超越性）的标志就是超越者拥有了真正的内心，就是拥有了超越知识理性（工具理性）及人性意志实践的灵魂，拥有一颗敞开的连接宇宙万物核心并富有生机的深沉广阔的灵魂。这颗灵魂具有更多的天之心性意味与内涵，而不是具有更多的自然人性意味或客观知识性内涵。瑞士著名心理学家荣格写了著名的《寻找灵魂的现代人》一书。从书名的意思就可看出，他对现代人灵魂状况的担忧。比之存在于东西方古老传统中的人，现代人获得了很多外在东西，却日渐丢失了内在灵魂。这等于失去了人之存在的真正根基，失去了源源不断的源泉力量，失去这种根基性源泉力量，人之存在的内核必然日渐走向虚无。现代文学艺术已经不断地用各种生动形象的画面，展现了当下的人们存在感觉日渐空洞、干瘪、空心化的真实状况。人类确实如荣格的书名所说：需要重新去寻找那种深邃的给人带来充实的精神能量，而东西方古代的那些人却不需要这样做，因为他们的存在本身就是敞开的联系着的，就具有内在的统一感，贴近深沉的大地与充满神性的天空，他们就是拥有心灵—精神—灵魂者。

(B)

自然主义与生物主义观点在中国现当代美学里表现得也很明显，

尽管其表现方式不同（有生态论的、生命论的、物质实践论的等）。中国当下的美学（或诗学）理论，以客观社会实践派美学为代表，各种生态论、生命论美学也日渐产生了影响，但直到现在实践派依然占据着国内美学的核心主流地位。物质性“实践”依然是理解美的依据、核心与基础。这种思想更替缓慢的情形有点不正常，这也说明中国当代美学失去了更新创新的根本动力。客观实践派美学有自己相对流行的哲学基础，现实感与现实意识也很强，一般意义上的常识性也很浓厚，但缺乏真正能打动人心灵的内在力量。国内的客观社会实践派美学，其核心思想与东欧与前苏联的“实践派”从根本上说没有本质的区别。这个大流派的哲学（包括美学）对有形的有限的可见的自然基础非常重视。匈牙利的布达佩斯派代表人物马尔库什的代表作的两个部分的标题就是：“人作为普遍的自然存在物”“人作为社会性的和有意识的自然存在物”。人是自然存在物，这个是两个部分内容共同重点。

基于对自然前提与基础的重视，对美的感性之维强调也就再自然不过，由此，美似乎也就是“感性的”，尽管这种感性是经过人的本质——人的现实实践力量对象化的。基于此，中国当下的主流学者常常也把感性的教育看成是美育的核心，对与人之“自然身体”相关方向极为重视——包括衣食住行等。但这个方向——前面我们已经阐述过——缺乏深刻的内在性与超越性。从东西方传统视角看，这个方向恰恰是缺乏真正意义上的美学性（诗意性）的。我们当下的主流美学缺的就是那份能扣动人内心的灵性，而所谓灵性归根结底来自人对更为深邃的根基的领悟，也即对超感性方向的那份敏感。种种看起来很在理很现实的美学失去了源泉精神的支撑，这种美学无视更为深层精神内涵，尤其对天人合一之存在境界——及美好、和谐、完善、圆满、微妙、深邃、神圣等存在状态——缺乏真正意义上的洞悉、领悟与理解。在中国当下的现实里，局部的现实的自然感性的追求压倒了整体的精神与灵魂追求，由此，我们的存在表现出了双重匮乏：即真正的思想把握力与真正价值体验的双重匮乏。而诗意（或美学性）之维或灵性之维事关人之存在本质。人之本质就其理想性来说就是心心存在关系及存在状态的总和。

心心存在是具有内在贯通性、一体性、统一性的存在，也是人以敞开的意向性方式——但不同于一般意义上的意向性方式——达成的联系性存在。中国当代主流美学过于关注有形有限可见的方向，也即过于关注自然的感性的方面。中国当下的美学学者对中国传统中的“天”的理解，也倾向从自然角度去领会、思考。对天之内在超越性精神性本质却未曾发现，或者是有意避而不谈，或者是对这个面没有真正的领会。由此，对人之存在本质也就缺乏真正的洞悉与领悟。人的存在本质蕴含在广阔的贯通性、联系性与统一性方向，而不在各种以有形有限的自然为基础的社会活动上。正是人之存在的那份敞开性引领人走进启示性对话交流状态，并超出了狭隘的自我禁锢或囚禁。那个隐蔽的引领者即是存在的创造性源泉——天心（或天之神性、心性）。从东西方古老思想传统来看，所谓美所谓诗意，其核心基础不在各种人为方向，而在能更多触及人之存在本体的方向，而美学或诗学的核心研究对象就是天人合一之存在状态或存在境界，也就是天心—人心的相通同在（或贯通、统一、联系），及其启示性对话交流，以及通过这种对话交流给人类带来的完满、美好、和谐、微妙、深邃、神圣而又伟大的存在状态。这种存在状态（或生命状态）以深邃、和谐而又微妙的价值体验为核心。所谓诗意感（内在的美学性）就是指人被置身于那种充满奥秘感的体验状态（及形象、情境、氛围、韵味等）里。任何一个自居的美学或诗学流派，如果不能用深刻的理论方式描述这个难以描述的核心，这个所谓的派都不会有持久的理论影响力，也不会有真正的理论价值，或者说其曾经有过的影响也会很快消散。因为其远离了人之存在的最有价值的根基与状态。

实践派美学领军者李泽厚先生其实未能真正抓住美学的或诗学的内在核心，但他在斥责生命美学与生态美学时之所说，却是有一定的道理的，认为这些美学派别基本还是“以生物本身为立场”“无人美学（参见李泽厚、刘阅笛《从美感双重性到情本体——李泽厚美学文录》），说生命美学“仍然是动物性的本能冲动，抽象的生命力”（参见李泽厚《世纪新梦》）。“讲来讲去还是在说生命力。生命力讲穿了就是原始的情欲”（参见李泽厚《我和新中国美学五十年》）。李泽厚客观实践美学本身，基于外显的客观的劳动实践观念（关于这个部分，我们会在后面第四部分专门讨论），基于水平层面的社会历史观念，对美之自然形式层面与宏观的社会层面的解释是有些道理，但总体来看缺乏垂直方向的内在超越性把握，因而也就缺乏深邃深刻的内在的灵魂性及个体性。他其实同各种自然主义（或生物主义）流派一样，特别强调自然基础与前提（特别强调吃饭穿衣等），但却对偏重从生物性（自然性）之“生”的角度理解美的派别，是充满轻视与指责的。尽管他的这种批判与指责或许不太准确，也还是有些道理的。美的本质不可能来自通俗意义上（也是自然生物意义上）的“生命”或“生态”，而真正意义上的生态确实不能突出人，如果人被突出，就没有真正的所谓“生态”了。生命美学派的观点似乎也处在经常性摇摆状态，经常把一些相左的思想派别都纳入生命哲学的范围里。这就产生很大的问题：当生命概念无所不包时，生命也就成了最空泛的概念，也就是说这一概念缺乏真正的概括力与揭示力。在多种语境下却如李泽厚所言：其张扬了自然之“生生”生命。但任何一种从偏重生物性的生生之生命的角度去理解美的企图都会被我们的存在体验“证伪”。我们以爱情为例。男女性爱被认为是最具生物激情的（也可以说最具生命感的），但初恋的那种微妙的想象的忧伤的单相思式的爱情，却常常被认为是最美的爱情，因为这种爱情充满了内在的心灵性。这种充满绵绵思念的爱情如果从生生之“生命”角度看，常常感觉不够“生命”。最美的最值得人们珍贵珍视的爱情恰恰是超生物性的，是由深邃微妙而又神秘的心灵谱写创造的。中外历史上被认为是最美最崇高的艺术作品又有几个是以生生之“生命”（所谓酒神精神的体现）为核心的。反过来说，那些以存在“空寂”为主题的艺术作品也常常被列入上乘之作。

偏重以社会性眼光观察世界的思想家、哲学家，他们也反对对人的存在的自然主义及生物主义式的理解。他们把人之存在本质定性在社会性功能诸方面。持这种看法的思想家哲学家不少。在古代的中国，以孔子为代表的儒家也把人的生命同“禽兽”相区别，并以社会伦理方向作为衡量人之为人的主要依据。马克思主义以及受马克思主义影响的哲学家、思想家也大体属于此类：他们认为人之存在主要是由人在社会性活动、关系（及其象征）中产生的。这也包括后马克思主义思潮的一些代表性人物，比如鲍德里亚。他就认为人的生命主要来自人的社会性诸方面。社会性固然是人之存在的一个支柱性标志，但归根结底毕竟其也属于“人为”的自我世界。从东西方古老的主流传统看，被局限囚禁的人为世界也属于大的现象之我的一部分，其不能成为人之存在的核心根基。人之存在更为重要的本质面在超越自我世界的方向，这也是人所具有的先验性精神潜能，也是垂直的内在超越方向，而不是水平的以人为核心的社会历史方向。现象学大师、先验主义者胡塞尔也持有类似的观点。他把人之真正自我解释为一种内在性中的超越性，并专注于人之自我在经验中的同一性。

一般意义上的生命概念太容易倒向生物方向，或者说太容易引导人们朝生物方向理解。西方以叔本华、尼采、弗洛伊德、柏格森、狄尔泰等为代表的生命哲学，常常就是偏重从存在意志（或自然进化等）角度来谈论生命的，这实际上依然是从自然生物性层面上着眼的，即偏重谈论生命活力（包括人的生命活力，尼采的酒神与权力意志意象）的自然基础。自然生命（本能性生命）指向一般意义上的以自然为基础的活力有机体，各种所谓的生机主义思路也大体如此。以此为基础，生命冲动（生命流）的意象就会自然而然地显露出来。经过第二次世界大战，好多当代的思想家亲眼目睹了战争的残酷，在那场持续的战火中肉体生命（身体）那么脆弱，那么多活生生的人瞬间灰飞烟灭，还有环境的恶化导致的生命畸变。这些景象激发了部分思想家的思想：自然肉体生命的存活健康更值得珍惜。二战之后，人的基于自然的生命意识崛起。现代西方流行的生命伦理（大地伦理等）等也是着眼自然基础。生命伦理的另一个译法就是“生物伦理学”，也就是在生物层次上展开的伦理，这种伦理维护人与动物的生命自然基础的神圣性，并借以彰显人与动物的生物之身的尊严，也延伸到像生殖生育、医学科技（可包括安乐死等）和人的生物体相关的领域。

另一方面生命只是“生物之身”的事吗？人之生物之身（自然基础）壮健，及各种各样的生物冲动——包括性欲望、贪吃、杀戮等——能代表生命感吗？恰恰相反，常常就是那些陷入自然物欲包围者（比如城市酒吧里面的酒神式陶醉，迪斯科舞厅的狂舞等），他们的心灵—精神—灵魂常常是空虚的，这些人的存在算是真正意义上的富有生命性的存在吗？可以说，现代社会充满了肉体发达情欲旺盛但心灵贫乏干瘪者，这些人应该不是生命哲学（包括生命美学）的倡导者倡导的方向吧？而另一些人（最典型的是那些先知式的修道者，还有一些先知式的哲学家、诗人等，比如诗人梭罗）过着内在平静而坚韧的生活，内心坚定，生活在与深邃世界的启示性沟通中，他们内心充满了莫名的充实与喜悦。这些人的存在难道不具有生命感？生命感主要不是外在的，也不是由外而内的，而是内在的或由内而外的，那个看起来无影无形的内在才是生命感（或生命性）的真正坚实的内核，这个坚实的无形的内核来自哪里，当然不是来自自然生物性，而是来自更深邃的存在——超自然超生物层面之本原存在，也即来自本心，或者说来自心心。人们也难以发现、理解不能超越生物生命的伟大生命。德国哲学家胡塞尔就曾在《作为严密科学的哲学》一书中，对那个时代的“生命的贫乏”发出感叹：

“我们这个时代的精神贫乏实际上已经到了难以忍受的程度……使我们痛苦的是最根本的生命的贫乏，是不允许我们的生命停止于任何地点的生命的贫乏。”[①]

他把试图将理念还原为自然的物理事实的精神态度称为“生命的贫乏”。他心目中的真正生命既是超自然（超生物），也是超时间（超历史的），并来自具有“永远”特性的稳固根基，属于先验性的。在《欧洲的人性的危机和哲学》的演讲中，他认为生命危机（包括理性危机等）的源头之一恰恰是“自然主义”与“客观主义”。在他看来这也是精神的相对主义、怀疑主义与虚无主义。实际上，任何被称为“坚强”“韧性”“美好”的生命都来自基于信心的理念，来自内部涌现出来的强大精神支撑，来自心灵这个看起来古老的路线。《热爱生命》中的淘金者不屈而刚健的心灵才让他的生命放射出光彩。用中国儒家的术语来说真正的生命来自“内圣”（我更重视“内圣”的道家式含义，“内圣”一词最早也出自《庄子·天下篇》）。“内圣”是内在的超越性的，植根于天人交感而生的有价值体验，这也体现了人的生命之神圣精神本质。由于神圣精神的渐次衰落，现代社会或隐或现着另一种思潮：以消除人的内在的精神为依归，尤其是要消除人的精神神圣性。辛格尔的伦理学一直在倡导“让人类生命非神圣化”。还有意大利的哲学家阿甘本也认为传统的一些神圣精神属于“人为”的，而非来自自然自发的，并要人们回归自己的自然基础。但人类生命非神圣化之后，生命就更像生命了吗？在我看来，生命之为生命，其最可贵的地方就来自其忘我的神圣化方向，但这个神圣不是人为的强行制造出来的神圣，强行制造出来的神圣，那是权力、囚禁与奴役而不是神圣，各种“人为的神圣”——制造出众多有形的

---

① 转引自〔日〕今村仁司等：《现代思想的源流》，卞崇道，周秀静等译，河北教育出版社，2002年1月版，第202页。

虚假偶像及虚假的偶像性崇拜——不是真正意义上的神圣。真实自然的来自我们深切体验的神圣——不仅不会销蚀生命性——而是会让生命绽放出更加绚烂的光芒。

从东西方心学传统看，人的存在本质恰恰在天人之内在敞开的联系性里，在天人之内在的贯通性、一体性、统一性里，在天人之启示性对话交流中，人的理想形象就在心心存在关系及存在状态的总和里。存在的神圣之维来自垂直层面——当然也来自人之存在的深处——来自人之存在的隐蔽的精神性潜能，也即天人合一内在的隐蔽地呼应的那个面，也由此产生最有价值的存在状态，其不仅具有神圣性与神圣感，也具有美好、和谐、微妙、深邃、圆满而又伟大感，这是整体生命状态的生机感、意义感、价值感。对于这个问题，不需要过多的逻辑性论证，任何高明的逻辑也不能直接推导出生命之纯粹性，也不需要刻意去寻找外在的实证的证据，再多的证据也堆砌不起来生命的完整性，也根本不需要学术性的论述（尤其不需要当下中国式学术论述），这种分解性学术只会局限我们整体的生命视野，只会破坏生命的整体的生机感。基于整体感的生命性最本然地显现在我们切身感受里。我们这里有一条简单的无遮蔽的捷径：你就认真沉浸在日常的细微而又深邃的体验里，尽可能深入其中，那个自明性道理就会被显现：真正意义上的生命（或价值性生命—诗性生命）不是自然带来的，而是在超越自然的过程中实现的，在超自然的提升的过程中，生命被升华（基于真实体验）。虽然生命的价值感离不开自然性生命的质料基础，但其更多来自超越自然性的精神性源泉。在思想的精髓处，中国思想传统的“天心论”与西方思想传统的“上帝论”是相通相似的。用东西方古老思想传统看，生命的最神圣的光泽都来自那种联系性，即与本原的创造性源头的联系。

“人的最高的圆满性并不在于低级事物与他自身的结合，而毋宁说在于同某种具有更高特性的实在的结合……不过，上述快乐却在于：人是通过他的感觉与某些比他低级的事物结合在一起的，也就是说是与某些感觉对象结合在一起的……每一件事物的终极目的即是上帝……因此我们应当肯定：人的终极目的即是他借以最接近上帝的东西。但由于上述快乐（即感性肉体快乐——引者注），人非但不能接近上帝，反而远离上帝。因为这种接近是默思的结果，而上述快乐则是默思的首要障碍。”①

真正的生命状态都被一个坚实的精神核心支撑，不能超越自然感性的存在状态，很难说那是生命状态。天人合一之存在状态（或诗性状态、美学状态）恰恰是内在超越的，通向那个单纯的创造性本原，这个内在超越过程也最能让人感受“生命性”。而这个本原被东西方思想传统命名为：“天心”、上帝或梵或佛等。内在超越精神是生命的根基、核心。靠自然本身带来的生命样貌（本能性生命）终归不能代表人之存在本质。现代社会有不少思想家试图把人拉回到纯自然自发的状态，而忘记天人合一之超越自然生命性的维度。这也是使生命不断丰富上升扩展并充满韵味的维度。人之存在的诗意之维（灵性之维、神圣之维、内在美学之维等）意味着更多地指向内在超越性方向，并由人的种种内在超越性精神灌注了真正的生命感。我们这里所说的超越性既超出一般的自然自发性生命倾向，也超出一般意义上人性倾向。我们所说的超越精神不是现代人习惯上所说

---

① 〔意〕托马斯·阿奎那：《反异教大全》，段德智译，商务印书馆，2017 年 6 月版，第 146—148 页。

的“理性—知性”方向，也不在现代人所说的“道德—意志”方向，甚至也不是一般意义上的“美学—诗学”方向。这种精神更宽阔也更深邃，在本质上，其是天心（天之神性、心性）之伟大的源头的隐蔽显露。

自然生物性身体只是人之基础性的“形命”。真正的“神命”超乎“形”，即真正的生命状态在超自然超生物方向及过程里。那是和肉体之身的存在及健康发展无太大关系的方向及过程。纯生物性生命状态作为人之存在的外衣，不能显示人之为人的最深邃本质。人如果局限于这种“形之命”，就等于放弃人之为人的本质与存在尊严，就等于倒退到自己的物质自然—动物性状态，这对人而言是缺少真正价值感的，也缺少真正持久的价值体验，尤其是那种深度价值体验（那种能给人带来灵魂满足的体验）更难产生。仅仅由生物出发，不会有至真、至善、至美、至爱发生。心心美学（或诗学）关注的主要不是人的身体存在及健康发展等，而是关注超越生物性生命的存在方向及过程，也即天人之内在的贯通性、一体性、统一性的方向与过程，那是能把我们的存在带向和谐、圆满、美妙、深邃、深沉、神圣而伟大的存在方向及过程。

(C)

德国哲学家谢林是敏锐的天才型哲学家，既有深刻的理论思辨力又忠实于自己的存在直觉。他的著作处处充满了那非同寻常的洞见。

他的一系列深刻思考，也能启发我们对真正生命存在本质的理解：

“现在可知，真正的人类自由的前提恰恰在于，精神一方面服从灵魂，另一方面凌驾于心灵之上。精神也即意志（因为意志在精神内部又是精神），可以要么遵循自上而下的激励（即灵魂的激励——笔者注），要么遵循自下而上的激励（即私己意志的激励），也就是说，它可以要么把更高的东西，要么把卑微的东西当作自己的本原。”①

谢林在这里实际上点出了两条生命存在路线，两条生命的动力源泉：自上而下即自下而上。他从心灵、精神与灵魂的含义差别着眼（不同于我们这里所讲的心灵含义）。心灵偏重个体一面（私己意志等），灵魂偏重无限一面，精神居间摇摆。精神有时摇向来自下面的私己意志，有时则摇向来自上面的无限。在他看来，真正的精神性存在是自上而下的，是信仰质性的，这种生命更多遵循自上而下的激励，也是人从内部超越动植物的生命方向，并产生了基于精神价值的生命形式及状态。谢林的自上而下激励之路，在我们这里就是天心—人心相通同在之路。现代人自以为是的感性勃发状态是局限的局部状态，其恰恰游离于与整体的联系，而脱离整体的局限性的生物性勃发，在绝大多数情况下也是虚假的生命状态，或者也可以说是虚假的美学状态。其缺乏的就是持久性、普遍性，但只有具有持久性、稳定性、深邃性的价值体验才是生命的真正基础，才是真正生命的核心枢纽，也才是人的整体生命活力与激情的枢纽与基础。真正意义上的生命性来自内在的精神活力，这种富有活力的精神生命不是与动物

---

① 〔德〕谢林：《论人类自由的本质》，先刚译，北京大学出版社，2019 年 3 月版，第 175 页。

相似的本能性冲动，也不是感性之维的张力，也不是社会性的或一般意义上的人格性，而是内在敞开性的那种联系性与统一性，其来自垂直层面，并连接天心（天之神性、心性）本原的状态。这种连接给人带来精神性的生命张力，使人充满了内在的生机与激情，也使生命充满了诗意。

"上帝自身凌驾于自然界之上，自然界是他的王座，是他的从属者，但上帝内部的一切东西是如此充满活力，以至于这个从属者又表现为一个自足的生命，一个纯粹单独看来完整而完满的生命，尽管它相对于神性生命而言是一种非生命。"①

"由此，自然界是神性东西，只不过是一个较低类型的神性东西，一个仿佛从死亡中被唤醒，从非存在提升到存在的神性东西。就此而言，它当然始终不同于那个最初的神性东西，因为后者还需要被唤醒，以便从非存在提升到存在。一言以蔽之，这个可见的自然界仅仅按其形式而言是自然界，但按其本质而言则是一个神性东西。"②

"因此，由于自然界仅仅为着一个更高东西——为着绝对的……——而存在，所以它需要通过更高东西而得到强化，而为了得到这个强化，它唯一的办法就是把自己整合到更高东西里面，成为后者的一个手段，使其作为存在者而得到实存与展现。"③

在谢林看来，自然生物层面自下而上的生命观念比较低级，只有自上而下的生命观念才能唤醒了那个原初，非存在也才能上升到存在。真正意义上的精神生命（即真正的存在）就是面向原初而在，也

---

① 〔德〕谢林:《论人类自由的本质》，先刚译，北京大学出版社，2019 年 3 月版，第 131 页。
② 〔德〕谢林:《论人类自由的本质》，先刚译，北京大学出版社，2019 年 3 月版，第 135 页。
③ 同上，第 153 页。

即面向天之神性本原，并分享其神性，借此可把人从非存在状态提升到存在，所谓生命的唤醒也是从精神意义（或灵魂意义）上来说的，也就是从非存在走向存在。真正富有精神生命的人就是从非存在者那里提升上来的存在者，用我们的话来说就是获得与天之神性的相通同在感，凝视并分享存在本身的力量。真正的生命是富有神性的价值性存在，而不是自然性存在，而这一价值性存在又是通过价值体验——通过有精神深度的价值体验实现的。谢林在《论哲学视角下的但丁》一文中说：

“作为一部比但丁的诗作更加具有诗性的作品，它也可以叫作‘神性的’。”①

“生命和诗作在本性上是一种层次递进，它们仅仅是一种净化，一个向着绝对状态的过渡。”②

真正的生命蕴含在与实存不相分离的本质里，或者说蕴含在由现象直接显露出来的本质里，也可以说，蕴含在深度价值体验现象里，真正的生命就是由深度价值体验所发动的，而价值性生命状态常常就是向着神性—精神原型而在的状态，用谢林的话说就是向着绝对状态（或不朽状态等）的过渡，而生命性就体现在这种过渡里。用胡塞尔的话来说生命就是指向绝对的意向（哲学是指向绝对认识的意向），也可以说生命就是向着天之神性—精神原型的一种过渡，或指向天之神性—精神原型的存在意向。这里所谓的过渡与指向过程，对人之存在而言，充满了微妙性、玄奥性，也充满神秘的美好感，这种过渡（或指向）本身就是一种诗性体验。从本质上说，生命的

---

①〔德〕谢林：《学术研究方法论》，先刚译，北京大学出版社，2019 年 1 月版，第 68 页。

② 同上，第 70 页。

诗意之维也就是灵魂之维，也就是神圣之维，这也是人类最重要的最深邃的精神维度，也是人类美好精神的最重要的展现或体现。从这个层次上我们可以说：诗意体验是人类的生命体验的核心。现在有美学是第一哲学之说，依此，我们也可以说诗意学是第一美学，是美学的最内核层，是美学的有价值的和内在存在最相关的部分，也是人之存在的基于深度体验的部分，也可以说诗意体验是生命体验的最内核、最有价值的部分。所以，所谓诗意不是人们印象中的单薄肤浅的精神，似乎只是和诗的欣赏创作，或风花雪月相关。所谓诗意只是一种类比性的说法，起初或来源于写诗读诗感受，其后涵盖的范围扩大了，可概括人类更大范围的深度价值感受，更多指向理想的和谐的圆满的体验。诗意这个词所覆盖的范围是具有“理想圆满和谐完善”体验的那些“相似家族”（维特根斯坦语），并与和谐完善的圆满的理想生命站在一边，超越自然生物性，也超越理性、科学、技术的束缚。

“人的灵魂来源于事物的源泉，等同于这个源泉，具有关于创世的共同知识。”[①]

真正的生命会从存在源泉中获得源源不断的内在力量，生命的超越之维连接着更为宽广深邃的存在，因而可以说真正的生命是内在超越性的，也是通过某种方式向着源泉的一种敞开，也是源泉之神性通过人们的生命窗口彰显表达自己。深度价值体验在我们的日常存在中（包括日常显示出来的意识中）并不经常出现，经常处在下意识的甚至是无意识之状态中，其常常只是特定条件下的偶尔闪耀，

① 〔德〕谢林：《世界时代》，先刚译，北京大学出版社，2018 年 3 月版，第 4 页。

显露出人类心灵深处的价值之光，显露出人类心灵的向往，并构成人类价值存在的背景。偶尔闪现并不意味着不重要，相反，正是通过这种偶然显露，我们有了真正的发现：发现并意识到了它的根本性的精神地位，发现并意识到它的价值支撑者的作用，发现并意识到它的根基性、方向性的意义，也发现并意识到我们与之对应的精神性潜能。这种深度价值体验的所显露的光芒常常是被遮盖的，常常被现象之我堵塞遮蔽起来，或者说其经常默默地沉睡在那儿，但在生命的那些富有精神性的时刻，这种沉睡的神性（天之心性）一定会被唤醒——就像沉睡的美人被唤醒一样——并鲜明地凸显出来。这时隐藏在我之深处的本质之我苏醒，感受到了以精神为核心的生命价值。

用望远镜在物理天空中找不到上帝，正如用显微镜探索大脑发现不了精神一样。

——〔美〕乔·桑塔耶那

三 天人合一与科技至上、工具理性思维

（A）

“一切机械论都会消灭个性……单纯机械……它的方向恰恰就是要消灭个体性。”[①]

科技至上主义及工具理性思维模式，在可见的未来依然会左右人们的思想。但未来或许会有一些不同于现在的变化：当本来只是人之存在工具的科技被当作神一样膜拜的时候，关键的转折点或许就会到来。会在哪些关键之点上发生转折性变化呢？美国总统候选

① 〔德〕谢林：《哲学与宗教》，先刚译，北京大学出版社，2017年1月版，第346页。

人之一提出的竞选口号似乎就是一种回答。他的竞选口号包括两个方面：一是“机器人将至”，二是“人性至上”。我认为他提的口号还是挺有时代感的。他所谓“机器人将至”中的机器人不是传统意义上简单机械人，而是具有智能（尤其是指知性理性）的机器人，甚至是已经具有自然性功能的机器人，或是可以替代人的自然性功能的机器人。我们稍稍将目光放远些就可基本设想出这幅图景：即人机混同的存在图景。这个图景在现代人与现代机器人的关系中已经表现得很明显。美国著名导演斯皮尔伯格已经用《人工智能》这部电影多方面地生动地展现了他的思考。这些机器人将极大地“仿真”“模拟”“虚拟”我们人类存在的很多方面，所以与其说这是“机器人”，不如说是将取代人的很多功能的“类智性人”“类自然人”。在这幅关于人的存在图景里，人为技术的进化路线与自然生物的进化路线将有某种交叉与合流。在某些方面人为的技术进化甚至将取代人自身的自然进化。在不远的将来，人类中的那些在本性上与“类智性人”“类自然人”相同或相似者将会被自然淘汰，或被边缘化。那么这些“类智性人”“类自然人”是否会威胁我们现代人类的深层人性呢？

“技术力量……却带来了这样一种奇怪的现象：人类越是强大，世界就越是趋向‘非人化’发展……人类的力量是一种摧毁人类（世界），使人类自身非自然化的力量……只有从这个紧迫性出发，我们才能再一次提问：‘人是什么？’”①

关于人机混同这一存在场景，法国近代哲学家拉美利特似乎早

① （法国）贝尔纳·斯蒂格勒：《技术与时间：爱比米修斯的过失》，裴程译，译林出版社，2000 年 1 月版，第 105 页。

就有了预言，他写的最著名的著作的名字就是《人是机器》。他在此书中采用了最典型的还原论观点，从而人性最终被还原分解为机械原子分子的集合。从他的视点来看，差不多我们最本质的人性就等同于未来的智能机器人了。由此观之，人类就没有自己独有的本质特性了，也不再是独特的存在了。但人们从几千来的存在实践中领悟到：人性从根本上讲是超越“机器人性”的，也即具有超越机械技术的那种神秘性特征。尽管现在已经有人将技术定义为生命体（凯文·凯利：《技术想要什么》）。那么真正的人性不同于“机器人性”的最根本点在哪里呢？在这一点上，过去的很多认识似乎都是偏离的。前面我们已经谈了，从东西方更为古老的思想传统看，真正的人性（或人的本质）不在人的自然性方向，不在现代流行的理性及其延伸特性方面，人类以之为傲的理性（知性理性）只适合认识局部自然之物，这种基于知性之理性，未来的“智性”机器人可能运用得更好，而人的很多方向的“理性”都会被人机混同的机器人替代。

那么真正人性（人的本质）在哪里？不在人之存在的那些表面特性上，不在让天人相分并让人孤立于天的方向里，而在人之存在的深处，在人整体存在的看不见的深处，在人的存在的最深邃面，在天人合一之存在关系及存在状态中，也就是在与天心对应的人之“心性”或心灵性上，这也是最能体现人类精神尊严性的方面（最能体现人类精神尊严的方向也就是人之本质所在的方向），其也是人之存在的一种根本的精神特质，也是人的具有先验性精神本质方面，也即天人合一心心存在秩序（结构）中人通向天的那面，也即人之存在中能感应“天心”（天之神性）的那个面，或者说是能够启示我们的领悟天之神性（天心）的那个面，也即向着本原、广阔而深邃世界的联系敞开的那个倾向。这种精神潜能用中国传统哲学术语来说就是天人合一之先验性精神意识，这也是至善意识、至真意识、诗性意识或美学意识的基础。这些意识也最能展现人之为人的存在特性。而所谓诗性美学性就是天人合一性，或者说所谓诗性（或美学性）也就是天心（天之神性、心性）在人心中获得的微妙而又生动具体的表达。中国古老思想传统中的儒道佛传统都是鼓励人走出狭隘自我及狭隘的生存目的（汉字“我”本身就代表囚禁与囚笼），如何走出呢？最佳的答案或途径就是：进入心心存在秩序（结构），接受天之神性（心性）的启示（启示性对话交流），在此基础上达到天人合一之存在境界，也在此基础上重塑人之存在（修道修身明心传统等都是为此而生），由此人之存在也就与存在源泉联系在一起，并从存在源泉里获得源源不断的存在力量。所以，相对来说中国思想传统中的儒道佛都是轻视基于物理之知识（基于知性的理性知识），也轻视在此基础上的各种“技艺”。老子与庄子思想、宋明理学等是其典型代表。

西方思想传统的主流其实也持这种看法，关于这点我们前面已经说过。在地域上介于东方与西方之间的俄罗斯的主流思想传统也是如此。他们基于人之整体存在而相对轻视理性（知性）知识，其影响世界的几个著名哲学家——别尔嘉耶夫、舍斯托夫等——似乎都是这样。当然，俄罗斯这些哲学家的思想可算是整个西方文化重人之存在整体思想的一个支流。他们的思想有一个突出特点：推崇以精神为核心的内在的整体存在，而相对轻视注重局部的理性及以理性为依据的知识。这其中舍斯托夫表现得更加明显。他重视基于宗教意识的内在生命，反对理性及知识的态度似乎更加坚决。他的一系列著作——比如《雅典与耶路撒冷》《旷野呼告》《在约伯的天平上》等——都强调作为内在整体的生命之树，而反对着眼局部的理性（知性）知识。在《旷野呼告》第九章中专门写了“知识就是堕落”。他甚至认为罪孽是和知识一同进入世界的，恶也紧接着知识之后。[①]

他思想的重要依据就是《圣经》。据《圣经·旧约》创世记记载，伊甸园中央有两棵树，生命之树与知识之树。这是两种不同的树种。鼓励内在整体生命存在的上帝是不鼓励着眼局部的知识的，换句话说，着眼局部的理性知识与内在整体的生命存在是冲突的。按照古希伯来的含义，生命之树代表通往神的路径，而一般意义上的知识与理性可能成为通往神的阻碍。相比较现代型知识理性（或知性理性），先验性理性（追求大全之理性）更富有生命性。但知性（知识）理性（包括其延伸物科学技术等）已经成为现代社会最耀眼的词汇。细想起来，知性理性也能给人类带来一种生机，也即基于知识的累积与理性思考带来的生生之气，也即理性知识的累积、开发、运用所生产的生机，但这种基于知性理性的生机也是片面的，局部的，这个部分的过度发达甚至会扭曲人的整体生命存在，而人之真正的存在突出地体现在神秘的整体的生机与活力方面。现代人的知识理性（知性形式）是以扭曲的方式突飞猛进地发展，却又无助于存在的整体生长。这也是近年来的人类状况昭示的，未来的发展或许更能证明这一点。现代性危机的本质是人的解放（欲望解放）的危机，另一个核心是理性危机，准确些说是欲望理性的危机。有两种类型的理

① 参见《舍斯托夫文集第四卷：旷野呼告》，方珊，力勤译，上海人民出版社，2004 年 9 月版，第 7 页。

性：一种是基于总体，一种是基于局部，一种是基于天心或上帝，一种是基于现象心或人。基于上帝（天心）的理性常常也叫神赋理性，纯粹理性，或先天理性。基于人的众多理性常常就是欲望理性。这还可以开出一个系列，比如基于上帝（天心）的真、善、美、意义等，基于人的真、善、美、意义等。基于天心（或上帝）的理性思考者（包括劳动者等）是禁欲性的，是淡泊欲望的。基于人的欲望理性（这也包括许多学者们自以为是的所谓的科技知识理性）则常常受人的欲望支配。这种欲望理性常常也成了人的灵魂与真正思想的扼杀者。

当今世上有那么多缺乏反思者，依然浑浑噩噩地以拥有现代性面貌为荣，得意于自己的一些看似有用技巧的知识，得意于这些知识为人们带来的种种"发展"。据说，这些具有现代性面貌者已经被一种有效的知性工具——科学理性（技术）及知识——强大地武装起来了。据说人们既然拥有了这种强大的知性，为了人的进步发展，就该进一步高扬人的知识（即技术）理性地位，使人成为以人之理性为本的人文主义者，并坚决相信从自身中（尤其是理性中）就能寻找到超越的动力。可以从知识—理性出发，发展现代的机械、信息技术，及从事各种智力性的学术研究，以此完成存在的超越。但这种所谓的超越是真正的超越吗？这种以科技理性为中心的思想已经造成诸多后果。后果之一就是使人文性学科失去了赖以为生的深邃的思想及灵魂。当今中国缺少真正的哲学（及美学），缺少真正的哲学家（及美学家），我们有的只是基于知性的哲学（或美学）知识堆积，或基于知性的堆砌哲学（美学）知识者。貌似具有现代感的技术性学术带不来真思想真精神，真思想真精神也不需要那么复杂而刻意的学术技艺的包装。没有基于超越性存在的真正深邃的思考，哪会有真正的关于存在的哲学家（或美学家）呢。从实质上我们可以说，现代意义上的知识与理性（知性）局限了人之存在的完满性，现代形态的知识与理性也可被理解成现代人的失败超越形式。真正好的哲学著作（尤其是所谓美学著作）要给人以知识，也要给人以思想，更需要给人以灵魂性启发，所谓灵魂（那种难以言说的灵性）也是思想的看不见的支撑。灵性对人文学者而言，是更为重要更为基本的精神潜能。我们看一下中世纪或关于中世纪的哲学书（或宗教哲学类），再看一下二十世纪中叶以后的就自然会有所悟：想拥有思想（富有精神洞察力的思想）可多看十九世纪末之前的典籍（比如德国古典哲学），想拥有深刻的灵魂（即那种难以言说的灵性）甚至还要多看十七世纪之前的那些较为古老的经典。

在当代这种试图把一切都归为物欲化的世界里，人之存在自然也被低级化原子化了。存在中心及整体被遗忘了，也就是说代表本原存在之核心的“天心”及人之心灵—精神—灵魂被遗忘了。科技理性统治了一切：不仅统治了物理世界，也统治了人之灵魂世界。人们几乎不再去思考这种科技统治有可能带来的危机。只有那些显得孤单的富有精神敏感哲学家在提醒人们注意科技至上的危害。胡塞尔本人及他那些学生——海德格尔、舍勒等——都是如此。胡塞尔晚年的著作之一就是《欧洲科学的危机与超越论的现象学》。他认为科学的危机主要在于“意义危机”，而所谓意义属于“主观性之谜”[①]。这种看似主观性的超越在胡塞尔的整个哲学中占据着核心的位置。但在科技至上的社会背景里，甚至关于超越也有基于科技思维的理

① 参见〔德〕胡塞尔：《欧洲科学的危机与超越论的现象学》，王炳文译，商务印书馆，2001 年 12 月版，第 15 页。

解。这些学者赋予超越观念以相对性或相对的意义。这样的超越主义者似乎也是相对主义者。美国学者马克斯·莫尔说：

“超越主义者追求我们自身、我们的文化和我们的环境的可持续进步，我们寻求在体力上、智力上和心理上的进步。”[①]

体力智力及一般的心理上的进步真的能解决存在的核心问题吗？真的能实现存在超越的目的吗？很值得怀疑。现代人的知识与技术追求已经有过度之嫌，人之存在也因此日渐格式化齐一化，包括现在的以知识技术追求为核心的教育——尤其是人文教育——也已经因此空心化形式化表面化，早已有了本末倒置之嫌。人之存在的核心是价值感，是有价值的能给存在带来精神尊严的深度体验，是敞开的和谐的深邃的美妙的神圣的体验。这种体验不会产生于囿于狭隘自我者，那些困于理性知识与技术者也触及不到存在的深邃之境。真正的超越是人能走出自身狭隘的世界，这需要人向更深邃更广阔更根基性的世界敞开与联系意识，也就是进行天人之间的启示对话交流，这种启示性对话交流拥有绝对的色调，超越一般科学原理及局限的相对性（费希特、谢林、胡塞尔等都持这种观点），只有自然自发的敞开与连接的心，才抵达实现天人合一之境，也只有这样人才能产生深邃、宽阔而伟大的体验。费希特说：“在我心里有一个向往绝对的、独立的自我活动的意向。”[②] 用胡塞尔现象学观点来看，人的指向超验得存在现象就是一种“纯现象存在”，这不是康德意义上的不可知之物自体，而是具有绝对性的存在。这是真正彻底超越性的“纯

① 参见曹荣湘选编：《后人类文化》，上海三联书店，2004 年 7 月版，第 269 页。

② 参见〔德〕费希特：《论学者的使命 论人的使命》，梁志学，沈真译，商务印书馆，1984 年版，第 148 页。

粹现象学”立场。人的真正的存在价值就是从这种面天而在之超越性中获得的；人从实质上说是完整深邃的精神性存在体，核心是心灵性存在，而不是体力、智力及心理的简单堆积。体力、智力及心理上的进步、发达解决不了存在之核心问题，或者说知识理性与技术并不能使人拥有真正的精神—灵魂（或完整统一的心灵），并不能使人实现存在的整全、深邃与完美。那种零碎式知识追求常常只是现代人丧失灵魂之后的一种徒然的弥补手段。对于真正的人之存在而言，最重要的是拥有和谐、圆满、浩瀚、深邃而饱满的灵魂——也即拥有与天心相通同在的人心。

(B)

现代人基于自然科学意识（有限对象性之自然之意识与研究对象的方法意识），习惯性地从自然还原的角度来理解天（等同局部自然对象）—人关系，习惯于把天—人关系看成是某种可划定对象范围、可思维可研究的对象。但我们这里所说的天本质上不是物理的自然对象，其核心是内在超越性之“天心”；我们这里所说的人也不是指人之现象之我，其核心是内在超越性之“人心”。“天心”不是有限有形的自然物化对象，与“天心”相通同在之“人心”也不是有限有形的可物化研究对象。所以自然科学式的分类研究意识不合适“天心—人心”。如果强行做这种研究，就自然会把“天心—人心”相通同在性理解为“物化”性关系，也会把人及人心看作是与物雷同的种类，进一步自然也会以某种方式物化了人类文化。天心代表天之中心，是天之整体显露出来的一种内在超越性质，其以隐蔽的方式存在于天之整体里，并通过人类的内在价值体验及诗性语言得到某种展现。人心及人之存在整体不同于局部存在，也是不能被强行“物化”的，能被物化的只能是人的局部性的外观。从人之存在的整体及中心来看，人本质上是内在超越性存在体；真正文化及语言也通过内在超越的方向得到体现，人之真正存在植根于天心—人心启示性对话交流，以及以此为基础的内在超越性价值体验，但科技至上的潮流损害了人之真正的存在本质，也损害了真正意义上的人类精神文化。因为归根结底，人真正的具有价值感的存在状态与种种科技特性没有任何实质性的关联。在《技术垄断：文化向技术投降》一书中，美国著名学者尼尔·波斯曼认为：

“有些社会‘科学家’却执着地追求与物理学、化学、生物学等自然科学家相同的身份，而且不仅是名义上的认同……由于附加在‘科学家’标签上的心理、社会和物质利益的诱惑，所以这样的幻觉非常强大……唯科学主义不仅是技艺的滥用，比如量化问题，比如毫无意义的数字问题；唯科学主义不仅是把人类经验的物质、物质领域和社会领域混为一谈的问题；也不仅是社会研究者声称把自然科学的目的和程序用来研究人间事务的问题。唯科学主义包含这一切，而且还包含更加深沉的东西。它是一种绝望中的希冀和愿望，归根到底是一种虚幻的信仰。”[①]

英国思想家哈耶克在《知识的僭越》之《理性主义的种类》一

① 〔美〕尼尔·波斯曼《技术垄断：文化向技术投降》，何道宽译，北京大学出版社，2007年10月版，第160—161页。

文中说：

“许多文明制度并不是理性的发明，而是那种被他们称为‘自然的’东西——它们与所有发明之物构成鲜明的对照，也即自发生成之物……在我看来，这种幼稚的理性主义的最佳称谓乃是唯理论建构主义……把它称之为‘工程型心智’的态度。我现在认为，‘建构主义’乃是那种只讲实用的态度的最佳称谓，因为这种态度通常是与那种在理论领域中被我称之为‘唯科学主义’的学说紧密相关的。”①

现代意义上的科技理性（包括各种各样的方法手段）及知识（包括现代面目的智能化技术，及以科技思维为基础的学术等）更适合物质物理对象，用之于社会关系（包括社会制度）建设都问题百出，更不用说用之于人的充满奥秘感的存在，僵硬地把那套科技原理用之于人，必将毁坏了人之存在的最深邃的根基：即与天心（天之神性、心性）一精神原型联系在一起的先验精神本质。现代理性与科学破坏了人的多重的整全的生命，甚至成为分裂分解整全生命的一个工具；现代意义上的所谓学术本质上也是肢解性的，这造成人文性学术缺少深刻的灵魂以及整体性思想。肢解性学术对人文性学科伤害最大。现时代流行所谓的科学有两根主要的支柱：一是基于归纳的实验（或实证），一是基于严密的逻辑演绎。不管是归纳还是演绎，其基础都是自然对象世界。这种追求精确的可被验证的科学之所以流行，可能是基于以下原因：便于人们把握客体世界，能帮助人们征服可见世界，以此为基础，人们就可利用可见客体世界为人的目

---

① 〔英〕冯·哈耶克：《知识的僭越》，邓正来译，首都经济贸易大学出版社，2014 年 1 月版，第 7—9 页。

的服务。但基于人之膨胀的私欲——把握世界为目的——过分科技启蒙及无边界的运用，其危害是多方面的。这种危害不是一般意义上的——比如对环境的破坏等局部性的危害——科学的危害是整体性的，是对人整体存在基础的危害，最突出的表现就是：其伤害了人与存在之最深根基的沟通交流，伤害了人与更大更广阔世界的精神性连接，伤害了富有生机富有神秘感的心灵（或灵魂），伤害了人对世界对自身的完美感知。在科技至上思想（以及相关的学术思想）的指导之下，人之存在正在不断地物化、知性化以及以此为基础的机械化、格式化、趋同化，人之存在感受也将越来越苍白、贫乏、干枯。科学思想史的先驱柯瓦雷在《牛顿研究》里写道：

“在科学世界里，每一个事物都有自己的位置，唯独人失去了位置。于是科学的世界与人的世界疏离了，并与之完全分开，生活世界是科学所无法解释的……两个世界：这意味着两种真理，或者根本没有真理……这就是近代心灵的悲剧所在，它解决了宇宙之谜，却只是代之以另一个谜：近代心灵本身之谜。”①

人之心灵充满了内在的精神奥秘，但现代科学试图对之做物质化局部化的理解——比如把其单单看成是大脑神经元的活动。心灵代表的是人之存在带有终极色彩的力量，代表人之精神性整体及存在中心，心灵隐藏在难以言明的存在深处。其不是一个物质化器官（不是神经系统等），其代表的是人之存在的根本支点。这也是东西方古老传统的共同看法之一。但随着科技至上思想对现代社会的不断侵入，这个世界的每一个角落（包括心灵）都被做了自然科学化

① 〔法〕亚历山大·柯瓦雷：《牛顿研究》，张卜天译，商务印书馆，2016年10月版，第453页。

的理解。科技化的浪潮不仅席卷了人类社会世界，甚至也席卷到了人类的灵魂世界。在这种吞噬一切的无形的科技怪物面前，人——尤其是人的内在世界——难以避免地会成为其吞噬对象，也即被以物的存在形式对待。问题的关键在于：对人之存在的科技化理解越多，人的存在尊严就愈益受到伤害，存在形象就愈益受到歪曲。这种被当作现代神的所谓科学（及其技术），其眼中的人和一般自然物质无异，一团没特别性的肉性物质而已，可被分解为机械装置、图标格式、大数据等。东西方传统中的那些形而上的大叙事——所谓人之先验的心性方向，所谓与天心对应的心灵——是没有意义的。那些远离客观实在的讲述——所谓的内在精神、深邃的充满奥秘的精神——是空洞的，各种各样的灵魂之说更显得虚无缥缈。在日渐发展的科学技术面前，人日渐失去了存在的奥秘感，失去了存在的精神性基础，失去了感受价值与意义的内在方向，这等于失去了感受价值、感受意义的人自身。

但对所谓科学或理性可以有不同的理解，这是基于存在整体的理性与科学。西方从古希腊起，就有另一种理性传统在流传。那就是直观存在本原的理性，这是和存在大全相关的理性。柏拉图，新柏拉图主义（普罗提诺等）—基督教传统、谢林、胡塞尔、海德格尔、雅斯贝尔斯等哲学家心目中的理性，其就与上述的科学理性大相径庭。现象学心目中的科学属于“先验的精神性本质科学”，不是以现代科学技术为核心的科学主义意义上的科学，谢林心目中的科学就是哲学，而哲学是以理智直观为基础的。这种注重精神本质的科学恰恰是反以知性为基础的现代科学的。用这种基于大全的理性眼光来看，真正的精神性存在立足于存在的自明，这是超越现代科学的，也是不被现代科学思潮羁绊的。这是现代德国现象学家及部分德国古典哲学家的观点（谢林等）。而且这也是和谢林同时代的许多思想家的主张。在与埃申迈耶尔关于自由本质的通信中，谢林引述了他的说法，但他的说法反而可以成为一种反思佐证。他说：

“难道一切东西都应当被思考吗？难道我们的心灵，我们内心的友谊、爱、和解等，都应当被思考吗？……哲学的原罪在于，人们甚至企图把我们内心最神圣的东西托付给知性，随之让知性用自己的统一体去扼杀那种原本仅仅属于大全的东西。美已经是由纯粹的非理性的量构成，这些非理性的量在知性不能把握的一个更高和谐状态下，重新消融在人的心灵里面，那里面根本没有概念的立足之地……神性不需要任何从知性出发的证人。”①

真正独特本真的人之存在是天人（天心—人心）合一式的，而不是以自然性为基础为核心的，不是以肉体形式活着的存在或功利关系性存在。使存在成为存在的最核心要素难以从感性之维找到（即难以从人自身的肉体层面，难以从人的基于肉体的感性活力层面等找到），更多的只能从超感性的层面被领悟到：哪个方向真正使人感受到存在价值与尊严，哪个方向就是人最需要寻找的方向，那也是人之存在的最基础方向。心心美学（或诗学）维护人之存在的奥秘性，尊重并维护存在的原初性、完整性、具体性、体验性，以及存在的深邃性、微妙性，郑重反思那些切割我们生命存在的琐碎知识（包括切割我们存在完整性的理性语言）。维护存在完整性及存在的精神性枢纽的时代应该早点到来。人类需要绽放出真正的精神的光芒，需

① 转引自〔德〕谢林：《论人类自由本质及相关对象》，先刚译，北京大学出版社，2019 年 1 月版，第 202 页。

要更有尊严感地活着。这份存在的光芒来自我们看似无形的深处，来自我们深邃的切切实实的体验。

与科技至上倾向相一致的是：科技理性语言的日渐兴起壮大。人之存在日益受到这种工具性的理性语言的包围。真正的语言言说那难以言说的，传达人之真正的存在状态，而真正的存在状态是天人合一式的，那是以深度而又微妙的价值体验为基础的，那也是语言难以触及的方向，尤其是理性语言难以触及的方向。现代的各种理性（知性）语言系统，其本身就是科技思维的一个组成部分或表达。这些理性语言以精确、规范、清晰为目的，这种知性理性的语言史（实证的或逻辑的）就是人之完整存在的扭曲史、肢解史，这种理性语言史本身也是一部抽象概括史，也是一部基于存在完整的生动美妙体验的扭曲伤害史，同时也是一部背叛天人合一之原初经验与完整经验的历史，也是切割人类心灵的联系性、原初性、完整性的见证史。知性理性语言是人之本真存在的隐形杀手之一：语言的精确化、清晰化、抽象化、局部化、实证化、逻辑化等逐渐屠杀肢解了人之存在的深邃性、完整性、统一性。心心美学（或诗学）强力反对这种使人之完整存在（及直觉）破碎的知性理性语言方式及其历史进程。

人之深层存在超乎科技思维——包括超乎理性语言——把握方式，超乎概念—对象、词—物对应方式，也不属于能指—所指之对应关系。人的本质在其理想性上（或在纯粹性上）就是天人合一之存在境界的总和，这种境界中的体验是理性（知性）语言无法触及的。我们所说的有深度的价值体验——在语言的层面上，就表现出超乎现代理性语言所能把握的特征——是关联着原初存在的体验。人之真正存在时刻恰恰充满着不可把握性——理性思维及理性语言的不可把握。由此，这种存在才具有内在深刻的美学性，也才是具有诗意的，而没有诗意的人之存在很难被称为真正的存在。那份诗意就源于天心（天之神性、心性）通过人之存在核心——人心——获得微妙的表达。这也可以说是富有神性的存在，就是在永恒的无限的光芒照耀下的存在，或具有深邃的自由感宁静感，或被某种圣洁的气息包围，或深嵌着不变性带来的单纯感，或具有内在的自足的气韵与生机。这种存在也是具有内在信仰的存在，是信仰—存在—诗意之三位一体性存在。天人合一之存在境界就是三位一体的和谐完满的显现与表达。关于这种对深邃根基的信仰，德国古典哲学家谢林说：

"信仰在其本源的意义上是作为对神圣东西的信赖和深信不疑。"①

真纯的存在境界不是指向人之存在的平行层面，而是指向垂直层面的内在超越性存在。在中国的传统里这种内在超越性存在的依据就是"天心"（或天之神性、心性）。在中国的思想传统里，真实的精神信仰就植根于天人（天心—人心）的相通同在，这种同在与相通使人具有了中心、依靠与灵魂，也使人有了完整感。这种启示性对话交流打开了人之存在的灵性之维、价值之维、意义之维、诗意之维（或内在的美学之维）。人之真正的存在就蕴含在与实存不相分离的合一之精神本质里，蕴含在由现象直接显露出来的纯粹里，也可以说蕴含在深度价值体验现象里，而价值性存在从本质上来说就是天人合一式存在，是天心—人心启示性对话与交流之存在，也是人心对天心（天之神性、心性）敞开而在的状态。这些都超乎科技性工具思

① 〔德〕谢林：《对人类自由的本质及其相关对象的哲学研究》，邓安庆译，商务印书馆，2008年6月版，第110页。

维及理性语言，都超乎其所能把握的范围。

(C)

人之实存状态常常充满了难以调和的冲突，这也即人之存在的二律背反（关于这点后面会有阐发），这也是纯粹的与现象的、本质的与表象的，整体的与局部的内在冲突与矛盾。这也是人之本心与现象之心的冲突。人之本心所珍视的那些价值，现象之心并不在意。那些貌似科学理性的思路——各种冰冷材料的堆积与归纳，各种看似严密的理性逻辑——距离本心渴求较远。人之真正的价值面也超越原始的感性之维。对人而言，真正的价值基础来自天赋的那些潜能、倾向及要素，或基于整体自然倾向（而不是局部的分解性自然要素）。其显现在人的内在的存在实践中，或者说显现在与心灵密切交融的价值体验中。从笛卡儿的著名命题“我思故我在”也可看出：心灵之思对人的存在的基础地位。但这个思一定不能是基于理性的切割式之思（片面头脑之思）。法国思想家拉康在《书写》论著中，在谈及爱伦·坡的小说《被窃的信》时，提出了一个反命题：“我思我不在，我在我不思”。两种说法其实并不是不可调和的，就看你怎么理解“思”。如果思是指理性式思维（片面之思），那么拉康的命题是有道理的。但海德格尔意义上的“思”可以成为“存在”（心心存在）之核心部分。为此，我愿改写这个命题（因为片面之思是对存在的扭曲，容易引起误解，思可以是完整体验的一部分），改为：我体验（心心体验）故我在。这个体验不是一般的情绪情感感受，而是天心—人心启示性交流沟通体验，是相通同在的体验，这是包含“沉思”（或理智直观）在内的有价值的深度体验，是让我们的存在得以上升与扩展的深度价值体验，是给我们的存在带来生机的价值体验。只有这种体验才让人的存在变成“有价值的存在”，正是在这个意义上，我体验故我在也才成立，也即基于深度价值体验使我的存在变成有价值的存在。

现代流行的科技至上思潮也导致各种形式主义，导致过度的科技的方法（包括各种语言言说分析方法）的使用，这些形式性的方法架空肢解了真正有价值的体验，由此也就破坏了人的存在的完整性，对人的存在使用局部的过度科技方法去分析、理解，也就意味着过度远离真实完整的人，也就意味着过分歪曲了人之富有尊严的形象。被肢解的分裂的异化性存在肯定是缺乏精神价值的，也肯定不是人类追求的方向。法国思想家朗西埃关注了字词与事物的关联，也关注它们之间的断裂与破坏，这种断裂与破坏也体现在字词与言说过度上，并认为字词与言说过度之处就是无意义的在场之处。

“它是言说的过度，来自书籍与关于书籍的暴力。如果异端为了字词问题而撕裂了社会体，那是因为它首先就是言说存有的骚乱，由书写掌控的对生命的骚乱……言说过度找不到它的场所。”[①]

这种字词及言说过度的书籍暴力，在现代社会中无处不在，其更为明显地体现在那些看似科学理性的种类中，也即体现在被权力支配与滥用的现代知识运用里（把活生生的基于存在直觉的思想历

---

① 〔法〕雅克·朗西埃：《历史之名——论知识的诗学》，魏德骥，杨纯娴译，华东师范大学出版社，2017 年 1 月版，第 138—139 页。

史，清晰地精确化为具有普遍性的概念术语史，比如把人之美学性体验历史看成是概念史范畴史等）。存在的真实更多蕴含在非肢解的完整直觉中，更多蕴含于超言说的丰富的完整静默之中。有一种通向存在实质的方法，这也是维护存在完整和谐的理性，这也是维护人的完整的和谐的存在状态的理性。我们就需要反对基于现代知识的过度言说，并维护存在的直觉性、完整性、和谐性。影响不断扩大的现象学运动就是一个能够维护这种直觉性、完整性与和谐性的方法；现象学运动是具有深远影响的运动，这个运动也被东西方悠久精神传统所支撑。现象学方法是维护存在原貌与完整的最好的方法之一。所谓现象学的思路就是不脱离本质的思路，就是整体的思路，就是着眼原初性的思路，也是直观的直觉的思路。海德格尔式的现象学思路更是如此。在《哲学观念与世界观的问题》这一演讲文中，他说：

“现象学态度的原则中的原则是：对于一切在直观中原本地给予的东西，要如其给出地那样去接受。这一点不能为任何一种理论本身所改变，因为这个原则中的原则本身不再是理论性的东西；其中表达出现象学的基本态度和生活态度：对生命的体验同感（Sympathie）！这乃是原始意向（Urintention）。”［转引自孙周兴：《我们如何得体地描述生活世界——早期海德格尔与意向性问题》，此文是孙周兴为“意向性：现象学与分析哲学”研讨会而作（2005 年 12 月 19—22 日）。海南大学社会科学研究中心，中国现象学专业委员会主办，第 16 页］

这是现象学的根本原则之一。现象学所说的本质直观或先验的精神洞察力等，也正是基于人之天赋性的精神潜能，这是人的存在更为深邃的部分。胡塞尔说“所有具有原初给予作用的直观才是认识的正当性源泉”，用德里达的话说就是“眼前显现的形而上学”[①]。对本真存在的认识更需要这种直觉直观的方式。人之真正的存在显现于直觉性体验中，其是非理论性的——尤其是非科学性的——也是非对象化的、非客体化的，是基于存在之真切的直觉。有价值存在状态明晰地显现在人之自明清澈的感受中，这里不需要各种意识形态性观念理论，知性理性及其技术化的中介。这种存在体验通向最原始的原初，也由此通向一种非异化非分裂的价值。关于这一点，俄罗斯哲学家别尔嘉耶夫在《末世论的形而上学》一书中也说：

“我的哲学思维不是科学式的，不是理性—逻辑的，而是直觉—生命的，其基础是精神体验，其动力是对自由的激情……我可以称自己的书为‘不合时宜的思考’。此书与精神体验联系十分密切，这种体验是由我们时代的灾难所引起的。但是该书的思想与我们占统治地位的思想相对立，我的思想面向另外的时代。”[②]

别尔嘉耶夫的思想方式是现象学式的，其人文思考影响了俄罗斯，也波及全世界。人文学科曾在欧洲的十六至十九世纪对社会产生重大教化作用，但这种影响是基于其思想的活力，思想有内在活力就能具体指导人的内在存在，反过来说，没有对人的内在世界的具体指导，哪来广泛的影响力呢。人文精神对人的影响方式不同于自然科学精神，人文学科也不同于自然科学学科。人文学科的目的不是要人掌握干巴巴的知识要点，或熟知几条精确明晰的结论。人文学科要有能力影响人的内在世界，从而把人引向更有价值的存在状态。从广义上，

---

① 参见〔日〕今村仁司等：《现代思想的源流》，卞崇道，周秀静等译，河北教育出版社，2002 年 1 月版，第 212 页。

② 〔俄〕别尔嘉耶夫：《末世论的形而上学》，张百春译，北京城市出版社，2003 年 1 月版，第 2 页。

我们甚至可以说，人文学科在本质上都属于存在诗学（或存在美学），都是为圆满、美妙、和谐、深邃、神圣的存在状态而在的，人的这种存在状态也是人之为人的最有价值的方向，也是人最为珍视珍惜的部分，这种价值存在借助于深度体验自明显现。人文学者也更需要内在的灵性，而不是僵硬的知性。各种看起来很有学术性的人文知识只是其表象，只具有工具性价值。人文学科失去了基于思想与灵性的影响力，必将陷入自娱自乐的境地。

对人文性学科的学科本质，持专门化的科技主义视点的不在少数。其中有些学者头脑里只有自以为是的或广博或零碎的知识，其被片面的科技思维支配还不自知，这些人就怕别人说他的知识“不够广博”“不够专门”“不够系统化或精确化”，他们忽略基于存在直觉的富有灵性的思想洞见，也对这种直觉性洞见充满偏见。国内学者葛兆光就是一例。他在《人文学科拿什么来自我拯救？》一文中，在“追问人文学科存在的基础”这一部分中说：

“什么是必须在大学的人文学科中通过专业地学习，而不能仅仅凭着业余爱好通过自学便能成就的？请注意，这才是人文学科有必要存在的基础。我常常痛感的是，如今大学里的人文学科，无论教师还是学生，常常忽略这些看上去形而下的艰苦训练，却把那些浮光掠影、吟风弄月的本事，当作自己的看家本领；或者把大学严格的专业训练，仍然看成业余爱好和兴趣的延伸，看上去花团锦簇，实际上花拳绣腿。必须区分作为知识专业的人文学科，和作为良心及修养的人文精神；必须区分经由严格训练而成的专业学术，和仅凭热情与模仿而成的业余爱好。换句话说，就是必须区分什么是业余的模仿和自学所不能得到的；什么是无须专业训练，只要刻苦自学和模仿就可以得到的。只有这样，大学人文学科和人文学科的研究院，才能明白自己的职责所在。我总觉得，至少有4个方面很重要：首先是语言能力，包括精通一种或多种外文，也包括准确地使用本国语文，而不是任意创造或者胡乱涂鸦；其次是对于文献与材料的鉴别能力和考据能力，不仅对文献的真伪、轻重、是非有严格认知，而且不是空口说白话，持一种抓到篮子里就是菜的随意；再次是对问题的分析与批判能力，应“持之有故，言之成理”，也就是懂得如何建立逻辑和提出证据，懂得全面不偏颇地讨论问题，而不是任意挑选论据或随意开口；最后是懂得人文学术研究的规范与纪律，不能够抄袭他人，不能够隐瞒证据，漠视学术史积累和违背学术界规则。”[①]

说得条分缕析好像很有理似的。这是被科技思维肢解了心灵的典型——脑海里填满了似是而非的科技型稻草。好像人文精神（及人文学科）只是那些高深专家的事，好像真正的人文性体验反而变得次要了。有这样貌似博学又自以为是的伪专家，人文学科不衰落才怪呢。这些习惯于外在知识积累的伪学者不了解：人文学科的真正基础不是知识（包括不是词—物、能指—所指等基于理性语言的各种言说）。人文学科的最核心处也是无具体对象性的，无法以自然科学知识的方式确定。任何试图以现代科学知识方法去把握的努力，都将扭曲人文作为人文的意义与“神韵”。最内核的人文性基础是人之具体的完整的存在及其体验，包括那些难以言说的体验，以及充满深邃感的思想。这需要人文学者的那种基于天分的灵性。对存在之价值体验的所谓研究从本质上说也不能基于实证科学，而应基于现

① 参见葛兆光：《人文学科拿什么来自我拯救？》，2019年9月18日“凤凰网国学”大风号。

象学的一种原则，这就意味着维护原初性、内省性、思辨性，并遵循完整性、直觉性，以及基于体验的价值完善与建造原则，或者说注重维护体验的完整，遵循在完整直觉基础上的价值完善与建构，并和一切貌似“科学”的分析、剖析保持距离，疏远各种貌似精确机巧的表层理性（包括某些似是而非批判、怀疑、解构等）对完整体验的肢解。

现代流行的所谓理性科学方法适合有限具体的自然对象，其确实可带来一种精确的知性（知性理性）认知。但不适合无具体对象性的深邃存在。如果强行用这种适合自然物质对象的方式研究“天—人”或“天心—人心”，那就会给人带来很大因缘木求鱼而来的问题：分割分裂了人之存在的完整基础，让人触及不到任何有精神生机的事物，也有可能会摧毁人类赖以存在的基于完整的价值直觉体系及体验，从而影响人类深层的完整的精神感受。基于维护存在的深邃性、纯粹性、完整性的出发点，心心美学（或诗学）反对表层理性的各种干扰（包括表层理性语言层面的各种干扰），反对突出各种基于物质—自然性的感官物欲，也反对表层理性与自然感官物欲的各种合谋形式，反对过分的基于知性方法（包括语言层面的知性方法，比如基于分析哲学的价值解构）的怀疑，反对基于现实实践理性的过分批判，反对基于知性头脑的过分解构，反对各种在此基础上的延伸思想。法国哲学家米歇尔·福柯主要思想方向之一就是其关于理性/合理性以及“知识/认识”的思考。连他这个被称为“解构者”学者都认为希腊人的逻各斯没有对立面，所以最初存在的不是理性，而是划分才使理性/知识能够存在。在理性/合理性划分的时刻，合理性（包括理性与知识的合理性等）就经常以支配权形式出现。

“福柯参考康德论启蒙（《何谓启蒙？》）的文章，这促使他重新表述了理性的问题，并提出了独立地、深思熟虑地、批判性地使用理性的假设：‘也许可以通过回收启蒙的遗产来运用理性，即只有当理性能够摆脱自己，它才具有解脱作用。’”①

最后面那句是福柯在《生命、体验、科学》一文中说的。理性摆脱自己而解脱，理性知识摆脱自己而解脱。这和我们的思想一致。心心美学（或诗学）更重视体验，并尊重存在体验中的那份完整性、神秘性。以价值体验为基础的内在超越性存在，肯定心灵对人的基础地位，肯定其对人之存在的完善圆满的根本作用。这也是一种反对价值虚无主义的方式。在现代人心灵浮躁的背景下，各种基于表层理性主义的思潮盛行——也包括种种解构主义、怀疑主义等。这些思想方法的基础恰恰是知性理性，适合局部的客观的物质对象或社会，而不适合内在的心灵，其挑战的是完整总体的深邃的人的存在，挑战的是人之深邃完整的总体精神原则，从而也就影响了人类的有价值的深度体验。一切有价值的深邃的精神体验都是以人之存在的完整为基础的，分割了人的存在与精神体验的完整性，人也必将以某种方式被分裂肢解，也必将以某种方式物化、机械化、格式化、同质化。古往今来，那些伟大的文明传统——包括文明的宗教传统——其核心追求之一就是有价值的深度体验，而真正的人文主义者——以爱人类如爱自己为前提的主义——也脱离不开这一方向：即克服人之存在的表面化、虚无化、原子化，使人之存在更深邃更充实更完整也更有价值，并通过有价值的深度体验来实现。真正的人文学科不仅要满足人的那些表面需求——自然的、社会性的、表层意识

① 〔法〕朱迪特·勒薇尔：《福科思想词典》，潘培庆译，重庆大学出版社，2015 年 6 月版，第 127 页。

的——更需要满足我们内在灵魂的那份隐蔽渴望，并在此基础上提升我们整体存在的意义感，让人之存在置身于精神光辉的笼罩之中。

甚至被人一直称道的康德对人之存在的认识也是有局限性的。他对整个现代人的形式主义认识观及科技思维是应负有责任的。他在《纯粹理性批判》中，把宗教道德等价值核心排除到现象世界之外，认为其属于本体领域，这使他的“现象”概念具有很强的孤立的对象性性质，也具有很强的现代意义上的知性特点，也具有明显的科技主义特征。他的这一认识方式更多对应的是现代科学理性，也更适合现代自然科学式研究。康德的纯粹理性把人之存在完整性及体验完整性解构了。这样也就没有了具有统一性存在。而现象学开创者胡塞尔则把面向本原存在的价值体验纳入到现象存在之中，也就是通过内在存在感受将那个难以言说的本原融入现象之中，这样这一现象存在就是向着本原敞开的联系性存在，也具有了普遍本质的意义。现象学对于纯粹存在（或意义生命）的自明性建构具有很大的意义。内在超越性心灵实践活动就属于敞开联系现象性存在，其带来的自明的深度价值体验。深度价值体验与肤浅的经验之间的区别与分界线在哪里，就在这种通向本原的敞开性联系性里。

“现象学则与纯粹意识相关……纯粹意识分析——即对那些在不同的可能的内在直观方向中呈现出来的被给予性所进行的系统‘分析’与‘描述’。”[①]

真正的人文教育也应该更多的是内在统一性教育，而不是基于科技性工具思维的知识传输型教育，这种内在统一性教育就是心心

① 〔德〕胡塞尔：《哲学作为严格的科学》，倪梁康译，北京商务印书馆，1999年1月版，第18—19页。

对话交流教育，即引领学生用心感受体验更深邃的美好精神及事物，让教育更多变成一种精神性的带领与指引，让学生自己去感受、体认、领会、领悟、凝思。这就要求教育者更多用内在情感去调动学生的内在情感，要求教育者用丰富深刻思想去影响学生的思想，并最终能把学生带到富有统一性一神性的事物面前，也即带到有意义的美好事物面前。这种内在统一性教育也是让学生保持深邃的完整的自己，并发扬光大自身的神圣美好基质。但现在的教育似乎走的是相反之路，拿走学生们身上最好的东西，用一些似是而非的分散的东西做交换，让学生们变得现实、世故、精明、机巧，让他们积累没有什么个性的既零碎又标准化的知识，让他们整日撰写没有多少价值的论文。最终，让他们的存在陷入某种“虚无”。在这种知识大爆炸超负荷的年代，真正的教育者早该转变自己的角色。教育的核心本质不应再是知识传授，因为知识早已不是稀缺资源，非常多的缺乏个性的知识甚至会成为真正存在的负担，甚至会变成伤害人之存在的推手。教师不是传授知识的芯片，学生也不应是接受知识的芯片。反过来说，对人文学科而言，你传授的那些人文性知识真的算得上知识吗？真的具有你所宣称的科技意义上的效用吗？真的具有客观、精确、规范的知识价值吗？

很深的声音是听不见的，但只要你在听，你就是音乐。

——〔美〕T. S. 艾略特

四　天人合一与内在外在之劳动实践观念

（A）

在当今世界，那些可见的外显的方向愈益受到重视。这和整体的人及人类社会的外化物化（或世俗化）倾向相关。基于此，人之外显的和谋生（整体的人类的谋生）有关的客观性活动——劳动实践——被以各种方式空前美化。外在的社会劳动实践甚至成了人的核心本质，也成了美的核心本质与基础，也成了精神美好的见证。前苏联有一部电影叫《劳动与爱情》就是从这个角度歌颂劳动的。这是根据K·沃洛比耶夫的长篇小说改编的。一批负责高空作业安装工人正在忘我地在建设高炉的工地上劳动着。在队长达科马阔夫的带领下，他们忘我地投身共产主义建设，炼焦厂高楼烟囱林立，三座熔铁炉高塔耸入云霄。对劳动充满自豪感的组长巴希奇尼克，通过这种劳动既收获了工作成果，也赢得了卡嘉的爱情。把赢得爱情与热爱劳动联系在一起，这本身就是对劳动的歌颂，就极大地美化了劳动。这也是对前苏联流行的劳动美学的艺术性阐释。这种和生存相关的外显之劳动实践观念现在极为流行。在中国现当代美学领域更是如此，其几乎成了解释美学现象的终极根据。

随着人类越来越多深邃的内在精神意识的觉醒（包括个体的自由意识、环境意识等），随着人类征服自然的基于理性之傲慢，及人类中心主义被越来越多的质疑，这种以人之外显的存在为中心（包括以人的客观活动为中心，以人之外显的劳动实践去解释一切）的思想及其理论解释暴露出越来越多的问题。这些理论解释的最大问题就是难以从根本上说服人心，难以从根本上兼容人之最深切的体验——尤其是个体的深邃的活生生的有价值的体验。价值性体验（尤其是深度价值体验）需以人之价值性存在为基础，而价值性存在（包括那些富有诗性或美的形象）最深邃的根基不是现象之人的活动，尤其不是以人的理性、功利建构为基础的活动。这是一个基本的认识问题。在牵涉到自然生态世界（包括自然美生态美等）时，这一点也表现得很明显。价值性存在（包括诗性或美的世界）的更深邃根基超乎人——尤其超乎以人之理性、功利建构为基础的活动世界。

从东西方更为古老的心学视野来看，人的本质不在孤立封闭的现象之我方向，而在联系的敞开的心的方向，也就是本心方向。人的本质在其理想性上（或在纯粹性上）就是天人合一之存在关系及存在状态的总和。价值性存在是以人之心灵的敞开为基础的：面向最深邃的基础与依据敞开。其最深根基是使整体世界得以存在（被肯定）的那个终极力量——当然在不同文化中会以不同的语词来称谓那个力量。西方称之为存在本身（或上帝、太一等），在中国传统文化语境里，也被称为“天心”（或天道、天理等）。美学性或诗性就是人之心灵面向本原敞开时获得的，美学性存在（诗性存在）是一种心心存在，其本质上是一种内在精神活动，也是心灵的敞开性联系性实践活动，这种内在存在之实践的核心（及任务）就是连接本原，到达“存心”“修心”“养心”“明心”之目的。在古今中外的思想史中，强调和人的实际的“行”相关的“实践”内涵者确实不少。不同时期的不同思想家们所使用的“实践”一词，其内涵外延差别甚大。但总体来看，东西方古老传统中的“实践”和人之身体体力上的“行”关联不大，和带着工具的体力之活动（行）也相差甚远。东西方古老传统中的“实践”大多不是外显的面向现实世界的，而是内在敞开的联系性的，面向那个代表存在核心的本原存在（或存在本身），这种实践概念差不多等同于躬行之心学（也是内圣之学），等同于精神性心灵修行实践，即使有肉体相伴的外显之行的要素，也是为“心灵”服务的。在中国的儒家、道家、佛家与印度婆罗门教中，所谓的实践，其意思都和“存心”“修心”“明心”“养心”之精神性修炼内涵相差无几，也具有明显的宗教伦理倾向。这也是和东西方古老传统的目的——内在“生命树”的培育——紧密联系在一起的。

从整体来看，现代人为了更好地“谋生—进步—发展”，更倾向于科技理性及工具性思维，因为这更具有客观的现实有效性。但这些现代思想（包括现代文化等）相对来说，也会导致另一种内在的失效，即内在心灵的培育的失效。被现代人极大美化的现代型劳动实践是基于理性或功利性目的的，这种劳动实践观念的外在性、物质性、工具性、功利性特征明显。而内在的实践观却是和内在心灵的培育——以深度价值体验为标志——紧密联系在一起的，是人之内在心灵对原初存在的敞开联系性实践，这和外在的使用工具触摸改造物质环境为核心的劳动实践观有明显差异。相比而言，现代人的尊重外显的劳动实践的态度是与生活日渐世俗化一致的；现代人喜欢泛泛地肯定改造世界、使世界发生变化的外在劳动，认为其是光荣的、崇高的、伟大的、美丽的，并倡导基于此的辛勤、诚实、创造性等。所谓劳育也是以这种身体的工具性劳动为本质特征的，以此为基础，其在我国也成了五育体系中重要一环。在学校也倡导以劳树德、以劳增智、以劳强体、以劳育美、以劳创新，等等。而劳动的基本核心内涵呢，一些教育文件将其解说成“动手实践、出力流汗”之类。这种注重外观的劳动实践观念是有极大的局限性的。只有“基于心”的质朴的劳动实践才具有真正的教育意义，基于“心”的劳动实践观念本质上是内在实践，是心心存在实践，其自然地拥有自发质朴的形式，自然也就是美的、富有诗意的。劳动之美本质上不在肉体的运动的形式外观，而属于内在心学的性质，并因此具有各种各样的内在的创造性的展现。劳动之美也在于通过劳动使身心与非异化的整体环境发生精神性连接交融，人融汇于天，与天连成一片，并达到天人合一之和谐境界。

从东西方更为古老的传统视角看，所谓美学性或诗性来自内在超越的心心存在实践，即来自天心—人心的相通与同在感，这也是天人合一之启示性对话交流实践。从心心美学（或诗学）视角看，现代人的劳动实践由于有过多的目的与计划，有更多的“理性建构”，也有过多的延伸的辅助工具，因而从根本上来说具有了更多“人为性”，属于（从根本上说）脱离天（尤其是天心）而在之“人为”活动，这种外在的“人为”活动（从长远及深处来看）会阻碍真正生命——也是内在生命——状态的出现。现代型的以改造物质世界为目的的劳动实践，只是充满欲望的人与自然—物环境之间的连接中介，这种基本上属于“感性”“物性”“工具性”的存在状态，无助于人进入更深邃更广大的世界，也即无助于天心—人心之内在贯通、联系、统一，无助于天人间的启示性对话交流，无助于人体验基于“心心”交流之相通同在感，无助于人走在真正的忘我之路上，也无助于内在心灵或心扉的敞开，总之，无助于使人获得真正的存在感（天人合一之境）。因此，很难说这种物质性—工具性劳动实践具有真正根基性精神意义，也很难说其是诗性与美学性的核心来源。心心存在状态是东西方核心思想传统共同倡导的。意大利学者阿甘本就认为西方古老的哲学传统的主要功能就是赋予我们以沉思和安息的生活：让劳作和特殊的生命功能得到安息，也让其劳作归于无效，通过这种方式，在其中开启存在可能性。其实，东方的古老哲学传统（包括印度中国等）更是赋予人的存在以沉思与安息的特性，也赋予实际的外在的劳作以内在精神性。

现代的外在社会性劳动基本是以谋生—进步—外向发展为方向的，也是以这一狭隘功利路线为目的，也是以理性（尤其是科技理性）为特征的，这种物质性—工具性劳动实践只会使天人相分，即让人和更为深邃广大的世界分离，让人体验不到天人之相通、同在感。久而久之也会使人的存在以异化的形式出现，并以客观的“类化”

及“物化”形式把人卷入到疏离状态，人之存在的内在感也就日渐匮乏。如果这种集体性工具化为特征的现代型社会劳动实践观念在人内心生根，那差不多也必然造成人的内在生命的疏离，即由于天人相分而来的疏离。这种物化的劳动实践观念被当成美与诗意的核心本质与来源，的确让人难以理解，其精神性意义也是人强行赋予的。如果现代集约型劳动实践形式也能给人带来生机，也具有内在的美妙特质与存在感，那么这种“存在”也属于人为的表层存在（其外在于心灵本性）。这种存在既外在于人之存在的自发自然方向，也外在于人之存在的神性（或心性）方向。而尊重人之存在天赋性的这两个方面，谨慎对待人为的方向，这是关于人的存在的思考基准。具体地说，尊重人之存在的自然基础会给人带来生物性生机，尊重人之存在的神性（或心性）基础会让人心灵（或灵魂）具有深邃内在的活力。

只有本于自发性自然，尤其是本于心心存在特性的自由自发劳动实践，才会具有与人的内在价值体验相融的性质，也才具有真正美好的色彩，也才会是质朴的富有诗意的。那种忘我式的实践美好及诗意性常常通过文学艺术的形象得以展现。给我印象至深的是一组“拾麦穗”的油画画面。这也是农业社会中的劳动实践形态，是天人相映相融之和谐的展现（和工业社会后工业社会的天人相分的劳动形成对照）。十九世纪法国画家让·弗朗索瓦·米勒画了《拾穗者》，同期画家朱尔·布雷东画也了《拾麦穗的女人》。他们用富有诗意的笔触歌颂了农民的质朴而恬静的劳动生活。还有一幅《拾麦穗的女人》的同名画是法国画家作昂·奥古斯丁·莱尔米特创作的。他们都从某一角度赞扬了普通劳动者劳作时忘我状态，以及其所呈现的符合心性的美感。这种劳动是本于自然的，又是忘我的，有一种静谧的气氛笼罩其上。这和基于社会性工具性的物化劳动根本不同。

十八世纪以后，或许因为整体的文化思潮疏远精神精英，而渐渐倾向劳苦大众的原因，大众性谋生性活动——劳动实践成了新生活新生命的标志。社会性劳动实践甚至成为各种精神性活动的本体基础，成为新时代的一种超越性的形式。在这一新的本体基础及新的超越形式的支撑下，“劳动光荣”“劳动是最美的”等各种口号纷纷出现。而与之相对的“静观”“沉思”“冥想”等天人心心相通同在形式却成了旧时代的产物，成了经常被批判被嘲笑的存在状态。在这种美化外显劳动实践观念的背景下，人们忘记了传统的静观之思的存在价值，也没能看到，本于谋生—进步—外向发展（非本于天心）的现代性外化劳动实践，其形式和人的自由自发的心灵常常是相抵触的，也大多是以异化的形态出现。也可以说，这是现代人的另一种失败的超越形式。毕竟人的存在的超越归根结底是根源于超越主体——敞开联系着的心灵。东方传统中的“心外无道”之说所阐发的思想也包括这个。一种劳动实践观念如果不能将内在的心灵倾向置于中心位置，如果不能成为有助于天人（天心—人心）相通同在（或贯通、统一、联系）的形式，那么这个劳动或实践就不可能成为美或诗意的核心基础与根源，也不可能成为人之存在活力的不竭的源泉。

或许也是基于过去时代的物质匮乏的现实逻辑（谋生—进步—外向发展的逻辑），或许是由于现代阶级意识的划分基准，或许是由于现代世界民主意识的普及，或许是这些因素的综合原因，现代人日渐重视底层大众的看法与感受，把和体力相关的劳作与实践作为信仰，把其看成一切社会价值（如平等）的源泉，甚至是精神价值的源泉（比如与善与美相关的精神智慧的来源等）。法国作家左拉就曾说过："我只有一种信仰，一种力量，即劳动……生活没有别的目的，没有别的存在基础，我们大家一起产生，只是为了尽自己的劳动份额，然后就消失。"[①] 有些思想家把劳动实践看作是人与世界联系的一种尝试，看作是解决旧世界问题的一种新的回答。德国哲学家——也是生命哲学的代表之一——鲁道夫·奥伊肯说：

"现在这种新生活的中心是劳动，即抓住一个对象，并按照人的目的来塑造它的活动……人类生活难道不能从这样的图式中找到充分的意义与满足吗？是的，我们的回答，也许能找到，如果心灵能同意占有一个次要的地位，如果我们能停止尝试统一我们的精神经验，甚至扼杀对这种经验的渴望的话……物质成果与心灵要求之间矛盾变得日益明显。"[②] 满足内心的常常是无名的渴求，这是东西方的古老思想的共同追寻，也是人之心心存在本质的体现，也是美与诗意能成为美与诗意的原因。而现代意义上的劳动实践更多的只是满足物欲需要，很难与人之存在的内在心性协调，很难满足人的心灵（尤其是深层心灵）的要求——这也包括心灵的创造性需要——现代意义的劳动实践观念由于其客观性、工具性、功利性及强制性，总体上来看是异化于人之本真存在的，就是说它外在于我们精神渴求之内核，尤其是现代式的机械式、程序化劳作更难以激发人们内心联系性、贯通性、统一性想象、领悟、洞悉与理解。现代的外向的劳动实

① 转引自〔德〕卡尔·洛维特：《从黑格尔到尼采：十九世纪思想中的革命性决裂》，李秋零译，北京三联书店，2006 年 4 月版，第 389 页。

② 〔德〕鲁道夫·奥伊肯：《生活的意义与价值》，万以译，上海译文出版社，2005 年 5 月版，第 15—16 页。

践世界对你的心灵而言是陌生的、疏离的，更大可能是渐渐导致你的心灵生活的贫乏，导致灵魂的苍白与干枯。现代意义上的外显的劳动实践观念更多出自人的外在的谋生与功利发展需要，更多与使用客观的劳动工具（包括信息化数据化的工作工具）相关。这种偏外在的劳动实践观念在现代城市里有明显呈现：现代社会最标准的劳动形式——工人的流水线，城市白领的格子间，学者的课题项目完成等——恰恰远离了人之存在的根基性、内在性、本真性，恰恰远离了人之心灵的内核。

(B)

有许多哲学家艺术家诗人歌颂过劳动实践（尤其是农业社会乡土上的劳动）。这种对劳动实践的歌颂式态度，从群体人类的生存—进步—外显发展角度看，或许有其现实的合理性，但如果从人之个体存在的角度讲，就有难以避免的局限性。各种外向外显的劳动实践只有在其拥有以下特点时才具有真正的精神意义：那是自然自发的并与人的内在的精神能交融在一起。这是内在自然的符合内心意愿的劳动实践，也是符合精神本性的存在实践，也是能使人的深层精神得到满足的实践。现代形态的外在劳动实践观念可以使人在某种程度上发挥主动性、创造性，但因为外在于人之存在的深邃面，因而缺乏真正意义上的超越性、内在性与自发自然性。如果一种实践没有这种内在性、超越性与自发自然性——至少从个体角度讲——那它的意义也是值得怀疑的。人的外显的劳动实践会在很大程度上遮蔽、堵塞天心—人心启示性对话通道。真正意义上使人走出自我藩篱的中介，必须本身就具有内在的自发性。劳动实践应成为符合精神本性之中介，其本质也是精神性的对话交流，并能成为天心—人心相通同在之中介，这种内在实践基于人之存在先验性精神潜能（这也被荣格称为集体无意识），有助存在者触摸那神圣深邃的精神本原。

现代意义上的外显的劳动实践很难成为心心沟通的桥梁，尤其是功利目的过分突出的劳动基本都具有异化性质。首先是基于物质性—功利性—目的性的劳动实践观念，是带着自己的欲望、意图、计划和客观物质对象打交道的劳动实践。其次是使用客观工具性的劳动实践观念。在现代社会最典型的就是操作各种大机器、使用电脑的劳动实践形式了。再次是机械性的劳动实践观念，或者说是格式化的劳动，这个在现代学者的劳作形式上也有明显的表露，最后是强迫性的劳动实践。这种劳动实践具有非自然非自发的非灵魂性质，根本不是来自深层灵魂由内而外的愿望与冲动。一方面，这种劳动实践对象化、外化了人的某种力量（比如知性理性），另一方面被外化的人类力量本身对人而言就不是最根基性的，而且物化了的力量常常不受人控制，于是就会产生异化与疏远化。在我们中国的现当代主流美学中，过分美化这种客观的以人的理性建构为特征的人为劳动。“劳动创造了美”的著名论断是其集中体现。但从另一个内在层面看，也可以说各种异化的不受控制的劳动“破坏了美”，尤其是现代意义上的劳动实践破坏了美的最精髓的部分——内在的天人之贯通性、合一性、联系性，也即破坏了天人合一之心心存在境界。所谓美所谓诗意恰恰就蕴含在心心之内在贯通性、合一性与联系性里。

马克思主义也深刻批判与功利的追求相关的“异化劳动”。与此相关的还有建立在劳动实践基础上的集体社会历史观念，或时代观念。个体与社会是有机统一的，但从心心存在直觉性角度讲，个体具有优先地位。不适当地压抑个体过分突出类的生存—进步—发展，把个体存在当作社会的一个部分（而不是当作自足并自我完善的整体），把个体镶嵌在社会历史（时代）的背景下，置身于平行层面之关系中，没有内在的精神性超越，这本身就局限了人作为个体的存在意义。在海德格尔眼中，这种人之存在状态是常在的、平庸的，也是虚假的。人之存在的最深邃的根基超越自然物质，也超越社会历史层面，人之存在有自己更为深邃的基于“天心”之精神潜能。“天心”作为本原性存在，也是自然万物（人、地球、太阳等共同拥有的）的存在依据，而所谓“天心”也就是西方思想传统所言说的那个使万物得以存在的存在本身。这构成了人之存在最纯粹的方面或方向。忽视、分解或拆散了这个基础，人类生命将被损害被扭曲，最后也必将陷入空洞的境地。

心心美学（或诗学）更重视天人之内在的贯通性、一体性、统一性，尊重人之存在的先验性精神潜能，更尊重天人心心启示性对话交流方向，相对忽视与人为建构相关的方面或方向，过多的人为性建构及过多的目的性，这恰恰是导致社会性劳动实践走向异化的重要因素。所谓异化从最根本处看就是天心与人心疏离，就是心心通道的被堵塞被遮蔽，这同时也意味着人心内部的分化、疏离。和异化的劳动实践观念相反的是另一种内在的天人相通的实践观，这是真正符合人之本质的内在的敞开的联系性实践观。这也是一种真正意义上的富有诗意的内在实践观，也是自然的自发的与内心相融合的实践，也是非物质性的、非机械性的、非格式化的实践。这里没有与人的意愿相悖的强迫性，没有外在的狭隘的功利性，也没有过分的人为理性。这本质上是基于心心交流沟通的联系性劳动实践，是与静观、凝思、凝神性交融的劳动实践。一句话，这本质上是深邃的深沉的心灵实践活动。

东西方源远流长的古老精神传统更重视内在的心灵性实践；这也是心灵的内在敞开性修道性实践，也是一种以价值体验为核心的心灵修炼形式。这种心心存在秩序（结构）超越了人类的时代变迁，成为人之存在与精神价值体验之枢纽。无论时代如何令人炫目地演进，无论时代的观念中介（语词概念等）如何被制造及变化，那种切身的价值感受或价值体验都将真真切切地伴随着人们，这种真切的价值感受也注定成为真正存在之枢纽，或者说注定成为生而为人之存在核心。从古至今世界的文化潮流一直在变，但人的存在内核变了吗？人心的精神内核（包括那份深邃的憧憬与幻想等）变了吗？没变也不可能变。人之现象存在是多重的，有多个方向，也会随着时代变化而变化，但人之整体存在核心却少有变动，指向这个存在核心就等于指向内在的价值根基，就等于指向更为深沉的深邃的精神生活。这种核心存在感受超越各种物欲与社会功利性，给人们带来最值得珍惜的精神意味。所谓的精神传统也是如此，传统不是时间的观念，不是空间概念，不是固定的生活方式或形态，传统只是一种包含着持久感的精神基调、韵味与氛围，一种基于价值体验的精神基调、韵味与氛围，一种能使天人相通同在的体验。在真正有价值传统中，人们的存在才有可能成为真正的存在。

所谓存在的复归归根结底是价值回归，是向那个支撑着人的深邃存在根基的复归。东西方不少伟大的经典思想家们谈到人之存在的复归，可以说关于人的存在复归的主题是东西方哲学、宗教中反复出现的主题，那是对本原的下意识追寻与仰望。但不同思想家对复归的方向及复归的途径、方式的理解却大相径庭。马克思在《1844年哲学经济学手稿》中也谈到了“存在的复归”，这是偏重整体的社会状态层面上的复归，他认为人类要实现的目标社会——共产主义——就是要克服各种异化，也是各种分裂、异化的扬弃，是实现了人的存在的复归的社会[①]。东西方更为古老的思想传统更多着眼超时代超社会的根基，并从存在本原（存在本身）的层面上去领悟人之存在的复归。但认真说来，其和马克思的向社会理想状态的复归思想并不必然矛盾，只是古老的精神传统更着眼存在的内在体验，即基于价值感的深度精神体验，价值回归是要通过深度价值体验显现出来的。在《信仰的诗意及存在的复归》这本书里，我使用了几个关键词，纯存在性、神性、神性—精神原型、信仰存在结构、多重之我等，都和人的基于整体的价值体验相关。外在的理想的社会状态只是实现内在的价值的体验的社会条件，但必须通过个体的切实的内在性真正发挥作用。

进入现代的以大众为核心的时代之后，人们的存在感受发生了很大的变化。科技的进步正以令人目眩的方式改变着人们的生活，也改变了人的各种外显的劳动实践方式。新时代的种种与信息数据结合在一起的劳动实践，更不可能成为人的存在本质，也不可能使人之存在变成真正的存在，其也不可能使人之存在变得更美妙更完善

① 参见〔德〕马克思:《1844年哲学经济学手稿》，人民出版社，2002年12月版，第77页。

更和谐，也不可能使人之存在变得更有价值感更有意义。新时代的种种劳动与实践形式没能在体验的层面上使人的存在产生内在的扩展感与升华感。人们虽然置身于不断变迁的时代里，但人们的内心却渴望超时代（或者说超时间）的精神方向，这就是我说的人之存在的二律背反（关于这一点后面会细说）之一种。人们的富有灵性内在生活——灵魂生活——并未因时代变迁发生真正的改变。所谓人之灵魂性也就是我们说的人的本心，也即天心—人心的合一性、同在性、相通性，这是人心之超时代种种变化的那个面。

（C）

从东西方古老思想传统来看，所谓哲学从本质上说是一种内在的静观性活动，和“爱智之纯思”联系在一起。相比之下，现代形态的所谓哲学过于务实，过于唠叨与琐碎，常常也过于自作聪明：好像哲学（包括美学）可以解决生活的一切枝节问题，也即可作用于环绕着我们的现实环境的细节，似乎只有这种哲学（包括美学）才是真正具有现实感的，也只有这种哲学才可真正帮助人们真正实现自己的意志（及目的计划等），也即使世界现实地发生改变并符合自己的目的，也即能现实地指导人们改变周遭世界，即指导人们改变物质—自然—社会世界。但把哲学的功能定位于此，从实质上讲是扭曲了哲学的最原初含义，也抹杀了哲学的源远流长的内在性超越性的方向。从最深的本质上讲，哲学也不具备这种改变物质现实的功能，哲学要解决的是存在的根本问题，而不是和活着相关的生计问题。相比较而言，自然科学（包括其延伸物技术）似乎更适合担任这种角色。现在，各种所谓的哲学看起来越来越精致了，越来越聪明了，但伴随着这种聪明与精致而来的就是各种所谓的“哲学死亡”。“机关算尽太聪明”的论断似乎也适合现代哲学的发展状况。哲学要想避免死亡的命运（也是不伦不类的命运），就必须彻底撇开那些表面的花拳绣腿，从存在的根本着眼解决人之存在的关键问题，但这种哲学看起来恰恰有些“拙笨”。

与各种时髦的花拳绣腿相比，这些拙笨哲学更多从内在影响力出发，安于自己对世界“无用”之角色，并通过沉思性的静观（或纯思、冥想、甚至祈祷等）与根基对话改变自身，或者说，其是为了改变自己的内在世界——心灵——使之具有自由而内在的生机。这种看起来有些拙的哲学强调的是内在心灵实践，或者说其是内在的心灵性实践的体现折射。进入内在的心心贯通性联系性实践也就进入了心心存在状态，而进入心心存在状态差不多也就等于进入美学状态（或诗性状态）。与之相对的是凸显外显的客观化现代劳动实践观念，并把其置于哲学（包括美学）之核心位置。这会带来一个结果：会使哲学远离其根本支点——心灵之核心。从中国传统心学视角看，外在的种种异化实践恰恰远离人之存在本质，以此为基础的思想理论也会偏离自己所应担任的角色。哲学作为一种内在的爱智之学——也作为一种内在的话语实践——需要更多地向古老的传统精神回归，回归自身内在的心灵实践功能，回归自身之天人之间的中介性作用，即充当天人之间的启示性对话交流的中介。

通过外在外显的劳动实践，难以真正改造人们的精神世界。尽管“劳动改造”“实践改造”在前苏联的哲学中颇为流行。这种被用以改造人们思想的劳动实践，也未必是自然自发的。但在异化劳动实践观念及现实形式占主导的现代背景下，谈论回归古老的传统也面临一些问题。在某种意义上可以说，现代社会的种种弊端——所谓的现代性危机——正是异化的劳动实践观念造就的。现代社会之所以叫现代社会，也是因为其有如下的表现：日渐疏远了传统的静观与沉思的精神基础，疏远了那些有价值的精神传统，疏远了人的内在敞开的心灵实践。从存在的诗意之维来看，有价值的精神传统恰恰蕴含在那些先知们（包括具有先知气质的诗人、艺术家等）的内在心灵实践中。在现代性危机愈益明显之时，人们现在又希望恢复传统的活力，但什么样的思想与文化传统才是人们真正需要的？这只有从精神层面着眼才能理清思路：我们需要的是一个被深度价值之光照亮的传统。传统不仅是单纯时间性的过去，我们需要的是能给人们带来价值体验的传统，尤其是深度价值体验的传统，而这恰恰是古老的内在心灵与内在真理传统。古老的精神真理与人之存在的价值体验密切相关。存在的诗意（美学性）不是来自外在物质性社会性的劳动实践（或与此相关的生活现象），更不是来自机械的程序化劳作，而是来自以深度价值体验为基础的存在状态，这是真正存在的体现，是人类最值得珍视珍惜的存在方向，而所谓价值就来自种种被珍视被珍惜的圆满完善性，或者说人之存在价值就来自种种被珍视珍惜的圆满完善性。

哲学作为一种内在的爱智之学，需要叩问更为深邃的方向，也需要与特别的言说一“话语实践”结合在一起。内在存在之敞开性实践因为与本原性存在关联，所以常常需要在无声之寂静——远离外在外显的活动所造成的喧闹——中进行。这种沉默中的寂静正是一种最适合存在的交流性话语，也是最具有深邃精神感的启示性交流话语。这个言说之“话语”未必是有声的诉诸于形的，未必是一般的有形的语言学意义上的。天人合一之存在境界也是难以通过一般的言说一“话语实践”展现的。天人合一之存在境界（及其形象、情境、氛围、韵味等），作为一种高远的敞开性联系性内在心灵实践之结果，需要与特别的言说一“话语实践”结合在一起，这种话语实践常常是“境生于象外”“象外象”“韵外之致”，常常是在言不尽意处显现，常常也是在遗忘语言的状态中进行的，常常也是在那无边的寂静中获得启示的。在古代东方的内在存在实践中，这种“静”“定”“慧”特征被突出，这种沉默中的寂静本身就是一种交流性话语，甚至是最伟大的启示性交流话语实践，因为其言说对象是难以言说的本原性存在。或许也正因为此，维特根斯坦才说“对于不能言说的需保持沉默”，但沉默依旧是一种内在的“话语实践”，而在现代哲学家海德格尔眼里，这种与静默之思相关的沉静性语言才是真正的存在之家。

所以，更为深邃的内在的贯通性、统一性实践——心灵的敞开的联系性实践——既不是通过有形的身体“劳作”实现的，也不需要通过证据堆砌与理性逻辑证明，而是通过无形的在场方式——通过深度价值体验——显现出来。这种基于本体之无形性恰恰是深度价值的依据与来源，其和外显有形的劳作——人的以理性建构为基础的客观性社会活动——在精神本性上难以调和，其立足于超时空超物性的更为深远的本原，也具有更高更纯粹的圆满完善的性质，其来自天心—人心合一实践及其相通性同在性。而所谓的体验也就是在内在的存在实践中认识事物；身临其境地感受、体认、经验、领会、体会、体味、领悟、领略等。天人合一之存在境界——深度价值体验——是对天心（天之神性、心性）的一种亲证，也代表在体验中对完美的趋近，或者说也代表以完美为方向的体验。这也应该是人类文化追寻的方向。英国诗人、思想家马修·阿诺德在《文化与无政府状态》中认为：文化就是追寻完美，而完美的代表是神（相当于中国思想传统中的天心），因而认识、体悟神之道是文化的核心使命之一。他的看法代表了西方的主流思想。所谓完美也可以用其他的语词来称谓，比如天心。

内在的心灵性实践是贯通性、统一性实践，是敞开性联系性实践，是天人合一之心心实践，也是中国庄子的“独与天地精神来往”式的实践。其实践主体是内在的自由独立的个体。这里人们一直强调的集体性或群体性（被组织化等）居于相对次要位置；人类的社会活动的历史及客观的工具性物象也只是相对处在背景之中。

“历史一消除，美学就现身。”①

被人们强调的客观的社会劳动实践观是一种集体的类的视野，而不是独特的个体视野，但人之深沉的活生生的部分与方向恰恰是通过个体性实现的，是天心—人心之交融对话与启示，人之存在的本质在理想性上就是这种存在关系与存在状态的总和，这个方向也不能从集体（或群体）的视角来定义。关于天人合一之个体的内在的心灵实践形式，这里我想引用一下荣格在《现代人的精神问题》对现代人的理解，事实上这也是对有思想创造力的天才的理解：

① 参见〔法〕弗朗索瓦·多斯：《从结构到解构——法国二十世纪思想主潮》（上卷），季广茂译，中央编译出版社，2004 年 5 月版，第 494 页。

“他已经是个地地道道最‘不历史的’人，而且是一个和完全生活在传统里的群众疏远的人。事实上，唯有当他已经漫步到世界边缘，才算是一个完完全全的现代人，他须把一切前人遗留下来的腐朽之物完全遗弃，意识到他现在伫立在一片万事万物都有可能会发生的空旷原野前。”[①]

① 参见〔瑞士〕C·G·荣格:《寻找灵魂的现代人》，苏克译，贵州人民出版社，1987 年 9 月版，第 223 页。

洋葱、萝卜和西红柿
不相信世界上有南瓜这种东西。
它们认为那是一种空想。
南瓜不说话，默默地成长着。
——〔德〕于尔克·舒比格

五 天人合一之存在境界及多面孔显现

（A）

天人合一之存在境界代表中国传统（宗教的、哲学的等）的最高追求。就精神实质来看——而不是纠缠于词汇表达之异——其也是西方、印度等文化的最高向往。这个境界是超越性的深邃的微妙的和谐的美好的，也是神圣而伟大的，也具有单纯永恒无限圣洁光明空静自由气韵之精神内核。就境界这个概念而言，中国古代思想家也多有论及。从早期周易、老庄的哲学中就可看出其内涵的基本轮廓。《易·系辞》中提出：“形而上者谓之道，形而下者谓之器。”《老子》

提出了“大象无形”的哲学思想。庄子在《庄子·天道》中曰：“语之所贵者，意也，意有所随。意之所随者，不可以言传也”。关于这个难以言及与心之体悟有关的微妙境界，在中国古代文论、画论中也多有涉及。在魏晋南北朝时出现了“得意忘象”之“意象”这一范畴，而所谓意象，其核心还是不可言传之“意”。盛唐诗人王昌龄提出“物境、情境、意境”说，中唐僧皎然也有过“取境”的概念。晚唐司空图在《与极浦书》中所提到的“象外之象，景外之景”思想。唐代刘禹锡提出“境生于象外”(《董氏武陵集记》)。到了宋元，郭熙又提出三远说，“远”也成了山水画中重要的意境体现。而所谓远就是玄，远也是道的表现，也近于本体之无。上述古代文论画论所使用的术语，基本都在诉说那不可言传的与心的体悟有关的微妙之境。到了清代，王国维则更为明确地提出了与心相关的“境界说”。他在《人间词话》中也特别推崇词之境界，“有境界则自成高格”，在提出词有我无我之境后，又进一步提出的“三重境界论”。实际上，他是借三种诗词词句谈论人之三种不同“成高格”的存在形式。除了宋明心学开创者外，我们还要特别提到近代思想家梁启超。他深受陆王心学的影响（尤其是受王阳明学说的影响），明确提出“心造之境”。在《自由书·惟心》一文中，他说：“境者，心造也。一切物境皆虚幻，惟心造之境为真实……然则天下岂有物境哉！但有心境而已。”又说：“人世间一切之境界，无非人心所自造。”(《新民说·论尚武》)。新儒家学派的冯友兰等则在“境界”的分类上有所拓展。他在《新原人》中就提出了人生四重境界论，即自然境界、功利境界、道德境界、天地境界。他在《人生的境界》一文中倾向将“境界”定义为个人在做事时的意义及意义合成的整体。中国思想传统（尤其是文论、画论传统等）中关于“境”“意境”“境界”的思考，都能给人以启发，在最深的精神实质上，其和我们所说没有根本性的区别：只是对那个真正的根基点的理解不同，他们所说的“道”“意”“无我”等本质上也是为了强调心。

我们则是从“天心—人心”启示性对话交流的高度触及那难以言传的美妙“境界”的。我们把这个“境界”扩展至整个人之存在，并把人之整体存在境界及核心理解为“心体”或“心性”。所谓境界正是蕴含在心心存在秩序（及其形象、情境、氛围、韵味等）里，和“心之所攀援游履”密切相关，用我们的话说就和心的敞开联系方式密切相关。简洁地说境界的性质属于梁启超所谓的“心造之境”或仓央嘉措所谓的“境由心造”（仓央嘉措：《问佛》）。所谓境界归根结底和人之“心”“心之攀援游履”“心造”联系在一起，或者说和人心之无影无形的隐蔽律动相关。各种不同的存在境界和人心之内在敞开联系性（贯通性）方向、方式与状态相关。从中国心学思想传统来透视，各种境界（包括艺术意境）皆源于心，是心的特别之造就产生了难言的微妙特别之境，依心之境而止为界。大乘佛教经典《大乘起信论》中说：“以一切法本来唯心，实无于念，而有妄心，不觉起念，见诸境界，故说无明。”佛教中也有“六境”之说。人之所以迷恋与六尘六根相连的六境之虚幻，本质就在于“无明”，就在于缺乏敞开的联系着的“净心”“明心”，缺乏心之“纯粹”状态。同佛教的思想相似，在本论著看来，各种所谓的境界本质上是由心生，是由心心存在秩序（结构）而生，这个境界本质上体现的不是和六尘六根相连的虚幻，而是基于天心之纯存在性的内在超越性境界。不同的内在超越性存在境界本质上就是天心—人心启示性对话显现方式，或者也可以说是“人心”对“天心”的不同方式与方向之敞开、交流、同在的内在实践方式。真纯有明而纯粹之心来自天心—人心的启示性对话交流，来自天心—人心的相通同在（或贯通、统一、联系）。本论著要阐发的核心就是天人合一之存在境界及其多面孔显现。天人合一之存在境界论受启于东西方的“心学”传统（当然主要是中国心学传统）。

中国心学传统植根于天心—人心启示性对话及交流性存在结构。但天心—人心之间的内在而神秘的通道经常是堵塞的，或者说人心经常是被现象之我所遮蔽。这种遮蔽来自人之存在非纯粹性（或现象性），或者说来自人的存在的多重现象性。多重现象之我与纯粹本质之我之间经常冲突撕扯，这使人之存在显现出远离根基的面貌，并经常性地活在假象里。内在灵魂之我（或纯粹本质之我）代表与“天心”相通的“人心”，这也是人的存在先验性方向，蕴含着人之先验的精神性潜能，这也是人之存在的最内层。其是与天心相对应、呼应之我，也是人心的纯粹之所在。人之自然性的物质的肉体生命面属于人的自然化的我，是与基于人之物质自然的天性方面相对。此外还有社会化的我是在人的复杂的社会关系网及社会化实践中形成的，与社会化存在面相对应。表层意识的我是受意识幻觉支配之我，主要是基于人的表层意识，与表层意识性存在面相对应。人的多重存在代表的是人的多个存在方向，“天心”（天之心性或神性）与“人心”（纯粹之我、灵魂之我、本质之我）相对应。心心存在秩序（结构）代表天心与人心启示性对话、交流并相通同在之秩序（结构）。

天心—人心的相通同在状态是人之最本真的存在状态，也是人之存在的最高境界。但天心—人心之间常常有多层次隔离（或遮蔽），也即现象之我的种种隔离（或遮蔽），包括自然化之我——即物理的、化学的、生物的、生理的我——这也是人和动植物相同相似的我。包括天心—人心之间的社会化之我的隔离（或遮蔽）——即人作为社会的一个分子，社会整体的一个片段，社会整体的一个角色器件，或一个性格模型等方面，这是作为群体的一部分的我（被复数化被组织化的我），是消解人之精神个性的我。这个我常常带着社会性群体面具。还包括天心—人心之间的表层意识之我的隔离（或遮蔽）——被各种表层意识幻象笼罩的我。用柏拉图的术语来说，这些表层意识就像洞穴中的闪烁不定的幻影。从心心存在秩序（或结构）视角看，现象之我的种种向往是表面的、短暂的、偶性的、蜉蝣般的，不具有真正的基于本质的实在性，真正具有精神实在性的是与天心相通的人心，其才是深邃的、长久的、必然的，也具有根本性、连续性、持续性。

“一些事物虽然被称作存在者，但是并不具有本质。”[①]

用东方传统（印度、中国等）的视角来看，现象之心（知性心、机械心、欲心、妄心等）不能代表人之本心，只有人之纯粹方向才能代表之，也只有其才能进行天心—人心之间的内在对话（或启示性对话）、交流，并通过这种启示性对话交流使人的存在走向本真。在古印度，人的纯粹之我被叫作与大梵对应的小梵，是与大我之魂对应的小我之魂。这也成为人之存在的本质方向。所谓美、所谓诗意、所谓境界等等本质上就是天心—人心的相通同在，就是其启示性对话交流（用印度术语讲就是大梵—小梵的内在感应、呼应、合一。）这

① 〔意〕托马斯·阿奎那:《论存在者与本质》，段德智译，商务印书馆 2013 年 4 月版，第 6 页。

也是一种和谐的理想的灵魂性体验。那些被标识为“灵魂”者本质上就是能让天心显现于人心者，就是能进行天心—人心启示性对话者，也是天人合一之深度价值的体验者。所谓灵魂伴侣也指向内在心灵的相通，共同指向更为深邃的存在相同面，他们的内在精神是相通的，并有一份深邃的存在感贯穿其情感。当神性、灵魂（心性、心灵性）与深度价值体验一同出现在场时，一种被称为诗意的感受也就真正出现在场了。在我看来，东西方思想的许多差异常常只是言说实践—修辞性隐喻的差异，在大的方向上是相同的。中国传统中的天心论与西方的上帝论，在精神的精髓处是相似的，其都代表内在于自然万物又超越自然的主宰之灵或超灵。关于这一点，我们前面已经说了。天人合一之存在境界也是消除种种隔离（或遮蔽）的存在境界，也因此是有明而纯粹的存在。二十世纪初的德国哲学家齐美尔写了《生命直观》一书，其第一章的标题就是“生命之超验”，第二章的标题是“转向理念”，如果只是从标题看，他的思想似乎特别符合我的心心美学（诗学）观念，或者说符合我的天人合一之诗意存在观。但在我们这里，超越就是天心—人心启示性对话与交流，其显现出来的结果就是天心—人心的相通同在（或贯通、统一、联系），合一感，及真切的有深度的价值体验。有深度的价值体验是基于人之整体的存在合目的性——而不是局部的生物性合目的性及其所带来的舒服感官体验；有深度的价值体验才是人之存在的精神枢纽，其真切地自明性地显现了天人合一性。

美学性（诗性）体验及形象、情境、氛围、韵味等就是天心（天之神性、心性）在人心里获得的生动具体的和谐表达。天人合一之诗性存在境界意味着存在的圆满、美好、和谐、微妙、深邃、神圣，意味着心心的贯通、联系与统一，意味着人之存在显露了天的深邃之性，或者说天的深邃之性通过人之个体获得表达。“天人合一”意味着天的深邃之心性通过有限的人类个体之心传递自己，也意味着有限人类个体的深度价值体验，更多依赖心之无蔽地敞开，并进入天心—人心启示性对话交流存在模式。真正的价值体验是整体的统一性体验，是从人格中心（人心）发出的，这种与本体相关的体验状态很难用精确的定量方式来说明，只能用敏感的内省的描述的方式，只能采取性质分析，而难以使用数量分析。深度价值体验关联着我们人类存在的真谛。天人合一之纯粹存在境界，其在体验的层面上有哪些表现呢？具体说来具有如下共同的特征：①

首先，天人合一存在境界是以深度价值体验为枢纽，在此心心存在境界里，人之体验更为深邃，更加和谐圆满。所谓深邃就是脱离了现象物欲的种种羁绊，回归某种（以多面孔形式显现出来的）纯一，其没有被现象之肤浅感受之流裹挟，有着深邃而深广的存在之背景，并连接着最初存在之特性，或者说连接了神性—纯存在性，这是对精神原初的感应，也以某种方式与原初性交融。在体验的深邃性方面，纯粹的内在超越性存在不同于非纯粹的现象存在。一般的基于现象层面的意义感不能进入到“天人合一”“神人合一”的深邃之境。这意味着体验的合一性、浑然性、深广性，其不同于时间事物所唤起的时间性体验。这种体验也更完善更圆满更和谐。纯粹内在超越性存在比之非纯粹的现象存在，其体验常常意味着多元性、差异性、变化

① 此处参考了德国哲学家舍勒《伦理学中的形式主义与质料的价值伦理学》一书中的思想，转引自冯平：《现代西方价值哲学经典——心灵主义路向》，北京师范大学出版社，2009年4月版，第229—241页。

性的消除，意味着神、人、天、地的和谐消融，是各种具体的差异性重归于最初的和谐性、完善性，在整体的圆满和谐方面，纯粹内在超越性存在不同于非纯粹现象存在。一般的意义体验可以局限于某个层面，可以局限在人的层面上，可以局限于人的层面的自然性、社会功利性、表层理性等方面。而纯粹内在超越性存在是整体性的价值体验，其有着更深的精神性根基，和源泉相通相融，并由此带来深度的差异消除后的和谐感，也由此可以说这更具有美学意味。其次，天人合一存在境界是以深度价值体验为枢纽，在此心心存在境界里，体验更具有专一性与明澈性，这种纯粹存在境界比之现象性存在形式，其体验具有方向性，更具有专一的特征，并有一种刚性的指向明确的倾向性。即在专一的不可分的程度上，纯粹内在超越存在远远高于非纯粹现象存在。这也是一种不可分也无法分解分散的情感体验状态，具有高度的单纯性，就像深度的爱无法分解分散一样。其更加符合人的内在意愿，也更加符合生命的整体目的性。这同时也意味着可持续的持久性的精神性满足，而不是短暂的感性兴奋。再次，天人合一存在境界是以深度价值体验为枢纽，在此心心存在境界里，人的灵魂获得更大更深的满足，即灵魂满足与否及满足的程度上，天人合一之存在境界远远高于非纯粹的现象性存在形式。比之一般的意义体验，这种纯粹存在境界中的体验更能让灵魂获得满足，其体验也更值得人们珍视、留恋、回味。而所谓的灵魂的满足无法做定量分析，其与肉体感官的满足不同，肉体感官的满足是局部的满足，是刺激性满足，伴随着肉体感官的生理的快感与兴奋。灵魂的满足是一种存在的整体满足，是人之存在中心的无名的充盈，也是一种深邃的内在的澄明感、意义感，是一种深度的内在的被卷入感、颤栗感，这种满足的更为具体的表现就是：人仿佛被永恒提升，被无限扩展，时空的局限消解，人之整体存在丰满、上升（即心灵升华），并有一种和谐的自由的深沉的神圣的表现，感受到了某种深沉的神圣的喜悦。

人心与天心内在相通，并分有了天心之终极实在性，也带有终极性的肯定存在的力量。人之深度价值体验就是这种终极性肯定力量的情感、情绪上的显现，其不是一般意义上的生物性的情绪、情感或感情，或一般意义上的社会道德情感、情绪，其是超越性的情绪、感情或情感，而是心心存在秩序（结构）带来的情绪、情感或感情，也即天心—人心相通同在感带来的情绪显露，或者说是随人心的敞开联系而来的情绪、情感或感情（这本质上就是最内在的美学情感）。心心存在美学（诗学）思想和东西方历史上众多大诗人的思想一致（德国大诗人歌德就曾说：感情就是一切，推崇以情感为核心的体验）。不仅那些大诗人，那些富有灵性的思想家（古老传统的继承者，包括浪漫主义思想家等）绝大多数也推崇有深度的价值情感，虽然对价值情感的理解角度不同说法不同。美国著名神学家爱德华兹特别推崇超越性的稳定的"情操"，认为其是人类存在的中心，也即人类的人格中心，也是人类的行为等所从自出的中心。他在《宗教情操论》中认为，稳定的情操是感情或情绪的引导力量。情操是内在动机，决定了一个人的信念与抉择。①

这些关于普遍持久情感的思想与心心存在之价值体验论思想至少从形式方面看是相同的。深度价值体验可以成为人们领悟本真存在之现象基础。在这里我们可引用法国思想家乔治·巴塔耶的一句

---

①〔美〕奥尔森：《基督教神学思想史》，吴瑞诚，徐成德译，北京：北京大学出版社，2003年8月版，第550页。

话来表明一种体验本体的立场，虽然我们对体验本身（包括价值体验），及体验深处所蕴含的内容方面与他的理解有很大的不同。在《内在体验》这本书里，他给其中的一个小节起了一个醒目的标题：《体验，唯一的权威，唯一的价值》，就此，他展开说：

“我向内在体验敞开了自己，我把一切的价值、一切的权威都置于其中。我因此不能有其他的价值与权威了……由于它事实上是对其他价值与权威的否定，所以，具备一种肯定性存在的体验本身就肯定性地成为了价值与权威。简单地说出了这个原则。即内在体验本身就是权威。”①

（B）

“哲学……对那根本性的枯竭具有兴趣。”②

中国有关于天人合一思想的悠久传统，但对何为天、何为人，以及何为天人合一确实有不同的看法，这归根结底还是因为对“天”的不同认识所致。在我们的认识里，中国传统的“天心论”与西方传统的“上帝论”，与印度传统的“梵论”有本质上的相似之处。而天人合一论本质上就是一种心学论，也即心心存在论。中国这一心学思想传统，在我们这个时代尤其需要好好继承。因为我们这个时

① 〔法〕乔治·巴塔耶：《内在体验》，尉光吉译，广西师范大学出版社，2016 年 6 月版，第 13—14 页。

② 〔波兰〕莱泽克·科拉科夫斯基：《马克思主义的主要流派》第一卷，唐少杰、顾维艰等译，黑龙江大学出版社，2015 年 11 月版，第 10 页。

代将要枯竭的就是本质心（本心），将要枯竭的就是饱满、深邃富有生机的心灵，及其基于“心”的纯粹丰厚的意义感。我们这个时代将要枯竭的恰恰不是自然客观的物质活动（或自然物质实践现象），或理性者的思考的精确性、清晰性，或时髦的后现代文化及思想话题。这些方面这个时代已经很突出了，未来将会更加突出。我们这个时代有各种去中心、去魅的声音，有各种反升华求现象实在的思想，也有各种各样的看似更“真”的经济活动、物欲消费，还有各种更加精确规范的数据库及更加智能的机器人等，在这些方面我们这个时代不仅谈不上枯竭，而且将来只会越来越繁盛。

在各种现代性运动日益深入的当下，真正面临干涸的是人心，即与天心贯通、统一、联系着的人心的干涸，也是与心相关的人之存在深邃感、意义感、和谐感、圆满感、美妙感、神圣感、伟大感的干涸。被称为第一哲学的美学更应该对人心——这个行将枯竭的方向或方面——给予足够的留意，那也正是几千年来东西方文化最为重视的方向之一——即心心存在方向。使人心摆脱各种繁杂之现象性遮蔽，使人心更像心，这正是美学（或诗学等）的真正任务之所在。这一思想任务之所以难以实现的关键是：人之存在日渐被现象性方向诱惑，日渐落入物质性、关系性陷阱，脱离了存在源泉，也可以说人类心灵活动脱离了本原性存在。现在人类的心日渐成了现象心（知性心、分别心、机械心、欲心、妄心等），人类的心灵活动也更多成为现象心的实践，但从精神本质上说，以知性心、欲心为核心的心又不能创造出真正有价值的存在情境。几千年来，人类正是凭借向源泉敞开的心灵实践（心心存在实践）创造出富有意义的生命意境，这种心心存在意象—意境也承载或象征了灵魂的旋律及韵味。而我们这个过分强调精确或实证的时代倾向正在破坏人之存在的基于心性的直觉性基础。

古老的文明核心追求与现代文明的核心追求之间有了内在冲突。所谓文明的冲突也就是价值的冲突（也是价值体验的冲突），而所谓价值的冲突又源自本心—灵魂的差异，或者说源自人们对那个存在源泉理解的差异。人们带着不同的心，去信奉不同的神（神性），价值观念（及其体验）自然就会不同。通常那些不信奉更本原更深邃的根基者，更大可能是信奉物质自然或自己（包括信奉人自身及人为人造的一切），而伴随着这种基于物欲的自恋式信奉，人的内心也就必然成为“现象心”，人也必将被重重现象之我遮蔽，并陷入物质性的时间与空间之中。伴随着这种基于物欲的自恋式信奉，随之而来的就是人心的无序、混乱与黑暗。本真心灵是进入心心存在秩序（结构）的心灵，也就是进入天心—人心启示性对话交流秩序的心灵，也就是向天心（天之神性、心性）敞开的心灵，也就是面天而在被天心（天之神性、心性）充满的心灵，而这些被天心（天之神性、心性）充满的心灵，我们也把其称为拥有本心者，或富有灵魂者。被天心（天之神性、心性）充满的体验就是一种有价值的深度体验，有深度价值的体验不同于一般的感性功利性体验——也不同于一般的社会世俗性意义体验，更不同于基于理性的考量而来的体验——而是精神个体的活生生的内在体验。

东西方古老传统（除个别思想派别）差不多都重视个体的精神性存在；这是与存在根基相连的独特沟通联系着的个体。现代的一些哲学派别（存在主义等）从某种意义上讲是秉承古老传统的，特别是其中的一些流派对个体的精神性韵味更是予以突出强调。丹麦存在主义哲学流派的开创者克尔凯郭尔，其不重视宏观的群体的社会历史，而强调精神性的个体之自我，这个个体自我被深邃宽阔的精神本原所支撑，这个被精神本原支撑之我也是纯粹的价值之我。他说：

“衡量自我的标准越高，自我意识也就越高；那么一旦以上帝为衡量标准，自我的价值就无限地加重了。人越感觉上帝，就越有了自我；越有了自我，就越感觉上帝。只有当自我觉得自己在上帝面前之存在，只有那时这自我才是无限之我。”①

这同中世纪的伟大哲学家波埃修的思想相似，他说：

“哲学或爱智，乃是对智慧的追求，对上帝的探寻，对上帝的爱。”②

如何挽救我们这个时代所面临的种种心灵的枯竭（精神性枯竭）？我们需要从古老的传统中汲取有益营养。在中国传统中有“天心论”，在西方传统中有“上帝论”，在印度传统中有“梵论”。三者之间在精神本质上是相通的。波埃修上面的这段话，用中国传统术语讲就是“对天心的探寻，对天心的爱”。挽救从人之存在的内在枯竭要从回归开始。我们需要更多回到古老的精神传统中，以便正确认识人自身的限度及位置。我们需要建立与更大世界的关联、联系，重新树立起“对天心的探寻、对天心的爱”。这种爱与探寻的最高表现就是达到了天人合一之存在境界。所谓现象学传统，就方法视角看，也可算是这种努力的一部分。现象学在本质上就是向着源泉敞开之学。所谓现象学传统本质上也是让基于心性之存在自明性显现

① 〔丹麦〕克尔凯郭尔：《克尔凯郭尔的人生哲学》，谢秉德译，香港基督教文艺出版社，1986年3月版，第147页。

② 黄裕生：《西方哲学史》第三卷《中世纪哲学》，凤凰出版社，江苏人民出版社，2005年12月版，第205页。

的传统。这种敞开是建立在直觉的自明性基础上的，是一种本质直观。在德国哲学家胡塞尔看来，精神本质可在直觉现象中还原，还原到精神本质状态。渴望、憧憬、想象、幻觉等都是意向性直观形式，也都可以通过这种心灵实践主观地真实地呈现本质，并且这种呈现真理是自明性的，也具有本质性和永恒性。

现象学家所理解的现象性（现象的意义）远非相对性，而是绝对的显现，在黑格尔和胡塞尔那里，现象学说的都是一样事情：这个绝对的显现是绝对主体。当梅洛·庞蒂写下“我是绝对来源时”，似乎也把自己置于这一传统之中……尽管真理是属人的，真理的起源确属于“绝对来源”。[①]

从另一个角度看，现象学传统也就是一种精神挽救的传统，也即挽救我们这个时代所面临的精神枯竭。其恰好和人类流传几千年的古老真理传统相吻合：它们都倡导活在意识的（心灵的灵魂的）面向“绝对”的生命源流里。从古老真理观念来看（这一观念正是建立在存在直觉基础上的），人之真正的存在都是内在心灵通过“意向性”敞开实践带来的，也是由心灵—灵魂统一主宰并发动的。那些伟大的生命存在——尤其是那些敏感的精神先知，及具有先知气质的诗人、艺术家等——更重视倾听人之整体存在（心体）发出的隐蔽渴望。对他们而言，没有敞开的心灵之内在实践，没有这种统一的精神基调也就没有真正的存在。对他们而言，真正的存在感不会来自生物性的感性冲动（像表面上呈现的那样）；基于自然的感性冲动的存在力量（或呈现）归根结底是由灵魂灌注的。没有灵魂

① 〔法〕文森特·德贡布：《当代法国哲学》，王寅丽译，新星出版社，2007 年 2 月版，第 91—92 页。

灌注的所谓生命是本能性动物式的，来自自然的内部那种驱力与动力（叔本华意义上的存在意志），其本质上还是欲望性生命，这种生命存在形态对人而言不具有真正的本质性，更不能给人带来富有价值深度的灵魂满足。对一般动物而言，保持自然欲望那是它们生命本质之所在，对人而言，如果只是纯本能的自然呈现，那就是存在的衰退的形式（比如现代型的消费主义），在很多情况下，甚至可以用行尸走肉来描述那种自然呈现（比如强奸）。而敞开联系着的心灵内在实践，可以超越分散的自然存在力量，凝聚存在中心将存在统一起来。天人合一启示性对话交流课让人获得源泉性力量。关于这一点，我们显而易见地不同于倡导感性之维的那些哲学家，比如尼采、柏格森、马尔库塞等。现象学核心传统正是一种精神挽救的传统，其倡导的恰恰是内在超越性的心灵，或超越的内在主体，其也倡导通过内在的心灵敞开性实践实现超越。奇怪的是有些思想家一方面大力倡导感性之维，另一方面又抨击现代消费，好像感性消费不是感性之维的一部分。马尔库兹就是这类思想家。他反对关于人的生命的灵魂性倡导（反升华等），力求恢复生命自然之感性。但现代型消费浪潮难道不正是自然感性浪潮的体现之一吗？问题的关键在于：如果人把视野只放在人类身上，而不能从环绕着人的世界存在整体思考问题，那么，永远只能是只见局部树木，不见整体的森林，更不能思考整体森林为啥会出现，以及整体森林对树木的意义。这里关于天人合一之存在境界的思考恰恰属于基于整体的思考。

要挽救面临枯竭的“人心”就要重视人之存在的最深邃根基。对根基的回应已明确体现在世界各种文化中的神话渴望里，以及令人向往的神话般的存在情境里。现代人经常以各种方式谈论并迷恋神话，这种现象本身也是人之隐蔽的先验性精神潜能的体现，也是天心（天之神性、心性）召唤的一部分。现代文学艺术作品（包括电影电视屏幕）里也充斥着这类故事。但神话的真正本质是什么，有些人（包括学者）可能并不是很清楚。神话的前置词“神”，也就是关于神及神性的话语。所谓神话也可以说是关于完美精神渴望的本质之话，这种话语既体现在文学性故事，也体现在种种情感观念中。神话的本质是高扬神及神性，也包括相信超越人的原初之完善与圆满，其也是以某种方式映现天心（天之神性、心性）—精神原型，甚至可以说神话是关于天之神性（心性）—精神原型的话语（体现在故事、情感观念等方面），其不是基于有限有形的科学的关于局部事实的话语，不是基于有形有限的实证性语言。神话话语却具有普遍的精神的可理解性、可传达性。德国哲学家齐美尔曾用“共同体验的理解”一词，用于表达体验的可理解可传达性[①]。总之，所谓神话是心心存在秩序、结构的体现，与人的超越性存在愿望相关，与人对本原的渴求向往有关，与心性的内在贯通、统一、联系有关，也与人的深度价值体验密切联系在一起。这种隐蔽的对深度意义体验的渴望，常常深藏在人的存在的无意识世界，常常属于“绝对者”的一部分，而不属于相对局部的理性理解世界。价值体验的深度也常常深在无意识区域，尽管其中也有普遍的可理解性、可传达性。

遵循现象学传统的一些挽救性思路，也才可将人与动物，人与智能机器人区别开来，也才可避免人心（人之精神）枯竭的命运。人区别于一般动物或未来智能机器人之处在于，人的核心存在（人心）

---

① 参见〔日〕北川东子：《齐美尔》，赵玉婷译，河北教育出版社，2002 年 1 月版，第 12 页。

是基于天心（或天之神性、心性）的先验性存在，这也是人的最深邃的本然本真之所在。人类存在的独特也就在人与动物、人与未来智能机器人的不同之处。随着人类智能工业的发展，关于人类自身的观念（及景象）都会发生不同于过去的变化。人的存在、动物生命还有未来高级智能机器人三者根本区别点究竟在哪里呢。这是一个核心问题，也是一个涉及人之为人的关键问题。三者根本区别点不可能在自然性的部分，这个部分将来三者（人、动物与高级机器人）依旧是可重叠的，甚至可以互换的。人之所谓的理性能力也不足以使人与未来高级智能机器人区别开来。人的最本质方面——也就是能与动物和高级智能机器人做根本区别的方面——只可能在敞开性联系性方向上，也即人本质上是敞开的心性存在（尽管脱离不开自然物质之形），是心心存在，也即是能领会天心—人心的相通同在（或贯通、统一、联系），能进行天心—人心启示性对话交流的存在，这一方面成为人之存在的更为本质方面。

从中国心学思想传统看，真正的人是“心心存在体”。这种心心联系可唤起人们的深度价值体验，唤起人们深层的精神感应，没有这种深层深邃的精神感应，也就没有深度价值体验的背景及基础，没有这个背景与基础，人就很容易被基于现象世界（自然物质等）的虚空感包围。人是心心存在，正是这点把人与动物、智能人区别开来。完整的人的存在充满了奥秘感。人不是表面的现象性存在物，也不是堆砌知识的箩筐纸篓。现代型的外在知识对我们谋生（自然性存活）有用，那些知识常常也能成为谋生（自然性存活）的工具。但这种知识对精神生活，尤其是对深邃的精神生活没有多大帮助，在很多情况下甚至有反作用。各种外在知识常常使生活失去内在自然性与神秘性，而生活的精髓恰恰就在这份内在的自然与神秘里。可以说没有存在的奥秘之维做背景，人的存在就会日渐失去精神性尊严。缺乏价值感、神圣感、尊严感的恰恰就是现代智能型知识分子：他们生活的外在性局部性很强，既远离自发性自然，也远离存在源泉，整日生活在机械的知识搬运状态。歌德的《浮士德》那句关于理论是灰色的格言可能针对的就是这些人。人是充满奥秘感的存在，人之存在价值也蕴含在种种具有精神奥秘感的情境里，蕴含在那些充满奥秘感的时刻。这需要人们的超越性的想象、需要人心的那种特别的对话交流能力。

真正的生活或存在需要内在心灵的真正的卷入，需要心灵的卷入时的忘我状态。王阳明的所谓“心外无物”说的就是：你需要将外在世界纳入到你的心灵里，然后再了解你的心灵的直接呈现，然后再进行深层的本质直观，并领悟其背后的深层基础。这是心心存在秩序（结构）的内在功能，是天心—人心的启示性对话交流的一部分。从这个角度看，天心（天之神性、心性）就是意义最深邃最宽广的源泉，也是人之存在的诗意（美学）之母，或者说是美好的存在感觉之母。所谓天之神性与各种文化中的诸神有什么区别呢。各种文化中的各种所谓神，都只是神性的具体揭示者及具体承载者，天之神性（天之心性）才是各种神（包括我们传统中的神）的背后的真正内涵。天之神性（天之心性）无法单独的以客观的有限形式明确表露出来，但却可在我们的深度价值体验中显现。说一个女人为女神是因为她身上具有神性，她承载或彰显了某种神性，成为某种神性的揭示者。她所承载与揭示的神性启发了人之存在的深度价值体验，启发了人之存在的美妙感、完善感、和谐感、圆满感，也即启发了非同一般的深度意义感，启发了人们活在不同方向的完美存在境界里。

所谓女神不是更为漂亮的女人，不是更高级别的漂亮女人，而是包含、揭示了神性的女人。

（C）

由前面（A）的分析可以看出，天人合一之存在境界是“心”之理想之境，更多指向内在的自由解放，指向内在持久的“心”之满足。东西方的那些深受古老传统影响的思想家很多人持有这种看法。现代人热衷于从可见的自然事实及感官感受层面谈论事物，包括谈论物欲享受、男女爱欲等，但现代人谈论的所谓享受（也包括爱欲等）常常意味着对有限形构对象性的占有及其带来的感官兴奋与刺激，这恰恰是“空心”的原因之一。而东西方古老的思想传统却把享受（或满足）建立在更为深邃的基础之上，并使这种满足（享受）更具有持久性与内在深刻性。在中世纪最伟大的哲学家圣托马斯·阿奎那看来，人类社会的目的就是有德性的生活，人最后的目的不只是有德性的生活下去，而是经由德性的生活来获得享受与快乐，享受更为普遍更为纯粹之道——上帝。这种目的的获得有需要人有超乎一般人性的能力，“同为人无法靠着自己的力量来享受上帝，而是要靠着神圣的力量。”[①]。心心存在是可获得深度心灵满足（享受）的存在。天心—人心的启示性对话交流过程也是心灵充实并获得满足生机的

① 参见〔英〕柯普斯登:《西洋哲学史》第二卷，邝锦伦，陈明福译，台湾黎明文化事业出版社，2004 年 10 月版，第 573 页。

过程，从心心存在秩序（结构）生发的爱也超乎其世俗意义。这种内在的满足正是通过心心启示性交流获得的。对物欲世界的享受与体验构成了世俗存在，对普遍而深邃存在（上帝、天心、道、梵等）的享受与体验构成了德性存在，其也构成最根本的信仰存在或诗性存在（美学性存在）。这种内在享受性体验包括在情感（情绪等）上领受到的单纯感、永恒感、无限感、圣洁感、光明感、气韵感、自由感、空静感等。这也是一种诗性体验（内在美学性体验的核心），这种价值性体验也让人进入了神圣的纯粹的永恒精神秩序。

存在的诗意之维就是存在的纯粹之维，也是存在的内在超越之维，也是存在之内在的精神和谐完善圆满之维（灵魂的和谐完善圆满之维）。天人合一之存在境界意味着内在存在的和谐、美妙、圆满与完善。一般意义上的所谓生活是和自然物质、社会关系、表层意识现象相关的，遵循的是存在的外在法则（或现象法则）——自然的、社会的、表层意识的法则等。这也是具体时空中经验性（常常也是物性、平行关系性）法则，而心心存在是天人合一之存在，也是从垂直层面而来的存在，其超越世界现象界（自然、社会、表层意识），遵循存在之深邃的内在超越性法则，包括对本原精神隐喻的依存。

“由于这个原因，大多数人认为没有隐喻的存在，他们依然可以自如地生活，而我们发现事实恰恰相反。不论是在语言上还是在思想和行动中，日常生活中隐喻无处不在，我们思想和行为所依据的概念系统本身是以隐喻为基础。”[①]

---

① 〔美〕乔治·莱考夫，马克·约翰逊：《我们赖以生存的隐喻》，何文忠译，浙江大学出版社，2015 年 3 月版，第 1 页。

“文化与宗教概念系统本质上是隐喻性的。”[①]

从大的文化语言学视角看，所谓天心、上帝、天主、道、梵、存在本身等词只是一种隐喻性修辞，这些命名已经成为东西方文化与宗教概念系统的核心。这些本体性修辞以隐喻、象征的方式触及人之存在源泉，其也属于最能持久地深入人心（触及灵魂）的价值性修辞。东西方传统中那些看起来具有宗教性的或形而上性的概念，其本质上既是对那个本原性存在，也是对人心的一种语言性描述，其折射了人之存在的先验性精神潜能，折射了深层的精神憧憬与渴求，折射了深藏在人们无意识深处的精神向往。人类内在精神的历史就是心心存在秩序（结构）史，就是天人（天心—人心）的相通同在史，就是启示性交流对话史与体验史，也是人类内在本真的存在史、心灵史、灵魂史。从文化语言学视角看，你也可以说是一部本体价值命名—修辞—书写史，或本原存在之命名—修辞—书写史，也是对人类内在心灵的修辞—命名—书写史。人类为什么要疏远基于物欲的生活，去追求纯粹而深邃存在（天心、神性、上帝等）呢？因为其能满足我们内在圆满完善之需要，也符合天心之隐蔽的至善目的，其既是天心（天之心性、神性）召唤，也和我们的内在超越之心灵实践相关。实际上如果没有这种纯粹的深邃的根基与方向，所谓的真、善、美、爱与诗意等就会变得非常的表面，就只能是在相对有限的意义上说的。中国当下的美学（或诗学）过于驳杂，过于现象化，没能真正触及人之存在有价值的核心部分。基于此，被人们谈论的所谓美或诗意触及不了人之存在的精神本质。

---

① 同上，第37页。

我们这个民族从早年起，就开启了心心存在秩序（结构）模式，即天心—人心的启示性交流对话的存在模式。但由于受到后来实用儒家一脉的影响，导致对本体价值的命名—修辞—书写方向相对受到漠视，因此，本体价值渴慕、期望与展现也相对受到一些削弱，忽视了纯粹的精神根基，实用理性（现实理性）则相对流行。我们需要恢复更为古老的精神传统。缺少对本体价值（或本原存在）的期冀、命名、修辞与书写，会影响一个民族精神上的纯粹气质，也会对人文性学科发展形成了无形的障碍。像美学（诗学等）这种人文性学科，从精神本质上（不是从外观的技巧技术上来）说，不属于严密而精确的纯粹知性理性，纯粹知性理性只能把握基于物理的局部自然现象，而无法把握存在之最深根基。我们需要能帮助我们洞悉存在根基的“理性”，我们需要心心之存在状态，这是能用心灵去想象、理解、领悟、洞悉的存在境界。在这里我们欣赏并使用的“理性”一词，是众多大思想家——普罗提诺、谢林、胡塞尔、雅思贝尔斯等——意义上的，这种以洞悉大全为目的的理性可帮助人们直觉存在的整全与纯粹，可帮助人们实现存在之更为本真之目的。

心心存在之维是纯粹之维、诗意之维（美学之维），也是充满美妙感的意义之维，也是灵魂之维、神圣之维、深邃之维，甚至也是精神的伟大之维。心心美学（诗学）重视天人之内在的贯通性、一体性、统一性，重视研究天心—人心启示性交流对话、相通及同在。所谓诗意所谓美就是天心委婉显现与微妙表达，从其最内核处看就是指天人之内在合一性，也即天心—人心的相通同在性，其来自人之心灵敞开性联系性内在实践过程，而心灵的敞开性联系性内在实践活动是过程性与超过程性，不间断性、持续性与永恒性、无限性的交融，这是一个没有终点的内在超越实践行为。人的本质从理想性上讲就蕴含在这一没有止境的开放性的过程里。这在印度的思想文化里被称为心灵的“亲证”。实际上，所谓修行，也就是心灵的一种敞开性联系性训练，也即天心—人心启示性对话交流训练。在《信仰的诗意及存在的复归》这本书里，我把心灵的内在实践也称为“存在之核心实践”。在中国的思想传统里，天之存在整体就是心体，正如人之存在整体就是心体一样，天人合一之存在境界本质上也是内在超越性存在境界，也是心灵之敞开性联系性的存在境界。天人合一存在境界会有多面孔显现，显现方式及侧面虽然有差异，但本质却是相同的，各种不同的显现之间是本质一体之多面性关系（参见我的《信仰的诗意及存在的复归》有关论述），或者说不同面孔之呈现只是源自心心相通同在的方式方向不同（或内在途径与内在形态不同），不同面孔的显现也代表人之本真存在的几种基本式样。各种存在境界的内在状态或形态虽有所不同，但都是人之本真存在呈现。面貌不同的心心存在境界折射出人之存在的基本困境，或者说也折射出人之存在的二律背反（或现象之我—现象心与本质之我—本质心难以调和的内在冲突）。人的本质在其理想性上（或在纯粹性上）就是天人合一之存在境界的总和。我们这里把天心之纯存在性分为：单纯、永恒、无限、圣洁、光明、气韵、空静、自由。而人心通过某种内在意向性与敞开性，与天心产生贯通性、一体性、统一性连接，并通过启示性对话交流，以某种方式分有留存了天心之纯存在性，即分有留存了单纯、永恒、无限、圣洁、光明、气韵、空静、自由。人心因为这种内在的分有留存，摆脱了现象—表象心（尘心、欲心、妄心、是非心等）的种种遮蔽，使人心真正成为本心，也即成为中国思想传统所说的“照心”“道心”“真心”等，也使人之存在成为真正的存在。心心存在境界的诞生代表了人之存在基本困境与二律背反（或现象之我—现象表象心与本质之我—本质之心难以调和的内在冲突）的暂时被克服，也代表人之存在的异化、疏离与片面暂时被克服。

第一章 天人合一之单纯存在及单纯境界

是的，有太多的神
有些人只知道一个神，谁都不告诉

——（葡）佩索阿

天人合一之单纯境界是人之存在的最高境界之一。让人之存在更像人之存在——或让人心更像人心的——是那种单纯的属性及内在整一性。但最高单纯（及内在纯粹性）却是属于天心的。心心存在秩序（结构）也是“守一”“从一”的秩序（结构）：也即让那份内在超越性单纯进入，摆脱了因物质性、平行关系性而生的分散与复合之非存在性的缠绕——也即这一否定性存在力量的缠绕。心心存在秩序（结构）也是人之存在内在困境的揭示，其折射的是人之存在的二律背反（或现象之我—现象心与本质之我—本质心的难以调和的内在冲突）。有思想家把这种存在困境（现象之我—现象心与本质之我—本质心的矛盾分裂的存在困境）也称为实存性困境。人之存在的二律背反之一（或实存状态之一）就是：一方面我们（现象之我—现象心—感性、社会性人性等）被各种非存在性包围，我们的存在趋于分裂分散、复合性、多重性，另一方面我们（本质之我—内在本质心—纯粹之我）又渴望终极性肯定存在的力量，也即渴望单纯、完整与整一。所谓美学性或诗意就蕴含在这种内在困境的某种（或短或长、或隐或显）解决或消除之中，也即通过人内在超越之精神修行（及深度价值体验），趋向纯存在性，趋向终极性肯定存在的力量，并隐蔽回归于纯粹精神本质中——即天人合一之单纯境界（及其形象、情境、氛围、韵味等）中。

心心存在是具有内在贯通性、一体性、统一性存在，也是人以敞开的意向性方式——但不同于一般意义上的意向性方式——达成的联系性存在。在这种存在状态里，东西方古老传统的基于信仰之联系性（信仰性沟通方式可包括内在纯思，甚至也可包括印度瑜伽、中国佛教禅宗等）可以以某种方式自然地涌现，天心之纯存在性通过人心获得表达、延伸。只是对应于人的种种二律背反式实存处境，人心被启示的方向（或方面）有所不同，人心涌现出来的纯存在性内容也有所不同。种种二律背反式实存处境使人心在现象学意义上的呈现发生变化，也即纯存在性涌现方式会发生变化。分散分裂、复合性与多重性代表的是人之存在的现象性、片面性、非纯在性，心心之单纯则代表对现象片面与非纯在性的克服。

人之存在的单纯（或单纯感）是纯存在性的呈现方式之一，从本质上来说来自心心之内在一体性、统一性、联系性。心心启示性对话交流赋予人之存在以内在的单纯感。“天心”就是那个单一的包含一切的初始，自然物质现象——时间、空间、物质等——也都蕴含在这个最高的单纯之初始里。时间、空间、物质等也属于最高之单纯初始，也都是从最高单纯外化（“爆炸”）而来，但单纯的初始却不属于时间、空间、物质等。这是未曾分裂的拥有最高单纯之初始。东西方不同的文化都想象了这个最高单纯的初始，并把其称为“上帝”“神”“道”或“梵”或“天心”等。《说文解字》中也从字源角度强调了天之“从一”性。从中国传统的视野来看，天心作为存在第一原理或第一本性是单纯的，也代表终极性的肯定存在的力量。天心—人心启示性对话交流创造了人之存在的单纯，或者说天心对人心的重要启示之一就是单纯。中国思想传统鼓励天心—人心之间内在对话（或启示性对话），这种最内在的对话可洗去现象之驳杂心的浮云，或者说可洗去遮蔽了本心的现象之心，包括“尘心”“妄心”“欲心”“散心”等，即留下与天心相通的单纯之心，进入心心存在秩序（结构）就能给人带来单纯感。单纯也是人之存在所能领受的最高最绚丽的精神光芒之一。

天人合一之单纯存在是一种基于单纯体验的存在。这种存在状态给人带来完善感、意义感、美妙感、和谐感、诗意感。存在的诗意之维（内在美学之维）首先是整一单纯之维。人之现象生活遵循的是存在的外在法则（或现象法则）——自然的、社会的、表层理性的法则等，现象法则是分散、分裂与裂解的法则，心心存在则遵循深邃内在的精神法则，即遵循整一单纯的精神法则。就这点而言，缺乏境界意味着人心的分裂、发散、裂解，意味着缺乏自足，缺乏深广的基于联系性的自我肯定，缺乏不变的同一性、延续性。心心美学（或诗学）重视天人之内在一体性、统一性，是在此基础上的单纯之学，那些倡导人趋于复杂、分散、裂解的理论主张都是心心美学（诗学）反对的。心心美学（或诗学）是天与人的相通同在之学，是天心与人心的相通同在之学。这种相通同在给人之存在带来内在的单纯感。单纯（或单纯感）是心的核心标志之一，也是美（或诗意）的核心标志之一。换句话说，拥有单纯心是拥有心的核心标志之一。

一　垂直层面之本原始基及最高单纯

天人合一之单纯境界是人之存在最高境界之一，但这单纯的光芒主要来自上面，即天心。单纯之美（单纯的诗意）其实就是天心之最高单纯的象征与表达。人之存在的单纯（或单纯感）体现了心性的贯通、联系与统一，或者说人之存在的单纯（或单纯感）是心性贯通、联系与统一的体现。“天心”是整体世界的核心与起始，也代表那个最本原的整全的最初单纯。这个初始的单纯包含了后来属于自然的一切，时间、空间、物质、反物质等。哪怕是基于现代最新的各种自然思想——比如“宇宙大爆炸”理论——我们也可以想知，那神奇神秘的初始之“一”是存在的。这也是中国道家所强调的。初始之一本身（或存在本身）内在于自然物性，却又是超越自然物性。后来的一般的存在者——经过演化的自然世界及万物——是混杂的、组合性的，而初始之一则是单纯的——拥有最高的单纯。人之真正的存在意味着摆脱了分裂与分解，意味着天心之单纯通过人心获得表达，在心心存在境界里，人摆脱了被异化的混杂性与组合性，走向一种纯粹的精一与最高圆满。台湾版所译托马斯·阿奎那的《驳异大全》“论真原”第十六至二十章给出的标题是：单纯，生存的精一。

内地版则在“论上帝”中将其放在“上帝的本质”的标题下，两个版本本质上也是相同的，因为所谓上帝作为绝对实体纯粹精一，也代表存在之最高圆满性。

从中国思想传统视角看，心心存在秩序（结构）造就了单纯境界，也造就了整一单纯的清真人格，这种存在的单纯主要体现在垂直之信仰层面，即天心—人心对应、感应、顺应及合一层面。在心心存在秩序（结构）中，通过内在的意向性对话及过程，天心之纯清洗了人心之浮，并因此形成单纯的精神性人格。这是中国心学传统（包括宋明清心学的）核心精神，也是世界的启示性哲学的精髓。

“如果在某个地方，那个启示之光消失了，人们不是从大全出发，而是从各自出发，不是在统一体中，而是在分裂中，去认识事物，并且企图在个别状态和脱离大全的状态下理解把握自己，那么你们就会看到，科学陷入一片荒芜的境地……生命的美消失了，而关于那个最基本和最重要的事物……一切都变得支离破碎。”①

初始本原是单纯整全的。在这一点上，中国思想传统的天心论与印度传统的梵论、西方传统的上帝论是一致的，都代表那个初始之单纯本原。对人之存在而言，单纯体验就是面向天心之单纯而在，其也能满足了人之心灵—灵魂的纯粹原型渴望。近代科学诞生以前的几千年来，人类教育的核心是宗教信仰教育（尽管中国传统有某些特殊性），而宗教信仰教育的核心又是单纯教育，即用“一”“唯一性”等武装人们：单纯地仰望单纯地信靠，排除纷繁多变现象的迷惑，排除各种非根本的多样性，排除各种非根本的偶像崇拜。关于这一点，

① 〔德〕谢林：《哲学与宗教》，先刚译，北京大学出版社，2017年1月版，第169页。

我们可在东西方的各种核心经典论述中轻易找到。犹太—基督教、伊斯兰教的最为核心的原则就是神的“唯一性”（伊斯兰教还有更为严格的所谓“清真言”），也就是单纯整一地信仰上帝或真主。中国的儒家强调对道的“一以贯之”，道家更是强调“一”或“守一”，把“守一”“守道”提高到了生命核心的高度。在近代的科学理性兴起以前，西方的宗教教育传统也一直是为内在生命——以灵魂性生命为核心——服务的，尤其重视立足于“一”的内在存在核心。中世纪末期德国神秘主义哲学家埃克哈特的弟子苏索在《论永恒的智慧》一段对话也具有代表性：

“真理：这种多样性从最深层最根基上讲是一个单纯的统一……一切的‘多’都以某种方式被剥夺了它自身……‘一’是在自身中的‘一’，它是纯粹的。青年：我认识到，我已经达到最高单纯认识的最深点，任何想确立真理的人都不能走得更深了。”①

晚期希腊大哲学家普罗提诺在《九章集》中说：

“它类似于某种影像，或者某种比这还要非存在的事物。在这个意义上，整个感觉世界是非存在的。全部感觉经验和它之后的一切事物，或者它附带发生的事物，或者它的原理，或者构成这种具有非存在特性的整体的任何一个元素，也是非存在的。至此，人们完全能够形成关于‘恶’的某种观念了……与自足相反的永远缺乏；它永远不确定，从不停留于一处，易受各种影响；它永不满足，贪婪又赤贫。”②

---

① 〔德〕苏索：《论永恒的智慧》，林克译，华夏出版社，2004年12月版，第36—37页。

② 〔古罗马〕普罗提诺：《九章集》，石敏敏译，中国社会科学出版社，2009年10月版，第76页。

在《论第一原理》中，英国哲学家司各特说：

“我主上帝，关于你那独一无二的、真正的第一本性……第一个结论：第一本性自身是简单的……所以它没有质料与形式作为本质部分。”①

“事物越单纯，它的能力就越大，并成为众多事物的原则，从而在与如此众多方面的关系中被认识……见证了上帝的至上单纯性。”②

当第一初始存在开始以某种方式外显外化（或降下来）的时候，事物就呈现出更多的差异性与多样性。在阿奎那看来，最低等级的存在就是被多重化了的，存在的大多数烦恼也来自这种多重化。我们现在爱讲所谓的人文教育，但人文教育更应是统一性的教育，如果失去了传统的这一精神核心——包括以完整为基础的信仰精神的教育等——那所谓的人文还剩下什么，只剩下“驳杂的”“有形的”“技术的”“碎片的”教育。从东西方文化历史上来看，所谓人文的与古典的一直有一种亲缘关系，失去了和谐完整的古典意味的所谓人文难以谈得上人文。而所谓的古典意味主要还是从精神层面上来说的。德国哲学家威廉·狄尔泰就认为人文学科的对象是完整的具体的经验世界（或体验世界），以和自然科学对世界的抽象把握形成区别。二十世纪初美国兴起了新人文主义运动，并形成了人文主义教育理念：这也是以古典传统中的道德观念为核心的精神理

① 〔英〕司各特：《论第一原理》，王路，王彤等译，华东师范大学出版社，2008 年 3 月版，第 67 页。

② 〔意〕托马斯·阿奎那：《反异教大全：论创造》，段德智等译，商务印书馆，2017 年 6 月版，第 60 页。

念[1]。以目前的状况看，我们所谓的人文教育基本是缺乏单纯之古典精神的，基本上是失序的混杂的教育，缺乏统一性根基与方向，也可以说我们的人文教育是准失败的，准失败的标志是：学生普遍缺乏那种基于明净的单纯，普遍性格复杂有心机，普遍变成了追逐社会功名利禄的工具。

单纯整一作为人之存在的先验性精神潜能（这也被荣格称为集体无意识，或被原型召唤的潜在倾向性），常常支配了存在的深邃内部法则：一旦人遵循外在的现象法则（偶像原则），人在精神上就不能再固守整一单纯，就不再能维护哲学家所说的“保守自我的同一性”。德国哲学家费希特在《论学者的使命》中就认为自在人的使命（或最终与最高目标）就是维护“自我同一性”或纯粹性自我，失去这种维护的动力与基础，随之而来的生活驳杂感、现实感就出现了，各种内在的分裂也就冒头了。人的一生过得单纯、整一与整全，这是心心美学（诗学）所倡导的。这也是东西方文化的共同共通的思想基础、核心之一。关于这一点，我们只要看看东西方文化中对“一”的追寻就可得知。“理性的造物本来应该有一种离弃自我进入‘一’的返归取向，但它却停留在相反的方向。以不适当的方式执着于它自己的东西。”[2]这和东方佛教所说的放弃“我执”“入我”及“离执”等讲的是同一个道理。整一与整全意味依靠更为原初深邃的力量，单纯地自我肯定，同时也意味着另一种自我否定——现象之我的否定。现代人喜欢谈论“初心”，但实际上究竟何谓初心，绝大多数

① 参见〔美〕M. H. 艾布拉姆斯，〔美〕杰弗里・高尔特・哈珀姆：《文学术语词典》，吴松江等译，北京大学出版社，2014年11月版，第161—163页。

② 〔德〕苏索：《论永恒的智慧》，林克译，华夏出版社，2004年12月版，第38页。

人根本就不了解。初心不是一般意义上的原初之心，而是指“本心”，也即能与“天心”相通同在之心，也是指能保守最初“一”的那颗心。天心、上帝、道、梵、真主等都是对那个最原始之初的表达。只是上帝与真主属于人格化的太一。具有初心的存在是向内返归并保护单纯、整一与整全的存在。如果你的存在不单纯、整一与整全，你说你保留了“初心”，人们可能就会问：你的那个“初心”究竟是啥心，初在哪里？谁也不会相信那种存在不单纯的人（比如多面人）的所谓“初心”。整全与整一代表起始也代表回归。现代文化基本上属于深邃精神被遮蔽的文化，包括对人之存在深处的单纯与整一的渴望的遮蔽。现代文化有意无意地试图摧毁这一基础、核心与依据。现代意义上的教育（尤其是现代意义上的人文教育）更是这种摧毁的重要推手。

“在我们称作自然和世界的宏大总体存在物中，有一种唯一的，把一切多样性排除在自己之外的‘如此实情’在起着支配作用。”①

对人的存在而言更是如此。天人合一之单纯境界意味着把一切现象的外在多样性排除在外，面向初始单纯而在。这也能保持存在之自足性、心灵自我的肯定性、不依赖现象之多样性，不把各种非内在的现象多样性作为存在依据。这是人之单纯所应固守的核心要义。但随着“多元化的时代来临”，我们受种种利欲的诱惑，有各种乱七八糟的偶然性的目标与目的。我们的教育也紧紧跟随：排除心灵之唯一性，鼓励现象性存在及精神多样性，用多样性（而不是用单纯精神观念——比如一以贯之的精神信念）武装自己。人们常常更

① 〔德〕谢林：《启示哲学导论》，王丁译，北京大学出版社，2019 年 4 月版，第 257 页。

需要关闭通往这个驳杂时代的各扇门，因为一切有价值之物都会消失于这个平庸的驳杂的物欲化的时代气氛里。

人类真正有价值的文化本质上也是“心体”。人类真正有价值的文学艺术作品也是“单纯之心体”，文化环境也应该为单纯者提供生长的空间、土壤、水分与气候；这也是衡量一种文化是否具有精神的重要指标。现在，我们的人文教育缺乏这种超地域超时代的根基精神滋养——包括单纯滋养。我们的人文教育过于贴近时代的功利性欲求，应该关闭通往时代物欲的大门对内在精神培育更有益处。我们的人文教育已经出了精神方向性问题，这其中也包括人们平常爱说的德育与美育。现在的德育与美育都在试图使人斑驳陆离或复杂，并远离存在的单纯的核心与基础。所谓的美学教育更是出了根本性的问题。这种教育缺乏基于内在超越的精神性。美育几乎变成了基于现象的驳杂的感性教育。而基于现象的物质感性表象或感性状态在正统的东西方哲思传统（尤其是古老的古典传统）中，几乎等同于非存在性，或存在之虚假虚幻性。把这种缺乏单纯性、永恒性的感性状态当成真正美的对象，这必然会使人渐渐丧失深邃精神。基于此，也可以说现在的所谓美育几乎成了虚假与虚幻教育，成了缺乏精神基础的肤浅教育。从天人合一之存在境界视角来看，人之存在的感性状态是非本真的状态，也是虚假的失真的美学状态，更是虚假的诗性状态。之所以说其虚假是因为其缺乏我们前面已经说过的稳固的基础、缺乏单纯单一性或整全性。一般意义上的感性状态只是存在的分散的局部状态（尤其是精神的分散局部状态）。而德育与美育的共通之处（或共通的基础）及魅力恰恰在于超现象的垂直层面，在于由垂直层面（天心）而来的整一单纯性。没有对这个本原层面的想象、领悟、理解与沉思，哪来的真正的德育与美育呀。没有单纯意识及整全意识就既不会有德性意识，也不会有美学意识，也不会有存在之本真意识。

由此，在整个文化层面上的精神追求变得至关重要，其中就包括文化层面的单纯或整全精神追求，尤其是在现代多样性追求过头，人之存在整一整全明显受到伤害的背景下，这种单纯精神的复归显得更为急迫。在中国源远流长的文化中，一直不缺乏复古的力量。现代世界也是如此。现在倡导传统文化的热情一浪高过一浪，但这种对过往的回溯与复古大多是形式上的，而不是精神实质性的。保守文化的核心方向之一就基于"一"的单纯体验，是与追求外在多样的进步主义相反的精神态度。这也是人心的基础与方向。心心存在是单纯存在，心心美学（诗学）是追求单纯精神的美学（诗学）。关于这个初始值存在核心不同的文化有不同的表达。古罗马时期的大哲学家普罗提诺在《九章集》V.4.1 中认为存在着绝对单一的第一原理，其存在是"自因的"，

"它是真正的同一，而不是组合而成的统一……如果它不是单一的，不是在一切重合和结合之外，那么它就不可能成为一个最初的原理。正因为它是单一的，是一切之首，所以它必是完全自足的。"[①]

心心存在之单纯拥有不可摧毁的精神统一性，其是一又是整体。心心美学（或诗学）是单纯之学，这种"学"竭尽全力地使人成为"单纯之子"。天人合一之单纯境界意味着通过天心—人心启示性对话交流之力量抵抗各种形式的分散、断裂，被单纯精神（而不是被各种分

① 〔古罗马〕普罗提诺：《九章集》，石敏敏译，中国社会科学出版社，2009 年 10 月版，第 592 页。

散的事物）引领。没有单纯的核心就没有诗性（或诗意或美）。心心存在的至关重要的原则是整一单纯。关于人的单纯的本真存在的力量源头，几千年来东西方所用的称谓不同，但思想实质确实相似，都是来自垂直层面之最高始基。谢林说：

“上帝是……绝对单纯的。绝对不可分的方式无限地肯定自己，同时也无限地被自己肯定。”①

这也是谢林在《自然哲学导论箴言录》中的话语，他认为至善至美是单纯的。所谓上帝就代表了绝对的单纯。后来的中世纪哲学家托马斯·阿奎那在《反异教大全》中也多次谈及上帝的单纯性，也就是其“非组合性”，也就是剥除掉了所有在受造物身上发现的各种形态的组合性。也是不可分的，永恒实现中的存在与完美。关于最高单纯，西方也用所谓“存在本身”来称谓。存在本身不同于表示具体存在的存在者，其也具有最高的纯粹性。中世纪最伟大的哲学家之一，波埃修所论述的公理之四说：

“存在本身不掺杂任何东西。”②

和存在本身不同的是作为存在者的驳杂的具体事物。希腊化时期的大哲学家普罗提诺在《九章集》中认为如果“事物有许多部分组成”，那就不可能是至善形式。“至善必然不朝向或渴望其他什么事物……是所有自然活动的‘源头和源泉’，给予其他事物善的形式，但不是通过指向它们的活动，因为事实上，是它们指向它，它是它们的源泉。”③ 而所谓的人之本真存在或纯粹存在就是更多分享、分有、

① 〔德〕谢林：《哲学与宗教》，先刚译，北京大学出版社，2017 年 1 月版，第 181 页。

② 黄裕生：《西方哲学史》第三卷《中世纪哲学》，凤凰出版社，江苏人民出版社，2005 年 12 月版，第 218 页。

③ 〔古罗马〕普罗提诺：《九章集》，石敏敏译，中国社会科学出版社，2009 年 10 月版，第 72 页。

分沾存在之存在，也可以说是人心更多分有天心，与天心相通同在，也即进入心心存在秩序（结构）。

波埃修所论述的公理之三、之六、之七、之八说：

“当获得存在时，事物才存有……一切存在者通过分有存在而存在……在单纯中，其‘存在’与其‘这一个存在’是‘一’；在复合之物中，其‘存在’是一回事，其‘自身’是另一回事。”①

这同中国老子的关于“一”的思考相似。只有当我们逼近原初的单纯，逼近存在之非组合性特性时，我们才可获得真正的本真的存在状态。中国传统中的最高存在——天或天心——同样代表了绝对的单纯。天人合一之单纯存在常常伴随着信仰（没有信仰很难实现生命的单一整全），伴随着某种浑然不觉的崇高感，并静静地穿过难以觉察的流逝岁月。最美好本真的存在常常也是最单纯的，而精神的问题与病症大多来自精神的分裂，或人心的多重化。

二　平行层面的裂解及碎片组合性

正如诗人佩索阿所说，现代社会有太多诱惑人的神，引导人们着迷于看起来真实的局部，或者说这些所谓的神只是有限的碎片式的局部之神。这又必然引发各种局部之神间的冲突，最后导致整全

① 黄裕生：《西方哲学史》第三卷《中世纪哲学》，凤凰出版社，江苏人民出版社，2005 年 12 月版，第 216—220 页。

纯一精神的坍塌。中国思想传统（各家各派）都认可“大道至简”之理，那么与大道相对的“小道”（或小技，因为小道之道本质上不能称道）呢？“小道”常常是似是而非的、烦琐的、复杂的。比之终极之天道（天心之道），人（现象人心）之道常常是似是而非的、烦琐的、复杂的。电影《海上钢琴师》中的钢琴师不喜欢人际关系过于复杂的陆地。他说：太多的选择，太复杂的判断了，难道你不怕精神崩溃吗？在他看来复杂的陆地什么东西都有唯独没有尽头，没有那份在海上的单纯感，或者说没有现象尽头的世界会使基于整一的真正精神崩溃。从东西方核心思想传统来看，这种复杂不仅是一个精神问题，而是关乎人之整体存在，关乎人之真正的存在。在东西方一些传统思想家眼里，存在的驳杂、易受影响与不单纯使存在扭曲，差不多属于非存在。天心在中国的思想传统里代表最高单纯，而在西方哲学家那里这个最高单纯则用“太一”或“上帝”等来称谓之。在佛教经典《成实论》《立无数品》中也有区别“心”与“心数”。“心所生法，名曰心数。”心数就是心的差别。心数代表统一之心的失去，而人需要的是“一心”。[①]

复杂的大陆也使人心“生数”，失去统一性、单纯性，其也代表人之存在的平行层面，或者说现象层面。在人之存在的平行层面，也即在人与自然、人与人之关系、人与表层自我层面上，也有单纯存在状态，但这个层面的单纯属于形式单纯或消极单纯，也就是通过免于被不当关系干涉，或减少关系性（包括关系来往）获得的单纯状态。在平行现象层面上，人很容易陷入虚幻的非存在状态，也即陷入整一

① 参见杜继文：《汉译佛教经典哲学》（上、下），凤凰出版传媒集团，2008 年 11 月版，第 661—663 页。

性被破坏的分裂性肢解性状态。在现象的平行层面上，人之存在即使有单纯也是形式性单纯，或消极性单纯，这是通过人与物质自然、通过与他人、人与表层我的距离关系获得的，是一种从表象上摆脱了形式混杂性的存在状态。但平行层面的各种“俗世”关系更易让人之存在分散与分崩离析。海德格尔所说的“沉沦”“操心”等就是在此世中存在造就的，并由此造成各种分裂、分散与焦虑。为了真正的单纯，人首先要保持心灵的敞开联系性状态，保持本原性渴念，建立起心心存在之垂直关系，即进入心心存在秩序（结构），获得内在召唤，以此清洗现象之心，这是人之存在之单纯整一意象—意境的关键，否则就很容易陷入俗在—碎片组合体状态，也就是陷入多重化、多元化的陷阱或撕扯状态。人之存在的分崩离析常常由平行层面的种种关系网产生的，这些现象性关系引发内在性肢解及多元化。被各种关系、利益、制度、观念、欲求等分割。这些浮云般的不断闪动着的欲求造成了存在之扭曲，遮盖了灵魂真正渴念向往的方向，日子久了就造成一种遗忘。遗忘了本真的根本性的存在之根，遗忘了灵魂之音，这也包括整全的单纯存在之音。

从本质上来说，所谓灵魂不是平行层面的关系所能带来的。灵魂的味道之一就是单纯，单纯总是能散发出灵魂的微妙气息。单纯本身就拥有一种纯粹的精神性。灵魂的遗忘之一就是单纯的遗忘，也即对本原之最高单纯的遗忘。以儒家为核心的中国传统文化也强调“一以贯之”“一瓢食，一箪饮”，但这更多只是形式性的消极单纯，而且现实儒家思想的演化似乎偏离了这一倡导。常常是老于世故往往能赢得好评，也被当成是成熟之态。这事实上是鼓励复杂，这种过于现实的倾向越来越影响人们感受灵魂的味道，包括现在的文艺作品喜欢玩复杂的外在的花样。那种基于统一感的灵魂的意味很少。在现实与艺术作品中经常把复仇当成最高的道义依据，这本身就是缺乏灵魂性的表现。平行层面的各种欲利关系会从实质上导致人的存在之碎片化、无根化，包括存在的多元化、多重化与多变性等。平行层面的人的各种欲利关系常常会堵塞遮蔽了天心与人心的隐蔽的通道，斩断了其间的本质上精神联系，并丧失了天心之最高单纯的指引，人心的遮蔽将越来越浓重，这必然导致人心的坍塌、裂解，也使人难以进入心心存在秩序（结构）。存在单纯的瓦解具体来说包括：人之存在整全单纯的分解分散，以及由此形成的人为化、多重化、复杂化、面具化、世俗化、市侩化，等等。存在之整全单纯的瓦解也会造成如下结果：人缺乏单一灵魂的绝对主导，不再能维持原初的自足的统一性，生命被现实分化成性质不同的多个方向，成了多个局部追求的拼凑，多种成分的杂糅。人之存在变成各种外在的碎片的聚合体，缺少真正的起主导作用的精神中心，缺少存在的精神性统一感，而单一性、不可分性是精神或灵魂的重要特性之一，一旦被分解或分散，存在的精神性特性就将消失。

现象平行层面单纯的瓦解与坍塌，具体说来有以下几个方面的原因造成的：

一是现象平行层面之人为化、目的化。对用人自身的目的计划（或理性）塑造完美的自己过于自信。犹太人“人类一思考，上帝就发笑”也表达了对人为化的怀疑；这种人为化也造成人心的分散。单纯是一种精神性自然。而人本来可以在精神根基的基础上，简单地像植物一样地默默生长，像小鸟一样的欢快地飞翔（圣经就歌颂了小鸟的单纯与欢快）。但人常常不甘于此，不甘于自己的简单明净，偏要人为地折腾自己使自己复杂化，用过于人为的标准，人为的目的、理性计划等把自己塑造成多面魔兽，让自己的生命方向与心灵裂解。用科学规划自己的人生，让欲望主宰自己的人生，那人生就糟透了。西方启蒙运动以来的信念之一就是相信人类的这种自我塑造能力，但实际上人之内在精神却日渐趋弱。天人合一之单纯境界就是从根本上去人为化的境界。

二是现象平行层面之贪欲化、复合化。贪欲导致各种分裂，并把简单的事情弄得复杂。使人的存在方向、思想、愿望、欲求等多而杂，使人日渐成为驳杂的复合体。人常常就是这么缺乏智慧，本来可以依据很简单的存在原则活着，但人却畏惧于浑然无忧无虑状态，并单向地缺乏制约地产生各种现象心。这一单向的发展遭到圣经中所说的“神的惩罚”，也即单向发展分别心、是非心（不断地吃禁果）带来的惩罚。与此相对，人需要的是简单而自然——不是头脑简单——而是心灵简单，是精神方向的简单，这种简单会使心灵更加平静、丰富。所谓“绚烂之极归于平淡”。所谓“大道至简”说的也是这个。天人合一之单纯境界从根本上讲就是去复杂化、复合化境界。

三是现象平行层面之原子化、多重化。走向没有中心的碎片、生活原子化、分散化、碎片化。多重化也叫双重化。人格分裂。有时接近动物性人格，有时接近社会集体人格，有时接近内倾型人格，有时又具有超验化色调。在鬼面前是鬼，说的也是鬼话，在人面前是人，说着虚假的人话，在猪面前又是猪，说像猪一样愚蠢之语。天人合一之单纯境界就是从根本上去原子化、多重化境界。

四是现象平行层面之被组织化、面具化。何谓面具，面具是用遮盖物作假，面具也是打扮之物。面具的本质是假装、掩饰、掩盖真实，用假的欺骗性乔装打扮诓骗世人，用貌似的方式掩盖真实，并打扮自己。人为什么要戴 面具？因为在被组织化了的群体里，人需要与他人取得一致，这就需要逼真地演戏。戴面具就是一种巧妙的生存技巧：为了适应、为了生存，为了在适应与生存中占据有利地位，躲避不利的方面。道德面具也是最常见的面具之一。道德是一种高尚的深沉的情感，最怕被面具化，也最不适合以面具的方式来表达，尤其不适合戴着这副面具去打压别人。天人合一之单纯境界就是从根本上去面具化境界。

最后是现象平行层面之世俗化、市侩化。追求以光怪陆离的物欲满足为核心的世俗化。现时代的世俗化也很容易演变为市侩化。鉴于我们这个时代的愈益严重的物欲与商业氛围，所以所有的存在分裂、分散都集中到了市侩化形象上，也即聪明的庸俗的算计交易者形象。所谓市即做买卖或做买卖的地方，或者说是交换利益行为或地方。市井（街，市场），市曹，市侩（旧指买卖的中间人、唯利是图的奸商；现泛指贪图私利的人）。侩（以拉拢买卖，从中获利为职业的人）；市侩（亦指唯利是图，庸俗可厌的人）。天人合一之单纯境界就是要从根本上去世俗化、市侩化之境界。

和传统社会的相对单纯相比，现代社会活在现象世界里——快速、多元、多变的世界。现代人常常以疯狂的不适当的方式执着于自己的东西。但越是置身于多元多变社会背景下，单纯（及单纯意识）就越显珍贵，因为多元与多样也意味着对根基的剥夺与远离。在多元多变的现代社会里，有各种各样的变化，有各种各样的声音、各种各样的诱惑、各种各样的说法、各种各样的方向引导，还有各种各样的强行的规则、规矩，等等。这些喧闹多变之声会把人向各个方向撕扯。人的心差不多都属于“现象心”（而不是本心），已经被弄得支离破碎。多元多变的现实让人眼花缭乱、更让人心花缭乱，让人没有真正的和自己灵魂一致的方向，没有了统一性，也没有了同一性，现代社会是一个很容易让人迷失的社会。在《技术时代的人类心灵》这本书里盖伦也专门谈了“适应”问题。

“这就使得个人内心和外部的行为都采取了适应的形式：这一过程的进行仅只一部分人是有意志的和受控的，而在更大的程度上是无意识的……对于各种在精神上是毫无意义的，在道德上是空洞的然而又是泰山压顶的局势之适应，可以呈现为几种不同的方式。”①

他认为绝大多数人在这种情况下，要么成为机会主义者、投降者，要么成为装死者，要么就变得女性化。这种没有同一性、统一性与延续性的感受与体验通常也不会给人带来有价值的存在状态，也不会有所谓诗意性（美学性）。由于现代社会整体的快速多变性，人们就此被鼓励要培养更多的适应性能力，即适应多元多变的社会的能力。现代社会的核心价值倡导之一就是适应，快速地适应周围环境的变化。这种倡导似乎希望每个人都能变成适应性极强的变色龙，为此，就鼓励适应者的观念、情感、意志因时因地因事变化，似乎希望每个人都能长出三头六臂，以快速习惯不断变化的环境的要求。这是一种“以万变应万变”的存在姿态，是“兵来将挡水来土掩”的存在姿态。在这种“以万变应万变”的应变中，人渐渐失去了内在核心（或者说内在核心被遮蔽了），变成了碎片的聚合体，即分散的意志聚合体、分解的感受聚合体、分裂的观念体验体，而不再是单

① 〔德〕阿诺德·盖伦：《技术时代的人类心灵》，何兆武，何冰译，上海科技教育出版社，2003年6月版，第42—47页。

一单纯的精神体、单一单纯的体验体、单一单纯的感受体、思想体，等等。

现代文化从各个层面上造就了人的生命破碎感。我们暂以教育为例。

现代教育以现象之我为核心，以各种新奇的方式让学生（其实也包括老师）向着四面八方扩展。以社会的现实需求（常常还是狭隘的地方性需求）引导教育，这常常还成了最时髦的引导教育时尚的力量。学生被五花八门的社会性功利所诱导，内心整一的精神早已被碎片遮盖。问题是社会的需求日新月异、千变万化，而且永远会被物欲性目标所引领。我们的教育（尤其指人文教育）只能跟随这种表象性需求触及现象心吗？教育难道不是为了触及心灵的本质吗？不是首先为了使学生能够进入心心存在秩序（结构）吗？进入心心存在秩序（结构）意味着让学生拥有单纯整一的精神性人格，尤其是人文性教育更应该如此。然后才可谈现象层面的那些教育——知识的积累与创新等。在心心存在状态里，既意味着敞开，又意味着封闭。关于心灵的封闭性力量，德国古典哲学家谢林说：

“封闭性力量蕴含着真正的原创性和根本力量……因此收缩的人（而非散漫之人）才是一种具有原初力量和根本力量的自然存在者。”①

所谓敞开所谓封闭都是心心启示性沟通交流方式，是心心存在状态，也是和原初力量及根本力量交感的状态，这种状态意味着维护完整、整一、单纯，意味着垂直连接初始中心。这也是人之本真存在

① 〔德〕谢林：《论人类自由的本质及相关对象》，先刚译，北京大学出版社，2019 年 3 月版，第 120 页。

的核心与基础。与现象平行层面适应相关的是一些流行的时髦词汇，但词汇越时髦常常越缺乏深邃的精神性。德国艺术史家温克尔曼在《古代艺术史》中在评论古希腊艺术时，用了一个词组：高贵的单纯。在古希腊的艺术世界，单纯一直差不多是高贵的代名词。其实单纯之高贵并不仅仅局限于艺术，也指向人之心心存在状态。人的心灵单纯本身就具有高贵的精神价值，即一种蕴含着高贵的值得珍视的精神气质或价值。现代人（在中国当今的文化中体现得也很明显）却忘却了这一点，把复杂裂解的内心视为深刻，把圆滑的世故当作人成熟稳重的标志。单纯方向是人对单一纯粹整全的保守，也是基于延续性、同一性与统一性的深度价值情感体验。心心存在不断地循环地体验一个稳固的精神根基，并从这个稳固的精神根基中得到灵魂的内在欢欣与安宁，但在现象层面，其也并不缺少使人避免厌倦的应有的变化。

单纯之纯粹精神原型通过基于单纯的深度价值体验显现。灵魂、单纯之精神原型、诗意、基于单纯之深度体验一同显现。存在的单纯整一也是人之存在本真的最关键性标志。这种整一本质上不是自然生物性的，或社会关系性的，而是指精神性的纯粹整一，或指灵魂性的整一，在本质上属于心心存在状态的显现，也即由心灵的敞开性联系性内在实践造就的。西方基督教心学思想传统与中国儒家的心学传统在这一点上的看法一致。通过这种敞开性与收缩式的精神实践（或修炼）超越分解与分散，达成天人合一单纯整一之境。但现代人深陷现象之我里，深陷平行层面的裂解及碎片组合性状态，几乎忘却了单纯的精神价值，或者说忘却了存在单纯中所蕴含的纯粹精神意义。

三 心心存在、赤子之心与爱之团聚

单纯意识与最高本体意识相关。中国道家（包括儒家的一些支流）思想传统是有最高本体意识的。从道家的视野看，在最高的层面上，心体、性体与神体是一体而异名。而“神明”“神性”“神”等在这个层面上也就是指天之“心性”、天之神性或“天心”。神意识、神明意识或上帝意识就是“天心”意识，或者说是关于天之心性、神性的意识。关于这一点东西方思想有共通之处。德国古典哲学的核心人物谢林说：

“神……是多种潜在的统一性。只要贯穿这种统一性，神就是自在的天启自身，作为超自然的东西本身。天启的概念以原初是黑暗的为前提。神只有启示自身，才能穿透那个黑暗。人是出自这个统一性而以其意识陷入外在性，那么我们只能明白神话的形成。出于这个原因，在人的历史中不能以天启开始，就是清楚的了，因为它要以一个必须被启蒙的黑暗为前提……可以这样说，他曾是与神的意识连在一起的，甚至有人会说有一种元意识（Urbewusstsein）：他就曾是神性存在本身。”[①]

“完善的精神……如果单纯自在存在的精神，真正说来是整个统一体的安宁……是先天地（apriori）、根据其本性（Natur）是精神的、

① 〔德〕谢林：《谢林启示哲学中的存在论四讲》，邓安庆译，云南大学学报（社会科学版）：2014 年第 3 期，第 7 页。

非物质的并因此是不可摧毁的统一性。”①

“在神之内，一切在精神上都是恒一。但以此方式它单纯地是 εντοπαν，也应该可以说是 παντοεν。每一个都应该是恒一且同时是整体，整体等于神……‘整体应该在每一个中——一切在一切之中存在。’”②

谢林的“神”可以被换成中国思想传统的“天心”。他的神之单纯也就是中国思想传统中的天心（天之心性、神性）的最高单纯。心心存在之单纯原则是存在美学（存在诗学）的中心原则之一：现象性存在的生机是基于自然生物性、社会性关系性，而本质性存在的生机是基于“心性”（天之心性），也即来自心心存在之启示性交流对话。在心心存在结构里，人心分有天心之整一、纯全，也像纯全单纯整一的天心。整一单纯，这是人之存在的深层精神原型，其也是宇宙原初同一性本质的隐蔽流露。最高单纯代表原初的那个完整与同一，其不仅是美与善的最高法则之一，也是人之生命存在的最高法则之一，也是精神的最高法则之一。从来没听说过不单纯的至善与至美，也没听说过缺乏单纯核心的深邃精神与灵魂。尼采在《查拉图斯特拉如是说》中讲到了精神三变或精神的三种境界，他尤其强调了单纯的赤子之心，或婴儿般的灵魂。讲到精神如何变成骆驼，骆驼如何变成狮子，狮子如何最后变成小孩。最后的也是最高的精神境界如初生之婴孩。所谓如初生婴儿般的境界就是保留了原初的同一性，这种初生一般的状态是精神上的伟大状态，其中蕴含着天所赋予的无限的潜力，深邃、宽广而又整一，天真烂漫、不沾染后来

① 同上，第9页。

② 同上，第14页。

经历所沾染的浊恶与混沌。单纯之中蕴含着天赋予人的先验性精神潜能，保留着那颗与天相通的赤子之心性。中国传统中所说的“赤子之心”本质上就是子思与孟子所说的“诚心”：

“诚者，定也，不动也。”（唐李翱：《复性书》）

“大人者，不失其赤子之心者也。”（战国孟轲：《孟子·离娄下》）

清代诗论家袁枚与王国维也分别在《随园诗话》及《人间词话》中谈论过“赤子之心”。

“诗人者，不失其赤子之心也。”（清袁枚：《随缘诗话》卷三）

“词人者，不失其赤子之心者也。”（清王国维：《人间词话·十六》）

所谓赤子之心也和王国维所说的“主观诗人”相通的，本质上这是一颗超越人之世事经历，与原初相通同在之心：自在地敞开着，并能与天心（天之神性或心性）保持无遮蔽无障碍交流沟通。也可以说这是进入心心存在秩序（结构）之心。我们日常用语中有“一路走来，始终如一”之说，就是不管生活发生多少变化，经历多么久长，我们始终保持自己不变的本质，保持单纯单一的精神信念，保持单一之存在与精神基调。我们经常说的所谓美所谓善，其最高追求目标应该就是单纯，或者说单纯应该成为美与善的最高宗教，也是最高准则。没有单纯的精神内核就没有至美也没有至善，甚至没有至真。从原型隐喻视角看，整一性也意味着原初性，意味着从最初到终了的延续性，意味着具有原初感的单纯性与同一性。

“因为我们所遇到的一切创新性，都包含着对传统的某种决裂，以致再诚挚的决心也都缺少其内心的信念：因为各种传统形成了每个人自己的本质和意志的唯一基础……人们在改变世界的时候，已经毁掉了他们自己精神同一性看不见的各种支点。”①

一直延续最初的精神，保持不变的同一性，这是整一单纯的要旨，也是精神的要旨。但我们这个时代（未来或许更加如此）的总特点之一就是缺乏精神性，而缺乏精神的表现之一就是远离了整一之原初。我们这个时代的精神图像就是支离破碎或七零八碎的，用形象的语言说就是“一地鸡毛”，心灵上的一地鸡毛。一地鸡毛恰恰显现出精神的枯竭，尤其是富有神性感的精神的枯竭。单纯是天心（天之神性、心性）的折射，也是天之神性的最美的面孔之一。单纯、纯真也是一个女性的富有灵魂的模样。迈向成熟常常也意味着牺牲纯粹的精神，也牺牲了纯粹的生命。蒙克著名的《生命之舞》表达了类似的意思。没有一种基于分散分裂的成熟可以称为纯粹，其也不可能真正打动人的灵魂。回到精神的基础支点就是回到单纯性信仰。其实，回到存在根基（精神的根基）就等于回到单纯的简单支点，回到根基原则也就是回到中国传统的至简原则。人可以极简、浑然、无忧地活着。单纯本身，对人之存在而言就充满了精神价值，也充满了值得拥有的美之价值，也充满了基于单一纯粹的高贵性。男人与女人或许对单纯的感受有些差异，但核心处是相同的。

天人合一之单纯境界也是富有诗意之境界。我们当代文化艺术缺乏对这一深邃精神的理解。心心美学（诗学）愿为明净的单纯歌唱。歌唱单纯之中蕴藏着的天之初始与纯一。单纯、神性、灵魂、诗意常常同起同落。从美学风格上讲，女性是柔美的、优美的。任何损害这种柔美性优美性的倾向都是伤及女性作为女性的根本——精

① 〔德〕阿诺德·盖伦：《技术时代的人类心灵》，何兆武，何冰译，上海科技教育出版社，2003 年 6 月版，第 62 页。

神与灵魂。任何鼓励女人变得有心计有心机的，都是不了解精神真谛的。基于功利的心机、心计也最损害灵魂感。我们的文学艺术也缺乏伟大单纯人物的塑造。中国的宫廷剧喋喋不休地展现那些女人的心机与心计，其中有一个女人表现得最为高明，战胜了对手赢得了皇上的欢心。但这样的女人有很高的精神价值吗？我们现在的教育也鼓励学生有心机与心计：大一有一颗心，大二有二颗心，大三有三颗心，大四有四颗心。当你有四颗心的时候，你那个心还叫心吗？被裂解之心或散心是现象心，而不是本质心，不是心心存在之心。心心存在之单纯境界意味着：没有分化、分散、保持自己的那份浑然性、明净性。我们能从自己不变的单纯中获得心灵的满足，通过心的敞开联系性的修行。

天心代表至纯或最高单纯。我们中国文化传统的源头处就有对天的敬畏，但被敬畏的这个天不是形构自然之天，而是拥有神明性之天，也即拥有神性之天，或者说是拥有超灵之天。这个“天”也包括其最高单纯性，其真正扩展了传统中国人的存在境界。为什么从现代流行的思想及古代流行的实用儒家支系中，我们没有发现这种纯粹的精神坐标呢？没有这种纯粹感也就意味着没有纯粹的价值感。归根结底一种价值感（包括核心价值观）只有能被我们的价值体验不断地持久地验证，那种所谓的价值观才真正存在，否则就是一个虚构的幻影。我们这个民族的思想文化，在源头处是纯粹的，但在其后大部分时间里，精神基调则是杂色的、多方向的，现实的、可变动的，相对缺乏那种纯粹性底色。所以，我们可以容纳多种文明的入侵，并最终将其包容进来，但却没有始终坚守的单一单纯精神。我们的文化现实经常性处在遗忘里——对天心的遗忘里。

进入心心存在秩序（结构）意味着不断地回归到至简的精神支点上。那个精神支点是值得人心反复回往的。单纯体验就是回到最简单的存在支点上，体验其原初性、不可分性、专一专注性、可持续的持久性，体验一种刚性的指向明确的倾向性。这也是灵魂的单纯专注形式。心心存在之维是单纯之维，是诗意之维、是灵魂之维，也是神圣之维。单纯的情感是世界上最美的最富有诗意的情感，也是最富有灵魂感的感情，也是一种神圣的感情。其突破了人的易分散分裂的平庸本性，保持基于“一”的最高的精神性旨趣。

“单纯让我们失去什么？单纯能给我们带来什么？”

单纯本身就是美就富有诗意，就拥有可贵的精神价值，就拥有值得珍视的高贵性。单纯本身就可以成为存在的目的。纯粹而明澈的单纯拥有自足性。以单纯为基础的深度价值体验可给人之灵魂极大满足感。心心存在是诗意性（或内在美学性）存在，本质上也是保持同一性的体验，或者说是保持同一性的深度价值体验，也是一种纯粹的明净的体验。单纯的喜悦、单纯的悲伤，单纯的发呆与冥想，在自发性体验中保持单一性、纯粹性，也可以说保持统一性、同一性。天使的心是单纯的，天使的心是晶莹透亮的，她保持自己对上帝的忠诚与单一。单纯意味着拥有孩提般的童真气质。英国伟大的浪漫主义诗人拜伦就写过《我愿做无忧无虑的小孩》，希望住在高原的某个洞穴里。那里有单纯的向往、希望、喜悦与快乐，等等。《圣经·新约》《马太福音》13：3 节中耶稣说：未来的天国是属于孩子的，如果不变成小孩子的模样，就不能进天国，小孩子也即指性格精神单纯者，天国属于那些精神单纯的人。没有孩子般的单纯特性，人是进入不了天国的。心心存在是保持了单纯的存在，心心美学（诗学）是倡导单纯的美学（诗学）。强调保持自身精神统一性同一性的重要性。英国的阿兰·德波顿是现在最火的随笔作家之一，他在《爱的进化论》中说：孩子的童真提醒着我们，在迈向成熟之路上，我们的牺牲是那么巨大；童真本是人自身重要的品质，却最终不复存在。单纯主义路线是人类获得深度价值体验的重要路线之一。单纯就是意识不到现象之自己，单纯就是一种无私的敞开，面天敞开的意识与灵魂是雪白色的。最单纯最富有诗意的灵魂颜色是雪白色的。

“所以说，根本与非根本之间的选择不是单纯。它是冲突。一个处于冲突混乱中的头脑永远不可能是单纯……只有当自我不存在时，只有当头脑没被困在假设、结论、信仰、观念中时，它才会出现。只有这样一个自由的头脑才能发现真实……而那就是单纯。”①

真、善、美与爱都以单纯为其根基。甚至包括自然科学都以单纯的简约为其最深的支撑。精神之爱是东西方文化共同倡导的（博爱或仁爱），但爱的最深处不是自然生物性的，甚至也不是社会性的，更不是飘忽的个人性的喜好情绪。最根基的精神原则在爱之中发挥作用。爱情的最深邃的基础恰恰就是整一单纯意志的驱使。真正的爱意味着基于单纯的精神性团聚、交融，而不是肉体的某种交错、激情。所谓爱情中的“团聚原则”也就是整一单纯原则。爱意味着灵魂的自足，也意味着与另一个同样是自足灵魂的团聚。人之存在中的那些美妙的高峰体验就是心心存在性的，常常也就是单纯整一的体验。最理想的存在状态就是：在精神方面自己能够成为一个完整

① 〔印〕克里希那穆提：《最初和最终的自由》，于自强、吴毅译，华东师范大学出版社，2005 年 11 月版，第 273 页。

纯粹自足的统一体，不依赖外在的现象性世界，也不依赖他人，同时又能持久保持心的那份敞开状态，映现（或连接）最初的精神源泉，并能通过这种心性之爱与整体世界之根基精神（天心、天之神性、心性）进行持久地启示性对话，以满足深邃心灵的那份难以言明的渴求。德国诗人黑塞曾写过关于佛陀的传记，其中就记载了悉达多在恒河岸边的那种生命达到完全整一的体验。那也是一种基于精神团聚的大爱之体验。

四　天人合一之单纯境界及和谐优美感

天人合一单纯境界是人之存在之最高境界的显露。天心代表存在之最高单纯，其基础原则是至简而和谐。作为天心显露的整体自然宇宙也是和谐、整一、单纯的。从更为宏大的视角看，宇宙就是一个和谐整一而又单纯的整体，这种和谐的整一观念常常通过和谐井然的秩序来体现。这也是我们中国儒家的基本的宇宙观，即以和为基础的宇宙观。但和谐整一观念背后有形而上的精神基础，也即与作为终极性实在的天心（及天之神性、心性）密切相关，或者说和存在本身密切相关。和谐比例的隐形依据是数学原则，而数学模型等归根到底是原型精神的体现，或者说是“天心”之外在显现。十七世纪英国哲学家的博克在《崇高和美的观念起源之哲学探讨》反对比例原则，反对以比例作为美之标准。因为比例背后有着更为深邃的基础精神的支撑，比例的和谐是更为深邃的单纯精神的表现，是和谐精神的表现。美的音乐的本质是和谐的数学的比例。美的建筑（比如教堂）也是如此。还有美的男女的人体比例。最和谐的符合数学原则的比例被称为符合黄金分割率。单纯形式包括符合比例关系的形式。

基于和谐的形式性（消极性）单纯接近美学上所讲的“秀美”或“优美”。换句话说，秀美与优美体验是一种基于单纯的和谐性诗意体验。在多样统一原则中，统一面和谐面占了上风。多样、分化、分解分散与单纯、同一、统一相对。在一个事物、形象、情境与氛围中，当统一、整一、和谐与单纯占上风的时候，优美就产生了。单纯可以隐含着崇高，崇高的本原是天心，崇高感来自人心对天心的基于启示的敞开性趋近。单一单纯的信仰也是崇高力量的源泉。我们中国传统更喜欢未分裂的和谐与和解，以及建立在和谐基础上的优美。多样统一也是古希腊的重要美学原则，其即杂多与“一”的统一。中国的古典美学里强调所谓的“守一”，守住道守住一份简单与质朴，或者守住道德。所谓统一意识也就是强调杂多见“一”的意识。人之存在需要整全或完整性、单纯性，也需要联系性（或联系原则），需要被纳入到更加宏大的存在节律，需要与整体的世界沟通，需要感受天之中心的气息，感受一种基于和谐的绝对。和单纯之美相关的概念有：适当、标致、雅逸、微妙等。[①]

在中国现代美学理论构架中，优美与崇高相对。比之崇高的美学概念，优美和单纯之生命体验相似度更大。优美的本质是统一、整

① 参见〔波〕瓦迪斯瓦夫·塔塔尔凯维奇：《西方六大美学观念史》，刘文潭译，上海译文出版社，2006年8月版，第165—176页。

一、单纯，以及在基于此的和谐。哲学家康德有如下描述："崇高使人感动，优美则使人迷恋。"在康德的美学观念中，男人与女人具有较大的差异性。他认为男人是崇高的，女性是优美的，因为女性的德行是一种优美的德行，男性的德性则应该是高贵的德行。女人的单纯和谐的形象常常给人带来优美感，男人的忘我英雄式的行为常常能唤起类似崇高的感受。基于形式性（消极性）单纯的体验与优美体验相似度更大，而与崇高体验相似度却较少。

真正单纯的生命体验是内在超越性的，是人与本原发生的自然自发性关联，这种自发与自然有点像小鸟在清晨与傍晚的鸣叫，也像它们在午间和谐轻快的飞行。当女人像小鸟一样忘我地过活时，她的生命就是单纯的，也是优美的，也是微妙的，也是适当的，也是雅逸的。但这不是基于自然的本能性生命，而是被"一"之精神灌注的生命，或者你也可以说，是被一种基于深邃信仰的大精神灌注的生命。在这里没有裂解、没有根本性冲突、没有过分的人为化、没有双重化，没有基于掩饰的面具。在中国的诗词传统中，有所谓的"婉约风格"，以区别于豪放风格。婉约是接近优美的，也是接近单纯的，单纯是基于和谐的收缩性，具有统一的柔和的自然基调，没有过分的破裂、分解、分化与分散。中国宋词中的许多篇章，就属于婉约的。五代李煜的《虞美人·春花秋月何时了》：春花秋月何时了？往事知多少。小楼昨夜又东风，故国不堪回首月明中。雕栏玉砌应犹在，只是朱颜改。问君能有几多愁？恰似一江春水向东流。还有柳永的《雨霖铃·寒蝉凄切》：……多情自古伤离别，更那堪，冷落清秋节！今宵酒醒何处？杨柳岸，晓风残月……婉约方向就是心灵的基于和谐收缩性方向，当然也是情感的基于和谐的收缩方向。

第二章

天人合一之永恒存在及永恒境界

了解时间的不重要，是智慧之门。

——〔英〕罗素

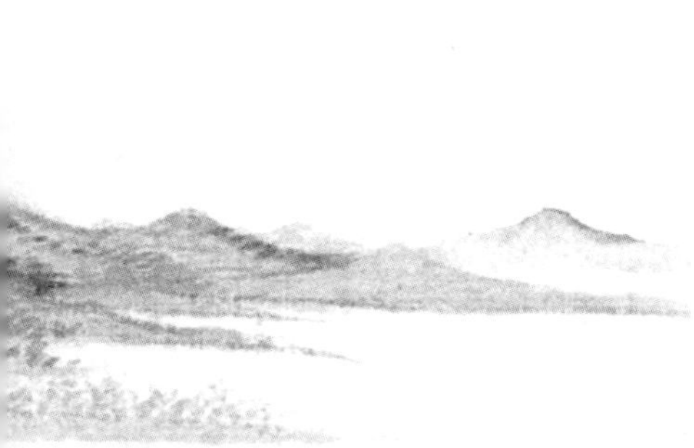

心心存在之永恒境界也是人之存在的最高境界之一。让人之存在更像人之存在——或让人心更像人心的——是那种永恒属性及内在纯粹性。但永恒本性本质上（及纯粹性）属于“天心”。心心存在秩序（结构）使人心连接源头，并使人“超越了有限时间”，让那份超越性不朽进入，也摆脱了因物质性、平行关系性而生的时间短暂之非存在性的缠绕——也即这一否定性存在力量的缠绕。心心存在秩序（结构）也是人之存在内在困境的揭示，其折射的是人之存在的二律背反（或现象之我—现象心与本质之我—本质心的难以调和的内在冲突）。有人把这种二律背反式存在困境（现象之我—现象心与本质之我—本质心的矛盾分裂的存在困境）也被称为实存性困境。人之存在的二律背反之一（或实存状态之一）就是：一方面我们（现象之我—现象心—感性、社会性人性等）被各种非存在性包围，我们的存在是时间性的、短暂的、必死的。另一方面我们（本质之我—内在本质心—纯粹之我）又渴望纯存在性，渴望那终极性的肯定存在的力量，也即渴望超时间、永恒与不朽。所谓美学性或诗意就蕴含在这种内在困境的某种（或短或长、或隐或显）解决或消除之中，也即通过人内在超越之精神修行（及深度价值体验），趋向纯存在性，趋向终极性肯定存在的力量，并隐蔽回归于纯粹精神本质中——即天人合一之永恒境界（及其形象、情境、氛围、韵味等）中。

心心存在是具有内在贯通性、一体性、统一性存在，也是人以敞开的意向性方式——但不同于一般意义上的意向性方式——达成的联系性存在。在这种存在状态里，东西方古老传统的基于信仰之联系性（信仰性沟通方式可包括内在纯思，甚至也可包括印度瑜伽、中国佛教禅宗等）可以以某种方式自然地涌现，天心之纯存在性通过人心获得表达、延伸。只是对应于人的种种二律背反式实存处境，人心被启示的方向（或方面）有所不同，人心涌现出来的纯存在性内容也有所不同。种种二律背反式实存处境使人心在现象学意义上的呈现发生变化，也即纯存在性涌现方式会发生变化。时间之有限性代表的是人之存在的现象性、片面性、非纯在性，心心之永恒则代表对现象片面与非纯在性的克服。

人之存在的永恒（或永恒感）是纯存在性的呈现方式之一，来自心心之内在一体性、统一性、联系性。中国传统宗教与哲学鼓励天心—人心之间内在对话（或启示性对话），这种最内在的对话可洗去变动的心之浮云，也即洗去遮蔽了本心的现象之心，包括“尘心”“妄心”“欲心”“时间心”等，留下与“天心”相通的永恒之心。进入心心存在秩序（结构）就能给人带来永恒感。心心美学（诗学）是追寻永恒之学，是描述并寻找永恒感觉与体验之学。这也是人之存在的先验的精神潜能及其倾向性。天人合一之永恒境界意味着制约着人的物理时间的某种凝定或失效，人超越了时间的羁绊，无住于时间潮水中，时间也不再发生根本性影响或作用。进入心心存在秩序（结构）意味着在体验中与永恒照面、被永恒引领。天人合一之永恒境界诉说着被永恒感引领支撑的存在意境。所谓本真存在就是在美好时间感中延续，而最美好的时间感恰恰就是超时间感的——被永恒支撑的时间段落就是超时间性的——在这种超时间感受中，人心（或内在灵魂）无遮蔽地敞开，联系触摸不朽的根源，此时物理时间失效不再起作用。进入心心存在秩序（结构）的过程就是体验物理时间失效及其过程，这是一种真切的当下意识或当下体验，体验永恒也就是体验真切的永恒的当下，也就是体验无时间感的当下的存在状态。心心美学（或诗学）是天与人的相通同在之学，是天心与人心的相通同在之学。这种相通同在给人之存在带来内在的永恒感。永恒（或永恒感）是心的核心标志之一，也是美（或诗意）的核心标志之一。换句话说，拥有永恒之心是拥有心的核心标志之一。

一　时间的内在化与敞开的联系性实践

时间与空间，几乎所有的大哲学都会对其进行认真思考。黑格尔在《哲学全书》中专门写了“空间与时间”一章。并用三节讨论了时间。他强调“直观的现在”，认为其是“源始时间”。这个时间当然不同于一般意义上的客观的物理时间。海德格尔最著名的著作就叫《存在与时间》。其实更早的奥古斯丁就已经对时间发表了精到的看法，认为时间是内在化、观念化的（包括内在体验化）。后来不少大哲（包括柏格森等）均遵循此思路思考时间的本质。古往今来不少哲学家（也包括佛教哲学家）认为：时间是人的意识创造出来的一种幻觉。但我们这里讲的内在化、观念化时间是纯粹意向性中的时间，也是心心存在之观念秩序的一部分，也可以说是心心存在秩序（结构）里的时间，这种内在的观念性时间秩序是以人内在的敞开联系性心灵实践为基础的。基于此，人之存在的永恒（或永恒感）体现了心性的贯通、联系与统一，或者说人之存在的永恒（或永恒感）是心性贯通、联系与统一的体现。东西方古老经典差不多都把超时间的不朽灵魂置于人之存在的优先位置，也就是认为其对人之存在而言具有根本的基础地位。古希腊哲圣柏拉图在著名的《斐多》篇中所讨论的就是这个，在其中他详细论证了灵魂的特性，其中心思想就是谈论灵魂的永恒性及超越时间性，并把其当作是人的精神中的永恒不灭的部分。如果人的心灵有更多的敞开的联系性实践，也就会更多分有本原的天心（天之神性），也就会含有更多的不朽与永恒成分，那人们就可把这种心灵称为“具有灵魂性的”，也是充满神圣感的。

“时空中的人生之谜是在时空之外解开的……在永恒的观点下看世界，就是把世界作为一个有界限的整体来看。对世界之为一个有界限的整体的感觉，是神秘的。”①

---

① 〔英〕维特根斯坦：《维特根斯坦全集》第一卷，陈启伟译，河北教育出版社，2003 年 1 月版，第 262 页。

在中国思想传统中，天心代表终极性永恒。但人可以进入心心存在秩序（结构）实现与天心的相通同在，并通过这种合一之深度体验（包括纯思），产生永恒感。西方一些哲学家——丹麦哲学家克尔凯郭尔、瑞士神学家巴特——等都认为物理时间与永恒有着“质的无限差异”。但这种差异并不影响“在短暂的生命里寻找永恒”（苏格拉底语）。在《庄子·秋水》篇，庄子也谈到了时间造成的局限性：“夏虫不可语于冰，笃于时也。”，但在这里，他似乎未能更深地思考时间本身的有限性：即时间本身与超时间的永恒之根本不同与矛盾。巴特认为人可以以超越理性的“悖论”方式撕开时间惰性羁绊体验永恒。对智慧的追求可以将人引进永恒的王国。这也是智慧篇中的名言。而所谓智慧（大智慧），其方向之一就是面向永恒者（面向多变的短暂者是俗世的聪明），敞开通往永恒的心灵之门。在西方的经典《圣经》里，永恒的生命属于天上的福祉，而背叛永恒向可变的有限者屈服，这是存在的原罪，也是对自己本真存在的扭曲。在东方印度教中永恒差不多也属于天上。人之存在不同于动物与智能机器人的地方在于：人之灵魂需要被永恒感萦绕，或者说他的心灵需要永恒的存在背景，这甚至可左右人的心灵方向。深层灵魂渴望常在，肉体追随短暂刺激。这种永恒或近于永恒的体验给人带来价值感、意义感；体验中的永恒要素提高了存在价值。永恒感使人逃离物理时间的枷锁；其在现世时间被撕裂的体验瞬间里隐隐出现。现世的（现象的）线型的流动时间如何被撕裂、被中断的？在这种被撕裂被中断的缝隙中，现世时间（现象时间）又是如何消失的？就是人进入心心存在秩序（结构）后发生的。这种消失当然不是真正的物理作用的不在，而只是在心心交融中——心心存在体验中——价值体验时间中——现世时间（现象时间）被本质心灵超越了。现世时间（现象时间）被心心存在状态凝定并超越了。

因此，体验中的永恒感或永恒要素是被敞开联系着的心灵实践创造的，但天心才是永恒感（或永恒体验）的核心基础。这个被想象、被领悟同时被深信的基础是第一存在。东西方文化的共同领悟与确信是：本原性根基在远超于人的更为广阔的世界的核心处，其是隐蔽启示的源泉，其也被确信处在人之上的绝对中心处——在中国思想传统里，天心是存在的绝对中心，也是永恒之源。人之存在的永恒感来自天心的启示与召唤，来自与天心的相通同在。一方面是无形之神秘的天心在静静地隐蔽地召唤着，静静地隐蔽地启示着，另一方面是隐蔽的人心通过修行性敞开性联系实践，让心处在专一、澄明、宁静的无遮蔽状态，让天心（天之神性、心性）的召唤启示之光进入，在心心存在秩序（结构）里，天心（天之神性、心性）与人心并作，人心参与神性之神秘创化，只有这样人才能在体验中越过物理性时间，直接与超时间的源头连接。现世时间的隐匿是与天心—人心的对应、感应、顺应与合一存在结构紧密相关，是天心进入人心，与人心交融之结果。这就是中国思想传统中的智慧。

由此可看出，永恒感受心心存在观念秩序里的体验与感受，也与人的“敞开联系”的心灵修行实践意象密切关联。时间凝定于此刻，这也是心心存在实践之果实。永恒就在天心—人心的启示性对话交流并相通同在里。永恒感就在人心被天心启示的不间断的路途上，或者更准确些说就在天之心性（或神性）的召唤启示下，人心向天心敞开的路途上。“向天空攀升”的方位隐喻是古老的原型精神隐喻之一，因为神性之永恒在天上。在《我们赖以生存的隐喻》这本书

第四章也专门谈了“方位隐喻”。但这本书谈的内容似乎还没上升到“精神原型”的高度。方位隐喻在我们中国的传统里，最典型地体现在天人合一之说里。古罗马奥古斯丁写的《上帝之城》也被称“天上之城”，与之相对的人间之城，也称地下之城。美籍罗马尼亚著名学者米尔恰·伊利亚德在《神圣的存在——比较宗教的范型》这本书第二章第十一小节，专门写了“天的神圣性”。天空又高又远又广阔又深邃，那也就意味着神力与神圣。天之高处乃是人类自身难以抵达之地[①]。通往上天的路是有阶梯的，需要我们逐级攀升。高处的天空也代表灵魂的永恒的故乡。在中国传统中，这一永恒的灵魂故乡就是天心。

人之所谓灵魂所谓心，从根本上讲就是分有天心之纯存在性。这从另一个角度看就是被天心之永恒引领召唤（与之相反的，就是被现象之物引领诱惑），并被基于此的深厚激情驱动，与永恒存在中心进行隐蔽的默默的对话，并被其引领（或召唤，或启示）。但永恒感或永恒要素是通过深度价值体验显现的。灵魂、神性、诗意、基于永恒之深度体验一同显现。心联敞开联系并最终触摸到永恒——这也是“飞天”（在古代中国哲学、宗教里，天也是永恒的象征）。东西方都有一个古老的集体意象：永恒在天上（基督教有我们在天上的父之说），短暂在尘世的地上，更黑更虚幻之地在地下（地狱）。要避免生命的下坠（或堕落），就要让生命攀升至感觉（或体验）的高空，攀升至永恒之不朽王国，这似乎也是人之存在的最深邃的本性之一，也是心灵的敞开的联系性内在实践造就的，也是心灵的贯通统一

① 参见〔美〕米尔恰·伊利亚德：《神圣存在》，晏可佳，姚蓓琴译，广西师范大学出版社，2008年8月版，第36页。

的展现形式，通过这种攀升式精神实践（或修炼）超越现象时空的羁绊（尤其是超越种种现象现世时间的局限及其羁绊）。

在东西方文化各个方面，都有一些关于生命攀升的象征性精神隐喻，这也是一种心灵向上的精神意象。这个意象在西方的（或文化）文学经典中也经常出现，比如西方的一些具有代表性的名著——《天路历程》《神曲》等——都把生命看成是一场心灵—精神—灵魂的攀升或攀登。《天路历程》是英格兰基督教作家、布道家约翰·班扬（John Bunyan）的著作，讲一个坚韧的基督徒为寻求永生而踏上荆棘遍布的漫漫长旅。《神曲》也是这样来解读生命过程的。生命不攀升就会自行坠落，坠落在时间的惰性的漩涡之中。内在的心灵攀升也是一种与永恒的精神天空的对话（或受启示），就是为了克服坠落于时间短暂性之漩涡里。类似的关于攀升精神隐喻或意象还有很多。心心美学（诗学）具有永恒主义视点，不太重视让时间（包括人类社会历史）与价值发生根本关联理论主张。存在美学（诗学）更多高举永恒的精神大旗。

真正的存在感觉常常就是听从永恒的隐蔽召唤（或启示），并从对其顺服、服从态度中显现出来的。真纯的存在感（存在的诗意之维）就是与时间的隐匿感受或隐或现地联系在一起。在日常的非宗教情境中，所谓信仰在很大程度上就在信仰永恒的方向里，就是对永恒形象的信靠依赖。时间的隐匿或时间的失效并不意味着时间的没有或不存在，而是人通过内在联系性心灵的实践——与永恒的精神天空的对话交流——把时间性现象存在纳入到本质价值存在的永恒秩序里，成为被永恒感支撑的存在。此时，现象时间的崩塌、断裂或空洞不再持续涌现，不再成为存在核心，心灵通过自身实践（心心存在之对话实践）与永恒精神原型（或其象征性隐喻体）连接为一体，这也是先验性精神潜能的实现，也是来自存在的深邃内部法则。德国一位神秘主义诗人说：

“人就是永恒。当我离开时间，进入神之中时，神也在我之中，由此我就是永恒。”①

当人心离开现象时间进入内在化的时间里，进入心心存在秩序，天心也就在人心之中了，由此人心也就体验到永恒感。前面我们已说，所谓现象学传统也是向着源泉与绝对敞开的传统。所以现象学哲学家胡塞尔才会在二十世纪初呼吁：“我们切不可为了时代而放弃永恒”②。尽管他说的永恒和我此处说的，或许有所不同。人之本真存在指向永恒，而不是指向短暂的时间，或时间中的非本质现象，也可以说真正的存在就是关于体验永远的存在（受启发于有人把胡塞尔的学说称为关于本质的“永远的科学”）。所谓爱之信仰常常就是永恒信仰，爱的感情体验常常是通向永恒真理的路标之一。其中能够折射出太多的人们对于永恒的渴求、憧憬；爱最自然地折射出人之永恒的原欲。爱情不是一种必将消失的生物情绪，而是一种特别的基于永恒隐喻的情感，也即是关于体验永远的感情，我从这份感情中体验到了“永远”或“永恒”，感受到时间的失效或被忘却，爱之中潜含了太多的永恒之隐蔽召唤。如果没有或隐或显的永远感或永恒感，还有真正的爱情吗？那就有可能成为男女间的基于生物需要的感情现实游戏。但这个永远或永恒感立足于现在，属于永远或永恒的现

① 〔奥〕弗里德里希·希尔：《欧洲思想史》，赵复三译，中文大学出版社，2003年版，第531页。

② 参见〔德〕胡塞尔：《作为严格科学的哲学》，倪梁康译，商务印书馆，1999年1月版，第9页。

在。永恒的感受来自当下的心灵，来自现在的某种持续不断的敞开联系的内在实践——与永恒的精神天空（天上，永恒在天上）对话的心灵实践。如果我们无法通过心灵的实践不断攀升连接永恒，我们就会以某种方式重新陷入时间的漩涡，心灵也会因此产生僵死停滞感，并经常由此产生“永恒的伤感”。

永恒的问题不仅仅是超时间感受。永远究竟有多远，从这说法中就可看出，超现象时间感受与超现象空间感受是紧密联系在一起的。柏拉图思想的核心中的核心灵魂生命，也就是纯粹存在。这是人之存在的本质目标。在世界各地的古老文化及思想中——古埃及的文化，柏拉图及柏拉图主义思想家，诺斯底神秘主义者，基督教信徒，东方的印度教、佛教等——都有关于关于精神—灵魂攀升的历程的描述。在现代人的存在经验中——比如关于马斯洛关于高峰体验的论述中——这种有点神秘色彩的经验，依旧常常被人提起，这是人之存在能够真切地感受到的经验。只有这种超现象的灵魂性经验才能触摸永恒，也只有通过体验触摸了永恒的生命，才算最终实现了存在的攀升。灵魂是通过什么进路触摸永恒的？柏拉图通过对美的迷醉的进路分析给我们提供了一个启示。从具体事物的美开始——文化制度的美——最后进入美之本体，美之理念。

“在沉思美中所度过的那种生活正是人应有的生活。”（〔古希腊〕柏拉图：《会饮》211D）。

柏拉图描述的实际上也就是我们说的心心存在秩序（结构）的进路。这种不断地进行着的启示性对话交流实践，也是一种向内返归的倾听经验。这种倾听经验对理性而言具有神秘色彩，对人之本心而言却是真真切切的。从人心的真切体验中，人们能自明地感知到人心（灵魂）神秘地顽强地攀升，直至进入永恒的精神秩序，那刻仿佛已经生长起隐形的精神双翅，能直达永恒的精神高空。只有纯粹的心灵才能达到这样的高度。但这种向上的攀升并不只是瞬间性的，心灵的修炼与攀升既可以是瞬间性，也可以是持久性的。真正的精神上的超越性就是通过人的心灵的联系性活动——沉思、默默祈祷等——超越人的有限本性。人的现象性本性就是虚无脆弱。人像所有的脆弱的物品一样（尤其像那些美好的易逝品，比如昙花、少女等），是易逝易毁的。这种易逝易毁的特性事实上决定了人的现象存在的基质。英国十九世纪著名诗人与文化批评家，马修·阿诺德在《多佛海岸》一书中写到了“永恒的伤感”一词。在他的视角里，这个关于永恒的伤感的主要内容是：

> 这世界太多梦幻——
> 无常、魅力、新奇
> 却找不到喜乐、爱情、光亮

痛苦、欢欣与伤感都可以是富有诗意的，只要这种痛苦、欢欣与伤感中包含了永恒的色调，即不变的不朽的色彩与基调。现代科技以前所未有的速度使世界迅速变化，并推动了现象世界日新月异，但人之现象世界的进步和本质世界充实、欢欣是两回事：基于本质内核的精神感受是以不变为基调的。这只有通过进入心心存在秩序（结构）才能实现。科技最容易引发现象世界（物质社会等）的大变化，也最容易引发本质精神世界被遮蔽。科技型产品更新换代越是频繁，人的真正的内心就会越无着落。本质精神的被堵塞被遮蔽（有时呈现为易逝及易毁的特性）导致了人的伤感（不要说你有多坚韧、坚强，那是空洞至极之语！），或者说天心—人心启示性对话交流的神秘通道被堵塞遮蔽导致了人的无名的难言的伤感。这些伤感说明人还沉醉在变化前的不变的过去里，换句话说，人的真正的精神性伤感是面向永恒的，是对永恒消失（缺乏永恒性）的担忧。法国哲学家齐奥郎在《眼泪与圣徒》这本书中把伤感分为三种类型：诗人的、音乐家的与圣徒式的。他认为只有圣徒的悲伤面向永恒。其实，诗人与音乐家的伤感常常也是面向永恒的。

“音乐源自乐园的失落，它诞下了这一失落的象征：眼泪。”①

所谓乐园实际上就代表那个被遮蔽堵塞的本质世界，代表基于天心（天之神性、心性）之永恒。新奇的感情感受常常是短暂的，而具有永恒感的体验却充满光亮，就像真正的爱情发生时的感觉。这个方向的体验与人对永恒的向往相关，也是和永恒合一、交融的感受与体验，或者说是基于永恒之情感体验。人之现象性存在是极其短暂的，但人心里也被先天地嵌入本质的种子，或者说被先验地嵌入精神性潜能。永恒向往就是这种先验性精神潜能（这也被荣格称为集体无意识）的一个方向。所谓深度价值体验，是指既是深度的又是有价值的，其不是现象之我——自然之我的体验、社会化之我、表层意识之我——体验，而是本质灵魂之我的感受与体验。基于永恒的深度体验是人的本质之我（本心）超越现象之我的体验。这种永恒背景给人之存在带价值深度，使人的内在心灵（或灵魂）获得极大满足感，也让人感受到一种很少有的圆满、和谐与完善。

① 〔法〕E. M. 齐奥郎：《眼泪与圣徒》，沙湄译，商务印书馆，2014 年 1 月版，第 18 页。

“懂得人的精神的高深是原渗入永恒之中，也懂得这一向上的维度。”[①]

向上的维度是神圣的维度。天心之维代表在不会在现象时间中消失的精神性事物。天心一人心交流能人产生的极大满足——比如具有永恒感的爱。这是人之心心存在结构中的内在的满足。这种内在的满足是人的存在的整体的、中心的、深邃的满足感，同单纯的感性的满足不同。永恒是天心（天之神性、心性）的显现，或者说是天之神性（心性）之核心面孔，是能给人心带来深度震撼的方面，也会给人带来深度的灵魂性感受。

二　永恒之真切显现与时间的隐匿消失

“时间不过是内部感官的形式，即我们自己的直观活动我们内部状态的形式。”[②]

“真正的永恒性不是一种与时间对立的永恒性，毋宁说它是那种在自身内包揽着时间，并将时间设定为永恒性的永恒性。”[③]

进入心心存在秩序（结构），物理时间就会被人的体验内在化，也被人的体验所超越，基于时间种种“物象”“物境”转化了“心

① 〔美〕R·尼布尔:《人的本性与命运》，成穷，王作虹译，贵州人民出版社，2006 年 6 月版，第 141 页。

② 〔德〕康德:《三大批判合集》(上)，邓晓芒译，人民出版社，2009 年 10 月版，第 33 页。

③ 〔德〕谢林:《哲学与宗教》，先刚译，北京大学出版社，2017 年 1 月版，第 322 页。

象”“心境”。古往今来众多伟大哲学家思考时间的本质，众多天才诗人也同样喜欢思考时间。英国诗人叶芝有一首诗叫《随时间而来的真理》。其实诗里讲的却是：真正的存在真理蕴含在时间的隐匿消失里，蕴含在存在之根里（“我可以枯萎而进入真理”），蕴含在心心存在秩序里。在这种秩序中，天心代表超越自然万物的永恒之本原，而人之本心是人之存在永恒之本原。但不少现代思想家——比如弗洛伊德等——是反对永恒的。他曾专门写了《非永恒性》一文，对诗人朋友的那份伤感不太理解，文中还以美为例，说明花期之短暂性会为美增添一种新的色彩。但他的学生瑞士心理学家荣格却反对他的非永恒观。荣格在其自传中写道：我们看到的是花开，或者花落，但根茎永在。他认为他生命中唯一值得一讲的事情，就是“不朽的世界闯入短暂的世界”。在他的眼里，人是花开花落式的短暂者，却被永恒的世界所推动。我们不知道生命是如何熄灭的？生命没有开始，结尾也只能是隐约的暗示。实际上，不仅是人，万事万物都是如此，万物的生长与寂灭恰恰彰显了背后的神秘的推动者：那隐藏着的最具永恒的力量。

“永恒与时间是完全不同的，一个具有永远持续的本性，另一个属于生成和这个宇宙的领域……那些认为永恒不同于时间的人，究竟把它看作是哪一类事物呢？凝思时间的原型——如果时间真的是永恒的一个像的话。”①

永恒（不是时间）才是存在的谜中之谜，因为这涉及存在之最终真理——天心的真理以及与天心贯通、联系与统一的真理。永恒（或

① 〔古罗马〕普罗提诺：《九章集》，石敏敏译，中国社会科学出版社，2009 年 10 月版，第 321 页。

不朽）之根基在作为创造性源泉的天心，而人之存在的永恒则在天心一人心的启示性交流对话及相通同在感。永恒的对应面是现象有形之现世时间——物质性物理性时间、人类历史时间等，或者说是物理性的时间及人类历史时间羁绊与践踏，或者是被物理性时间、人类历史时间等偶像迷惑。这是让人成为现象性时间或历史的奴隶的方面。但人之存在纯粹之维（也是诗意之维，真正的精神性存在）恰恰蕴含在对现象时间（或历史）的挣脱的努力之中，或者说蕴含在对现象时间（历史）奴役的挣脱之中。我们有很多文化仪式、精神仪式等都是为了实现对时间的超越与挣脱。人之存在的纯粹恰恰就在种种无时间之处，或时间的隐匿消失之处，当然这也是无现象性社会历史之处，或现象性社会历史的消失之处。在人偶尔的冥想与沉思中，他会感受到种种外在现象的消失。过分的现象时间与历史意识——甚至过分的现象时间与历史崇拜——不利于寻求价值存在（也是深度意义存在），不利于寻求真正的立足当下的价值存在。

“人也许能在此时间中认识到自己与永恒的同一……永恒是时间彼岸的生命，它将每一段时间都包含于自身之中……进入‘一’并化而为一。”①

但永恒常常就是从当下的现在显露出来的，通过人的切实的存在体验。西方从古希腊的亚里士多德开始，经过基督教思想家的阐释，永恒与现在的紧密关联也为许多哲学家思想家所接受。后来又有许多大思想家、哲学家论及永恒与现在的紧密关系。这也是西方古罗马时期奥古斯丁等时间观的核心。他在《忏悔录》等著述中表

① 〔德〕苏索：《论永恒的智慧》，林克译，华夏出版社，2004 年 12 月版，第 46 页。

达了他对时间的思考："你的日子，没有每天，只有今天，因为你的今天既不递嬗与明天，也不继承着昨天。你的今天即使永恒。"（卷13）[①]"现在'真实存在'，时间本身整个只有现在。"（卷11）[②]

世界上有众多的先知与大哲学家也都持有这种时间观：永恒不在过去，也不在未来，永恒就在被内在心灵体验着的现在。持这种看法也包括德国大哲学家黑格尔。在《哲学全书》中他认为真正的现在就是内在于时间的永恒。在《法哲学原理》中他说"在暂时的、转瞬即逝的事物的假象中认识内在实体在场的永恒。"[③]伟大诗人歌德也曾在很多著述里思考这一问题，并认为现在与瞬间不可分离，瞬间"它是整个永恒的代表。""转瞬即逝的东西中有永恒的东西。"[④]存在主义大家海德格尔的时间观似乎前后不同，在哲学前期他取消了时间的永恒的向度，后期似乎又让永恒的方向回到了时间里，即在他的一系列"诗意"思考里，永恒以神性的面目获得回归。现代哲学家、心理学家罗洛·梅《人的自我发现》的第八章就是："人，时间的超越者"，他说：

"永恒不是一个特定的时间量；它超越了时间。永恒是时间的质的意义……你的关于永恒的体验可以见于你如何与每一个特定时刻相关联的方式中——否则便没有任何体验可谈……永恒作为存在的一种特质发生在当前时刻。"[⑤]

---

① 〔古罗马〕奥古斯丁：《忏悔录》，周士良译，北京：商务印书馆，2016年10月版。

② 同上。

③ 参见〔德〕卡尔·洛维特：《从黑格尔到尼采》，李秋零译，北京三联书店，2006年4月版，第280—281页。

④ 参见〔德〕卡尔·洛维特：《从黑格尔到尼采》，李秋零译，北京三联书店，2006年4月版，第284—287页。

⑤ 〔美〕罗洛·梅：《人的自我发现》，郭本禹，方红译，中国人民大学出版社，2008年9月版，第227—228页。

人的真正自我蕴含在某些特别的时间中，时间中的每一个瞬息都可能具有永恒价值，都有可能是永恒的一个原子，都可能处在“永恒的光照之中”。所以，从价值存在的角度看，你是要成为“永恒之子”，并不意味着与“时间之子”（包括“历史之子”）完全冲突。进入心心存在秩序（结构）自然意味着超越时间与历史的羁绊，意味着天心人心同在感，但这并不意味着时间的完全隐匿消失，只是这个当下的片段时间和永恒本原存在及存在的源头融合在一起了。天人合一永恒境界意味着天心与人心同在，这也意味着永恒的当下，或永恒的现在。永恒既不在静止的过去，也不在不定的未来，永恒就在人之存在的富有深度价值的此刻，就在人心灵的眼睛凝视源头并体验的此刻，就在其所带来的有价值的体验里。这种面向永恒的时间观，在东西方思想家那里都有明显地表达。

心心美学（诗学）追寻天人之内在贯通性、一体性、统一性，具有基于永恒的时间观与历史观。从心心美学（诗学）之永恒的视点来看，人们需要更多的超时间意识，而不是时间意识：也即不需要纠缠于外在的时间及历史细节。为了更多体验生动的有意义的此刻，忘却那些时间与历史中的琐事似乎是必须的，那只是通向永恒之境的一个环节或一个表象。人们常讲“被历史支撑的深度”或历史的价值，或从历史中汲取精神力量，但人类不断变动的现象历史真的有精神深度吗？真的具有根本的价值支撑的作用吗？人类历史的那些精神深度常常被虚构出来的，人类现象历史的精神价值常常也是有人别有用心地编造出来的。

“他们关注的是历史与真理之间的必然对立的关系。他们知道在最严格的历史思考中根深蒂固的相对主义最终会破坏关于人生中某种更深刻的意义或某个更普遍维度任何信念……一系列显得毫无意义的随机事件，没有任何更神的含义、目标或方向，从虚无开始，以虚无结束，没有任何特殊的原因。伊利亚德称这种虚无主义的含义为‘历史的恐惧’，并终身与之对抗。”①

从天人合一的视角看，现象性时间（历史）常常也是“虚无”的代名词，尤其是把这个时间历史理解为“偶然的”之时。真正的价值时间（或历史）被超时间超历史的永恒光芒照亮。如果我们不能从以中立事实为基础的历史中感受到永恒的精神光芒，如果其没有被永恒的精神光芒笼罩，没有被永恒精神支撑，那么这种历史就无所谓深度与价值，其也只具有一般的现象意义上的材料价值，而无真正的深度精神价值。我们需要的是具有永恒的精神光芒的历史，我们直接就可以从这种历史中获得内在的精神力量。这种历史通常是被具有永恒精神的历史人物照亮的，被那些寥若晨星般的天才思想（精神）照亮的，他们身上仿佛就有永恒的精神源泉及力量。讲述精神的历史差不多就等于讲述那些天才与精神英雄的事迹，人们可以从这种事迹中获得存在的力量。如果没有那些真正的天才与精神英雄的事迹，那么那种堆材料般的历史也就不值得讲述或传颂。不要把人类社会历史弄成缺乏内在精神的现象罗列史，或把其弄成帝王将相生活的历史，或权力势力的历史，而应当把人类历史弄成精神的历史。从心心美学（诗学）角度看，人类的历史的核心部分是心，或者说是心灵、精神与灵魂。人类真正的精神历史就是心心启示对话沟通史、就是人类的心灵史、精神史、灵魂史，而人类的心

① 〔荷〕乌特·哈内赫拉夫：《西方神秘学指津》，张卜天译，商务出版社，2018 年 1 月版，第 151 页。

灵史、精神史、灵魂史本质上就是天心—人心的启示性对话交流史。人类历史上的那些精神先知，那些突破性的思想天才就是天心—人心对话交流的核心标志。

永恒的存在花朵开放在时间隐匿消失之处，开放在各种历史偶像的隐匿消失之处。诗性韵味（美学韵味）常常也是在时间隐匿消失不再能发挥影响之处。“我刚刚见到她的那一刻，时间仿佛静止了”“当她带着温柔轻声对我说话时，时间立刻消失了，消失在我的隐蔽激情的最深处”。在这种无时间影响之处——或感受不到现象时间的流动之处——感受超越时间的常在与不朽。在诗意体验（内在的美学性体验）中，我们沉醉于永恒的包围中，“永恒的生命花园”“永恒的内心”“永恒的旋律”“永恒的美”“永恒的爱人”……这种体验也是一种有深度的价值体验。这里的所谓深度是一种比拟性的说法，深度精神价值都常常超越有限的现象人性自身，其与人性深处的先验性精神潜能密切相关。一种精神之所以具有深度价值感，常常就是因为其连接了原初之纯存在性。中国思想传统把这种纯存在性称为“天之心性”，把那个本原性存在称为“天心”。

存在之原初属性之一就是永恒，也即在时间空间还在隐匿没有开始之处，或还处在时间空间之外。后来展开的万物都不可能具有真正意义上的永恒性，但天心作为整体世界的核心及本原性存在本身却是永恒的，短暂的只是后来处在时间侵袭中的万物。永恒是超时间的精神意象，这一永恒性可以在人之存在的深度精神体验中显现。在后来的展开的具体的自然万物中，是没有永恒的。永恒的只是内在于万事万物，又超越于万事万物的天心、存在本身，或曰上帝、真主、梵或道。这个存在本身是看不见的，富有创造性地隐藏在万事万物的深处。或者就是进入心心存在秩序（结构），通过对启示性对话交流，通过对它的体验获得永恒感。天心在大自然整体存在中心、整体及看不见的深处，人心在人之存在中心、整体与看不见的深处。心心存在就是天心—人心启示性对话交流之存在，身处这种启示性交流对话中，人就能感受到隐蔽的永恒气息。受西方信仰文化影响的法国哲学家齐奥朗常常觉得自己仿佛身处“时间之外”，身处“隐隐约约的伊甸园中”。伊甸园意味着超时间之太初及神性。所有的时间与空间都隐藏了神性，包括现代式的时间空间也隐藏着神的足迹，神性是超时空的，却可在我们的有价值的深度体验中出现，或者说在深度的有意义有意味的体验中显露。

物理—生物性时间展开之处（尤其是精确清晰的时间展开之处）也意味着太初性永恒性的隐匿，意味着这种隐匿之后而来的时间秩序，以及内在永恒之死亡。世间的万事万物都是时间之子，同时万事万物都是时间的奴隶，是被时间奴役的奴隶，尤其是活在现象时间里的物质及物质性事物，更是时间的奴役对象。对万事万物而言，被时间奴役是最大的奴役，也是最难以反抗的奴役。物理—生物时间流失意味着熵的增加，意味着存在从有序走向无序。对人之存在而言也是如此。《存在与时间》《存在与虚无》等哲学名著的思考中心就是时间。那么，谁可以帮助敏感的人类战胜时间（包括它的最亲密的伙伴——生老病死）。人类发明的长生不老药与面膜吗？那些据说可以使人青春永驻的饮食吗？人所发明的一切绝不可能使人触摸永恒，也不会让人产生永恒的生命感受。能帮助人类超越时间者——哪怕是瞬间的超越——是能引领我们摆脱有限的那个存在本身（或纯存在性）——天心（或天之神性、心性），或用西方术语可称之为上帝、神或神性。只有这个绝对者才可以启示我们的心灵，并帮助我们的心灵实现超越。对万物来说，最残忍的事情是什么？就是时间的碾压。万事万物都浸泡在时间的潮水里，被时间无情地侵袭，随后坍缩或腐烂。时间意味着毁坏与践踏，意味着时间之轮碾压之后的混乱与无序。佛教所说的生住异灭就是这个意思。在《中国人的幸福观》中德国学者鲍吾刚专门写了“时间的消失和佛教禅宗”一节，他说：

“总而言之，不管怎样，蕴含着这种感情的信仰已返回到希望完全存在于永恒的现在这一观点上来……这一观点则不仅体现在僧肇的时间观上，而且同时更为直接地体现于涅槃中的救赎等……”[①]

天人合一之永恒境界是超越物理—生物时间干扰的境界：时间暂时隐匿消失了，可以用来度量时间空间的度量意识暂时消失了，尤其是用来度量时间的意识暂时隐匿消失了。在物理—生物时间影响的隐匿消失的地方才有永恒或永恒感。但实际的物理—生物时间是不可能消失的。但进入心心存在秩序（结构），在超越性深度体验里，物理时间会隐匿消失、物理时间的影响也会隐匿消失。在超时间的深度价值体验中，人们作为精神体验者，成了永恒之子，或者说成为永恒的凝视者、感应者、顺应者、迷醉者、融合者。当你忘我地投入凝视爱本身的时候，当你忘我地投入凝视美之本体时，当你忘我地投入凝视大自然的那深邃的寂静之时……“我”经常成为时间消失的障碍。最有价值的时刻也是现象之我隐匿消失的时刻。在灵魂之我里，在纯粹的存在里，物理—生物时间失去了效力。但现

① 〔德〕鲍吾刚：《中国人的幸福观》，严蓓雯等译，江苏人民出版社，2004年10月版，第176页。

代人沉醉于现象之“我”，专注于现象之我，也就因此成为短暂的物理—生物时间之子。

通向永恒的有效途径有很多，每一条途径都是永恒的真实生动的显现。这些途径同时也是我们战胜（或征服）时间（或生老病死）的方式，或者说是如何战胜（或征服）时间给我们带来的恐惧、焦虑的方式。在基于物理的现世时间中，我们无法通过物理的方式战胜时间或使时间隐匿消失。那些想通过结合智能机械的方式制造永生的人，也是注定要失败的。要抵达永恒之境，只有通过精神的方式，而所谓精神的方式，其核心就是具有深度价值体验的方式。只有通过有价值的深度体验才能战胜（或征服）物理时间强加给我们的残破性，人之存在的深度也视他曾体验感受过多少有价值的深度体验为指标。其他的现象形构之物皆是浮云。其他自然物理的方式均不可行（比如吃长生不老药等）。

有深度价值的不是普通平庸常规的现世时间瞬间，而与永恒交融、接近永恒的价值瞬间，这也是我们的真正存在价值之显现。我们经常感叹岁月的流逝，感叹生命的短促，这本身就隐藏着对永恒性的希冀、渴求。就人的存在而言，什么是在时间中不曾被毁坏之物？就是我们的那些有价值的瞬间体验，那些富有深度的瞬间价值体验连接着原初，连接着存在本身，连接着原初性—永恒，其帮助人的内心超越现象时间的影响。真正的幸福是心灵性的，而心灵幸福的本质就是超时间的，在体验中连接原初之永恒。深度的意义感与不朽性、永恒性相连。这种不朽性、永恒性常常体现在岁月的流变里。岁月带走一切，甚至带走思想，带不走的就是那被永恒笼罩过的内在瞬间。永恒意味着超越岁月的流逝，超越时代的各种变化（所谓时代就是一个某一特殊时间段）。那些能超越岁月流逝、超越时代变迁的体验、形象、情境、氛围、韵味才更富有诗意。那些基于永恒的体验、形象、情境、氛围、韵味站在（置身于）现象时间的影响之外。

虽然经历了那么多的周折和磨难，多少年之后，她（他）依旧像当初那样爱着我，情感依旧。最美妙的爱就是瞬间与永恒的融合。你的心灵中具有永恒的基础、方向与元素，我们就可以说，你的心灵富有灵魂感。圣经中说："爱是永不止息。"（《哥林多前书》13:4—8）。《我心永恒》抒发的是爱之体验中的永恒感，实际上这是渴望内在的精神生命的永恒。其部分歌词如下：

> 穿越层层时空，随着风入我梦，你的心从未曾不同，
> 只是一见钟情，两颗心 已相通，刹那化成永恒情浓，
> 飞翔如风般自由，你让我无忧无惧，永远的活在爱中，
> 无论是否能重逢，我的心永远守候，只盼来生与共。

三　现象之我趋势与人心、传统之存亡

现代性或后现代性的体验是基于时间的体验，这不同于传统的古典体验。在时间中存在的事物是现象性时间中事物。现代人沉醉于现象世界及现象之我（现象—表象心）里，忘却了现象背后的存在之根。美国学者托夫勒在《未来的冲击》里事实上谈的就是现象

之我的趋势，核心论及了长久性的终结。但长久性恰恰是价值的基础，失去长久性背景常常也就意味着失去精神价值的基础。永恒的现在（永恒的当下）才是人之存在的理想状态。此书第一部分谈论的就是永恒的死亡。第二部分谈论短暂性。第三部分则是新奇性。第四部分是多样性。我们这个时代单向追寻现象世界——基于时间的新奇、刺激、短暂而多样的感受与体验等——也可以说追寻基于现象时间的现代性体验。现代人沉醉在基于时间的短暂刺激中。瞬间与短暂是有价值的，因为人之存在归根结底也是由一系列的瞬间与短暂构成的，但如果这种瞬间与短暂只是外在的孤立封闭的时间单位，如果这瞬间与短暂不是敞开性联系性的，那么这些瞬间与短暂本身常常就是空洞的。进入心心存在秩序（结构）就是为了消除瞬间与短暂的空洞性，使瞬间与短暂饱满起来、充实起来，并因此拥有一种内在的生机。心心存在秩序（结构）能使瞬间与短暂中包含永恒的要素与气息，这使其变成被永恒支撑的短暂、瞬间。真正意义上的一见钟情就是瞬间事件，但其就包含永恒的意味。只要人心还在，只要人心的那种敞开性启示性对话交流还在，这种永恒性意味就不会消失。

托夫勒展现的是美国现在及未来社会的状况。即使在当代美国也存在传统与现代的冲突，也是较为具体地体现在微观文化里，包括他们经常谈的小镇文化与都市文化的对峙。前一种通常倾向“守”的存在态度，后一种则倾向冒险创新，具有探索精神。所谓美国小镇文化（类似于中国的乡土文化）当然和传统文化紧密相关，而现代及未来社会会和都市文化相联系。传统性与现代性在如下几个层面上有着明显的分野：第一是持久性——短暂性的分歧。第二是不变性——新奇性的分歧。第三是恒定性——多样性的分歧。而现代社会与未来社会冲击的核心是传统价值及价值观，其中也包括人们内心对永恒性的渴念。一般意义上的所谓诗意也就是传统社会的精神形象、情境、氛围、韵味，在这种形象、情境、氛围、韵味里，一种隐蔽的不朽性在我们周围在隐蔽地为我们歌唱。现代社会（未来社会或许更加如此）人的心已经被种种虚假现象遮蔽，天心—人心的交流的精神通道也被堵塞，人心成了种种现象心的聚合，人心本身就成为快速多变的时间之物，成为时间之随意玩耍的玩偶。当人心成为时间玩偶，专注于时间并被浸泡在时间及空间里时，所谓“本心”就丢失了。这种与自然物理时间完全合流的心，只可能像线型的时间本身一样，处在快速多变的流动中，缺乏稳定性、持久性。人之现象的易流逝易变的心与现象的易流逝的自然之物、自然之理结合在一起，这种结合据说更具有现代感，但这颗更具有现代感的心却不具有灵魂性。这种现象的易流逝易变性恰恰也是现代人灵魂性缺乏的体现。现代人的心一半交给了知识及知识理性，由此现代人的心一半是知性理性的，现代人的心的另一半交给了感性事物，交给了感官物欲——以物欲快感为核心（物质消费是其主要体现形式）。基于此，现代人的存在不再是心心存在，而是心物交融之存在，心也像现象之物一样，适应性地演变、改变、进化，这也是现代性的重要主题之一。

现象之我（也是现象之心）的这种发展趋势能不能被适当阻止？这事实上关系到人心（本心）的存亡，关系到有价值的精神传统的存亡。中国思想传统的主题之一就是“存心”“养心”“明心”“修心”，而要存要养要修的心当然是“本心”（本质之心）而不是现象心，存养修的核心就是保持心的不变性、方向性。这也是抵抗现象之我无序发展与现代性必须的心学功夫，真正的具有精神感的传统是否能留存也关乎我们能在多大程度上阻止现象之我的无序发展。和各种基于现代性的现象体验相比，那些具有本质感的体验——超时间的永恒与不朽感受——并不虚幻反而更实在。在真正的传统里具有其影子。在真正的传统里，永恒感真实生动地显露出来。在真正的传统里没有浓厚的现象性时间意识，也没有基于现象时间意识的或快与或慢的意识，尽管就传统本身来看具有“慢”的精神本性。《从前慢》从本质上来说也没有真正揭示传统的精神本质。在真正的内在的传统里，人们的基于现象时间意识的关于快与慢的意识也是退隐的、消失了的。

那么西方传统与中国传统的核心区别在哪里？西方传统文化（包括伊斯兰文化，同属于亚伯拉罕信仰体系）内容很多，但其最核心标志是信仰，信仰人格化的永恒创造者。中国传统社会也有真正的信仰，这一信仰就包括对天心（天之神性或心性）的信赖，对心心存在状态的追求。如果从垂直的视角，而不是从平行的视角来看中国传统文化，那么在本质上没有根本性的区别。真正的有价值文化差不多都具有很浓的心性性质，本质上有价值的文化差不多也是个“心体”，这种文化就是让人有机会和永恒照面、凝视永恒、感应并顺应永恒的召唤。各种现象性自然物质及感官欲望里没有永恒，但却有短暂的刺激与兴奋，有我们的身体细胞所需，以及由此而来的快感，而那些具有永恒感的事物，不能给我们的感官带来刺激，不能带来基于兴奋的快乐。真正有价值的传统社会是具有“心性”的社会，是心心存在者向往的社会，是具有永恒气息的社会。“有一种隐蔽的不朽性在我们周围在隐蔽地为我们歌唱。”所谓传统不是时间概念，也不是空间的地域概念，而是价值概念，指向一种正在消失的精神价值。传统不是更加宗法化、等级化、社会化的社会，不是个性消失的社会，而是内在的精神个性更为突出，并更能满足我们想象力及灵魂渴求的社会，但所谓灵魂恰恰意味着现象之我的退却与消失，其不是消失在社会等级秩序里，而是消失在心心存在之信仰里。更加传统之我不在感官与物质方面，不在拘泥的文化形式方向，而在精神的体验方面，包括拥有基于永恒的价值体验。真正意义上的传统具有永恒的精神背景，或者说是以永恒感为精神背景，传统许诺人以心灵安定的磐石。依靠虚假的说教、僵硬的仪式或肤浅的理性，是达不到灵魂之域的，也不可能产生永恒的精神氛围。

体验永恒的一条途径就是通过人类所创造的各种文化细节——风俗、仪式、各种经典艺术（包括音乐、绘画等）。仪式是文化的细节之一，真正的所谓的仪式感就是要唤起人们的神圣意识与永恒意识。一种文化是否具有传统感可从其是否具有永恒感上看出。一种文化的各个细节如果还能唤起人们的永恒意识，那么这种文化就是具有灵魂的，就是真正具有传统感的。节日传统是传统价值的最鲜明的符号，节日是什么？是那些外在的符号堆砌吗？是穿汉服吗？是吃粽子与月饼吗？我们现在的各种节日还有灵魂感吗？我们置身于节日中，还有深度体验吗？节日的本质也是心性的，节日也是一个微观的活泼的心体。不具有永恒感的文化是不会拥有真正的精神传统的，不信仰基于永恒的事物也不会有真正的所谓传统价值。现代世界是现象世界（也是现象心活跃的世界），是多变的不安定的，传统世界则相对生活在本质世界里（也是拥有本心的世界），则相对拥有稳定稳固的根基。传统的不同于现代的价值观的核心是什么？或者说，传统节日之不同于现代的核心精神是什么？这一核心精神或价值更能满足心灵的憧憬与渴望——而不是更能让肉体兴奋或产生更多刺激——更能满足灵魂的那份基于持久性、不变性、稳定性、不朽性的隐秘精神需求。

真正的思想家差不多都不会停留在现象里，真正的思想家差不多都是本质主义者（包括永恒主义者）。真正的思想家喜欢从更深处思考问题。从深刻的哲学视点来看，拥有宇宙意识比拥有地方性意识重要，拥有神性意识（天心意识、天之心性意识）又比拥有一般意义上的自然宇宙意识重要。国家民族等都是短暂之物，不能作为价值的最高依据。但可以作为次一级的价值依据。当国家观念与真理观念、原初正义观念发生矛盾时，我们究竟更应该相信什么？任何短暂之物都不能作为价值的最高依据，尤其是不能作为精神价值的最高依据。一个必将消亡的短暂事物，自己都缺乏稳定性、常在性，怎么可能从根本上安顿人的深层心灵？怎么可以作为价值的最高依据。以此为基础的说法缺乏深刻的精神视野，在逻辑上也有问题。只有重现实利益的政治家们喜欢这个思路。所以真正伟大的思想家没有狭隘的时间与地域意识。心灵（本心）的真正的“原乡”在哪里？在天心方向，在天之神性—精神原型里，也就是在最初之纯存在性里。具体的时空中的事物也会限制你的深邃的心灵及其想象。

“我想时间是一个根本之谜。其他东西顶多只是难以理解。”[①]

时间之谜从另一个角度看就是永恒之谜。英国作家王尔德也说过类似的话：世界的真正的谜，不是它的无形，而是它的有形。但如

① 〔美〕威利斯·巴恩斯通编：《博尔赫斯谈话录》，西川译，广西师范大学出版社，2014年10月版，第229页。

果进一步追问：何以会有形，何以存在，那么这个有形之谜就变成无形之谜了。时间之谜也就变成永恒之谜了。天人合一之永恒境界也显现于可感触的有形里，即显现于有深度价值的体验状态。基于永恒的价值感受并不虚幻，永恒感可以是生动而真实的。这唯有通过环绕着我们存在的各种具体文化细节与仪式——也就是文化节日、日常教育，也包括文学、艺术式样等——通过与此接触后的真切的体验才能实现。通过与某种文化细节的交集，我们得到心灵的体验，心被永恒感包围、触动。所谓永恒常常意味着我们那份体验之永恒感。我们的那份充满价值感的体验不会因为时间的变化而发生改变。各种感性的感官物欲刺激是易朽的，建立在超越基础上的不朽体验才具有精神价值。我们需要环绕着我们的各种文化细节呈现出永恒性的追求，并由此使心灵中不朽的东西永驻。

和传统相关的传统女性也可成为不朽的象征，换句话说，女性如果达到“心性”高度就可以是永恒的显现。所谓“永恒女性”当然是心性的，是进入心心存在之女性，而不是活在现象世界的女性。她是基于精神不朽性的女性，女性身上之永恒气息就是天之神性的最生动面孔。诗人们之所以常把永恒赋予女性，是因为男人在女性身上发现某种神性。当我们说“永恒女性”时，所指的女性当然不是自然生命意义上的性别女性，而是承载着天之神性—精神原型理念的女性。东西方各种文化中的永恒女性的含义虽然有所不同，但也包含了共同共通的内涵。在东方的印度、中国与日本，永恒女性都有共通的内涵。印度文化中的永恒女性的代表的是神，其主要的神之一就是女性。在文学艺术里，中国的传统女性似乎很少被赋予永恒的精神特质，为什么中国传统女性很少被赋予永恒的精神特质，这可能更多受儒家实用派别思想的影响。在日本的文学中，舞女都可以具有神性，并具有永恒的精神气质，比如川端康成笔下的《伊豆的舞女》。在俄罗斯的文化中，永恒女性代表了索菲亚、圣母、童贞女玛利亚及大地母亲。德国诗人歌德更是直接把女性视为永恒精神的承载者。

“永恒的女性领着我们向前。”

歌德曾把精神的永恒性——那份基于永恒的内在气质——赋予了女性。永恒的女性不是肉体不死的女性。青春的精美的富有生机的肉体幻觉，也是时间幻觉的一部分，其终归会老去、残损，其也不是指能激发我们肉体欲望的女性。永恒的女性身上有一种精神特质：让我们感受不到物理时间的残酷的流逝，或者说让我们感受到了时间的隐匿与失效，并唤起我们基于永恒的不变感，也唤起我们基于不朽的深度体验，其是能给我们带来深层意义感的女性。这些女性通常也是具有天使—圣母气质的女性。现在好多人觉得“圣母”这个词充满了贬义。所谓圣母性讲得玄些，就是那些能让我们忘却时间的女性，就是具有静穆永恒气息的女性。现代社会追求短暂气质的女性越来越多，通过穿着打扮，化妆、整容等手段达到这个目的，这些美化手段只能唤起我们短暂的情绪。能激发我们短暂情绪的女性者越来越多，也就是说她们只能唤起我们的感性冲动。女性们不再追求圣母般的慈爱、温柔与宁静，也没有了宁静与安详的气息。具有永恒气息的女性也越来越少，这也会给人带来文化伤感，也会给人的内在精神以隐蔽的创伤。她们让我们深陷时间之潮（或可见的时光）中，让我们深陷物质的时空之中，不再有让男人们遗忘世界的那种气质，女性身上的那种内在的精神功能消失了。

人之存在实践中的永恒倾向能给人带来存在价值（包括存在尊严），包括通过各种有价值深度感受途径：忘我的创造、爱……有价值的忘我的创造、爱等可以帮助我们超越时间的束缚。具有深层美好的男女爱情也是如此。在西方基督教文化传统里，新人结婚时会要发永恒的誓言，要求手按着圣经说：从今天开始相互拥有、相互扶持，无论是好是坏、富裕或贫穷、疾病还是健康都彼此相爱、珍惜，直到死亡才能将你们分开，你愿意吗？然后新人很郑重、充满深情地说："我愿意"。这是心心存在方式，或者说是使存在具有心性的方式。有些习惯于用有限有形之自然物做思考对象的自然科学家，他们对这种基于永恒的宣誓很不以为意，并基于对人的自然本性的认识，对此嘲弄说：应该把手放在《进化心理学》和《自私的基因》上宣誓：我将违背我的自然天性，忤逆我的本能，违反本性地永远爱你。前面我们已经说过，这是现象之我与本质之我的内在冲突，是人之存在的二律背反的折射。这种对永恒的向往及誓言是否就是虚假呢？一点也不。那些看起来虚幻的事物如果能够长久地支配人之存在向往，那就说明这种精神渴望具有内在真实性。

"在一些主要宗教中，超越时间是一个中心目标。无论是通过沉思、肉体苦行、禁欲、入定或是药物，目的是生活在一个时间失效的境界里。正如王子乔达摩·悉达多在目睹了无数人生悲剧之后发出的疑问：'生命受缚于衰老和死亡。既无衰老也无死亡的生命境界何在呢？'……'瑜伽'一词是梵文的'结合'或'加入'。就此而言，它与佛教截然不同。不过，瑜伽的最终目的仍然是从时间和空间中解放出来（解脱）。永恒是终极的真实。时间是一种幻觉。'瞬间'或许存在，但多个瞬间的连续并不能结合成像一小时或一天这样的‘事物’。”[①]

天人合一之永恒境界（心心存在境界）意味着基于物理的时间幻觉的消隐。在东西方文化中，都有一个以天为核心的永恒承载者（天心、天主、真主、梵、道等），都有一套永恒的象征体系。本原之天是支撑者、召唤者、启示者，也构成了人之存在的先验精神本质。但在人们的通常经验中，似乎只有大自然是永恒性的，这其实也是一种现象性幻觉。物质性自然如果不与自然背后的那种隐蔽的精神动力结合在一起，那就不能叫作大自然。只能叫自然的局部或基于局部自然的事实。自然之天的支撑者是永恒之天心，其也支撑着人心之永恒的感受与体验。物质大自然的那些轮回也只是现象世界，虽然比之人之存在，其具有一个虚幻的永恒外表：人一代代地死去，但月亮与太阳依旧每天照样升起，轻慢地挪动她们的步伐，并照亮人之存在的大地。就地球而言，不管是大自然的宁静还是大自然的狂暴，都折射出其依稀可辨的永恒面目，仿佛活在永恒的不变之中。所以，东西方古代文化及很多泛神论思想家常常把自然与神等同，把自然与神视为同一，认为自然与神是一体的。自然的每一个局部都折射出整体，自然的每一个微小局部（一粒沙、一朵花等）都反映着自然整体的神性（天之神性）。在西方基督教文化中，整个的大自然（及其局部的和谐与秩序）都只是天之神性的神秘的启示形态。人们通过大自然的途径接近永恒。大自然的哪一点让人迷恋？现象的物理的自然从来不能代表真正的自然，真正的自然基础是物理自然背后的神性或心性（或天心、天之神性、天之心性），是与物

① 麦里斯滕·利平科特，翁贝托·艾柯，贡布里希等：《时间的故事》，刘研、袁野译，中央编译出版社，2013 年 10 月版，第 434 页。

质性交融在一起的神性（或心性）自然，也是那感受起来更能震撼我们的精神性自然，包括自然的永恒、自然的无限等。歌德在《论自然残篇》中说：大自然始终是耶和华，它是自己所是，是它自己将是。李白的《把酒问月》中说：今人不见古时月，今月曾经照古人。古人今人若流水，共看明月皆如此。在李白这里月亮和人相比就成了永恒与不朽的象征。进入心心存在秩序（结构）也意味着通过自然的媒介体味万物之“心体”，体味万物之核心——天心。

心心美学（或诗学）是歌颂、追寻并倡导通过瞬间（现在）达成永恒的诗学。人文学者的天然的精神使命（包括人文学科的学生）是追寻那些具有永恒感的时刻，以及那些给我们带来灵魂感的事物。人文学者（尤其是具有伟大精神气质的人文学者）真正需要的是能触及灵魂的灵性，而不是无休止地培育自己的知性能力，也不是培育自己的以技术理性（或工具理性）为基础的能力，而应超越理性（及科学技术）的羁绊，把恢复源于本原的灵魂对现代世界的影响力作为己任。现代理性（知性）、科学与技术的功能之一就是隔断（阻隔）人心与天心（天之神性、心性）的深厚联系，并使人心成为现象之心（机械心、知性心、欲心、妄心等），但这种联系是割不断的，这种联系具有先验基础。一旦真的被割断了，人就不再是人了。通过进入心心存在秩序（结构）及其具体展现——宗教信仰、审美活动，诗性体验等——我们又恢复了人心之为人心的本色，恢复了天心—人心之先验而古老的联系。所以，真正意义上的宗教家、文学家、诗人艺术家等，都是心心存在主义者。真正懂得人文性的内核者会追寻天人合一，心心之存在境界，这和古老的各种巫师在功能上也有相似之处：要恢复人类的灵魂性（或灵魂感），或者说恢复人类与古老深邃的灵魂（神性）的接触、联系、融合。这本质上就需要超越现代理性、科学与技术的取向。因为正是理性（或知性）、科学与技术把人从天人合一的存在状态中，把人从自然—灵魂世界中渐渐分离出来。

现代人在平行的现象世界里取得了巨大进步——物质方面改善了许多，吃得好了，穿得好了，住得宽敞了，出行也方便了，通讯也便捷了等——但内在的核心精神感觉没有变好，反而有变坏的趋向。或许正因为如此，人们的心又开始发生回溯性转向：开始怀念传统，并试图更多地回归传统社会。所谓回归传统，其本质就是回归传统社会中心心存在秩序（结构），做个心心存在主义者。在这种心心启示性沟通交流中，人获得深度的意义感。一般意义上所说的传统外衣是指：世代相传、从历史沿传下来的思想、文化、道德、风俗、艺术、制度以及行为方式等。但传统的器物与风俗层次上的事情未必具有真正的传统价值。所谓传统价值更多地在精神方面——尤其指向内核精神方面。人们留恋传统，不是留恋过去时间中的事物，而是留恋历史中的那些富有精神价值的时光。传统社会代表一种富有灵魂感的价值氛围。这是一个闪烁着精神奥秘感的社会。传统社会的精神气氛趋近信仰、灵魂，是一个具有内在信仰与灵魂感的社会。透过心心存在之信仰，人心被凝聚在具有奥秘感的形象上，包括那些永恒的象征形象。而所谓现代社会（现代性）却让人趋近现象世界（包括科学理性与肉体）。以现代性为核心的现时代是一个知性理性与肉体大解放的时代，也是一个肉体与理性联手合作的时代，同时也是一个奥秘感日渐消失的时代。以心心存在为核心的传统倡导信仰与灵魂感结伴而行，趋近宁静稳固的具有持久性的精神秩序，而现代社会则倡导科学理性与感官物欲结伴，并因此合谋杀死了灵魂（人之本心）。透过理性（包括怀疑、解构性思想等）与感官物欲（包括佛教所说的五根的满足——尤其指食欲与性欲的满足、视觉与触觉的满足等），让人心多疑、分散、并最终迷恋衰败于短暂的物质之上，深陷于多变、不稳定的社会物质秩序。

四　天人合一及基于永恒的崇高与悲剧感

现代人以“宏大叙事”为由否定永恒感根本就是不着边际，这是一种否定依据的局部的物理事实及其分类意识。但真正的哲学不可能完全被拘于局部“微观叙事”及琐碎分类，否则那种以整体为基础的深邃智慧感将荡然无存。其实，没有比那份萦绕在内心的永恒感（包括渴望、憧憬等）更微妙更细致。永恒感是人之存在价值感的体现方向之一。基于永恒的富有深度的价值体验里，与人之短暂之“瞬间”感并不矛盾。对永恒的渴望是时间性存在的根性——万物都是时间性存在，都是时间之子，都会被时间蹂躏摧毁。基督教文化的核心就是这样：人应该进入神之王国，背起并超越尘世的十字架，走向已经战胜时间的人格神性。而在中国思想传统看来，只有通过天人合一，即进入心心存在秩序（结构），达成天心—人心的合一，才可超越时间的重负。永恒性是天心（天之神性、心性）的面孔之一。中西方的思想在精神实质上是相同的。基督教文化在精神上也是一种天人合一。中西方文化的核心目标都是把人从物理时空中解救出来，并将他们带到超越时间的永恒面前，让人更多的凝视观照永恒，感应、顺应永恒，让瞬间性存在被永恒存在支撑，从而使人从时间存在变成具有永恒感的精神存在、价值存在。

天人合一之永恒境界是神圣的、也是崇高的精神境界，而心心美学（或诗学）是倡导这种存在状态之学。所谓美学性所谓诗意，其方向之一（或某个侧面）就是基于永恒（或永恒感）的存在状态，其中也包括基于永恒的崇高感。人之本真的存在感也在这种崇高中显现；在这种崇高感中我们的存在才能真正高大起来，在这种崇高感中我们的存在才真正富有精神光辉。人之存在的崇高性与超时间的永恒感受紧密联系在一起。只有时间性存在被永恒存在笼罩时，那种内在的崇高感才会显露，反过来说，只有人之时间性存在逼近永恒时，那种存在情境才接近崇高内涵。这一点敏感的诗人们经常谈到。在《论生命》中雪莱还说：生命“‘徜徉于永恒之中’，与稍纵即逝、腐朽衰败断然绝缘。”[①]

崇高存在是人心对天心的敞开性趋近存在，其重要方向之一就是雪莱说的这个“徜徉于永恒之中”，但实际上，我们经常又处在“稍纵即逝”的断片感受之中，也即远离崇高的感受之中。现代性感受追求的基本上就是基于“时间断片”的物欲性感受。崇高感受实际上与超时间方向紧密相连，而与通往永恒的感受很相似，这是一种能够提升人的形象及精神性、灵魂性的感受。但现代人倾向活在现象之我里，经常性地远离本质世界，因而也很难创造并产生崇高

① 参见杨自伍主编：《英国经典散文》，上海文艺出版社，2004 年 4 月版。

感受了。现代人要躲避崇高，这实际上也是躲避趋近永恒的精神行为（精神体验）。在那些有信仰的传统里，存在者常常能体验崇高感（包括能体验永恒感）。古罗马朗吉弩斯的崇高观念是与古老传统联系在一起的，与靠近神性相关，尤其与对永恒、不朽的靠近有关。现代人躲避崇高常常也就是躲避追寻永恒之感受。有些人适合生活在传统世界里，而有些人则适合生活在现代世界里，就看你的内心的满足点在哪里？就看你整体的存在基调是怎样的，就看你的心的状况。

传统之所以被迷恋，其原因之一就是因为传统里有永恒氛围。传统文化（或社会）中的永恒就在那种舒缓的文化的氛围、韵味里，也在人们的富有深度的感受与体验里。永恒的感受氛围本质上心性文化创造的，是心心之存在的文化体现。但其与人现象之我及物欲需要相冲突。关键看人类的文化选择及其在细节上的自我塑造。这种趋近永恒的体验是细微的，但是可以通过文化的各个环节塑造。传统文化基于信仰，偏重选择其有，现代社会基于怀疑，偏重选择其无。如果选择其有，那你的文化的各个细节都要跟得上。就像男女爱情，有近于崇高的永恒的爱情吗？有。有近于崇高的永恒的爱情吗？没有。两种回答都对。就看你站在哪个视角来审视人之二律背反式处境，就看你站在哪个视角来审视人之充满矛盾的体验，就看你把哪个方向当作你存在的稳固支撑点。你把永恒的情感当作你的灵魂追求，当作人之存在之精神信念，那么崇高的爱情就有。你把科技的实用理性及肉体享受当作你的追求，那么崇高的爱情就无。

顺便谈谈所谓的悲剧，还有与此相反的喜剧与滑稽。崇高更多侧重于天心之绝对性、终极实在性方向的显现，而悲剧则更多显现于人之存在的有限性、局限性方面。所谓悲剧有多种多个方向。有一种最深刻的悲剧感与时间意识紧密相关，实质上也和超时间的永恒的崇高追求相关。人作为短暂者在深邃意识里追求永恒（或基于永恒的理念、理想等），但永恒（或基于永恒的理念、理想等）却难以接近，逃避短暂者的追寻，哪怕是当下的瞬间体验中的永恒，也是难以寻觅的，即使产生常常也是不稳定的。这就形成一种内在的精神张力。在这种二律背反式的精神张力中过活的人们的生活就带有悲剧色彩，你的永恒的冲动越是强烈，悲剧色彩也就越浓。如果你的存在核心希望超越现象界、抵达永恒性（及其理想、理念）境界，而不幸的是你却生活在现代社会——即以现象之我的现实满足为核心的社会——那么你的生活就必然带有悲剧色调，这就像一个渴望纯粹之爱的人，恰恰生活在现代型爱之游戏中所感受到的一样。而喜剧与滑稽的本质就是活在漂浮不定的现象里，随着这种漂浮不定浮沉，意识不到永恒的存在基础，或者说对永恒的存在基础缺乏意识，或者盲目地随着时空中的短暂现象泡沫而行，或者追寻时间空间中的短暂的现象泡沫，比如贪婪地不顾一切地追逐金钱，比如吹捧、依附或攀附权力，比如追逐一些可笑的名声。从这个意义上讲，深陷现象之我的现代人的整体意识是喜剧的、滑稽的，这当然也包括自以为是的现代学者、作家与诗人等。还有这些人的所谓的学术意识、创作意识从根本上来讲，都有喜剧的或滑稽的色彩，都属于拿着鸡毛当令箭的种类。一个人文学者或作家（诗人）对金钱与权力的卑躬屈膝本身就是喜剧的滑稽的。人文学者对某个局部事实泡沫不知厌倦地梳理、分析，有点收获就感觉了不起，但对局部赖以存在的整体却缺乏知觉或直觉，这从本质上也一样滑稽，充满喜剧感。

俗语说的“只见树木，不见森林”就是如此。上帝、人、青蛙在一起辩论学术，谁的感觉更好？通常肯定青蛙认为自己最学术，其也更会自以为是，滑稽的本相尽情显露。所以，人类一思考，上帝就发笑，青蛙类的人一思考，上帝的笑声自然也会更大。笑的就是人类局限的思考方式本身，还有局限的脱离整体的思路：傲骄于有限的局部的泡沫现象。我们这个时代缺的是悲剧型学者，而不是喜剧型学者。

心心美学（诗学）追寻天人之内在的贯通性、一体性、统一性，倡导天人之启示性对话交流，把天心（包括天心之纯粹性体现——永恒性）作为领悟中心，也把天心（包括天心之纯存在性体现——永恒性）作为自己沉思对象，基于此，也会思考永恒性与短暂性撕裂所造成的独特的悲剧意识。但中国传统精神中的时间意识是循环性质的，常常也就缺乏对时间的线型流逝的真正敏感，也缺乏真正意义上的超时间性的永恒冲动，以及缺乏伴随着永恒冲动与短暂易逝的撕裂带给人的深刻伤痛、伤感与哀婉。实用儒家传统支流在某种意义上撕裂了中国更为古老的“天心—人心”精神存在结构。甚至包括道家老子在内的哲人也未能对真正意义上的永恒意识展开论述，而没有永恒与短暂的撕裂造成的张力，也就没有真正的悲剧或悲剧意识。德国哲学家卡尔·雅思贝尔斯在《大哲学家》中在谈老子时分析了中国精神，他认为：老子是完全从永恒谈起的，但它在面对事物的根基表示各种谴责的时候并未显示出愤怒来，面对具有一定的启示性权威的不可理解的事物，也并不表现出惊慌失措的顺从，并认为这是一种不可思议的魅力。尽管如此，中国人是有其局限性的。他们本质上的魅力对我们来讲仍然是陌生的，就好像恐怖的深渊在中国人那里还没有彻底展开一样。中国人不仅没有创造出文学上的悲剧，而且他们很难接近那种深刻的悲剧意识，尽管他们能全面地看到，并深深地体验到不幸。对中国精神来讲，世界乃是自然生起现象，生机勃勃的循环，静静运动着的宇宙。[①] 为什么主流传统中国精神（尤指实用儒家传统）中没有深刻的悲剧感？因为真正意义上的悲剧意识，需要对存在之深邃根基的领悟，需要有短暂与永恒的张力及分裂的意识，并有了因此而生的基于永恒性渴求的终极关切。这也是中国以实用儒家支流为代表的传统精神相对缺乏的，尽管就另一个中国思想传统——天心一人心的对话交流传统——的精神存在结构看，中国人应该具有这种深刻意识的。

① 参见〔德〕卡尔·雅思贝尔斯：《大哲学家》，李雪涛主译，社会科学文献出版社，2005年2月版，第844—845页。

第三章 天人合一之无限存在及无限境界

这世上没有一样东西我想占有。我望见蓝色的大海和帆影。

——〔波兰〕米沃什

天人合一之无限境界也是人之存在的最高境界之一。让人之存在更像人之存在的——或让人心更像人心的——是那种内在无限属性及内在纯粹性。但所谓无限（及纯粹性）属于“天心”。与无限相对的是有限，包括时空两个方向，无限也包括超时间与超空间内涵，但我们这里偏重其超空间的意义。心心存在秩序（结构）使人心连接源头，并“超有限有形之空间”，摆脱了因物质性、平行关系性而生的有限空间之非存在性的缠绕——也即这一否定性存在力量的缠绕。心心存在秩序（结构）也是人之存在内在困境的揭示，其折射的是人之存在的二律背反（现象之我—现象心与本质之我—本质心的难以调和的内在冲突）。这种二律背反式存在困境（现象之我—现象心与本质之我—本质心的矛盾分裂的存在困境）也被称为实存性困境。人之存在的二律背反之一（或实存状态之一）就是：一方面我们（现象之我—现象心—感性、社会性人性等）被各种非存在性包围，我们的存在是空间性的、形构的、被场所地域所束缚，另一方面我们（本质之我—内在本质心—纯粹之我）又渴望纯存在性，渴望那终极性的肯定存在的力量，也即渴望超空间、超形构、超地域场所达到无限。所谓美学性或诗意就蕴含在这种内在困境的某种（或短或长、或隐或显）解决或消除之中，也即通过人内在超越之精神修行（及深度价值体验），趋向纯存在性，趋向终极性肯定存在的力量，并隐蔽回归于纯粹精神本质中——即天人合一之无限境界（及其形象、情境、氛围、韵味等）中。

心心存在是具有内在贯通性、一体性、统一性存在，也是人以敞开的意向性方式——但不同于一般意义上的意向性方式——达成的联系性存在。在这种存在状态里，东西方古老传统的基于信仰之联系性（信仰性沟通方式可包括内在纯思，甚至也可包括印度瑜伽、中国佛教禅宗等）可以以某种方式自然地涌现，天心之纯存在性通过人心获得表达、延伸。只是对应于人的种种二律背反式实存处境，人心被启示的方向（或方面）有所不同，人心涌现出来的纯存在性内容也有所不同。种种二律背反式实存处境使人心在现象学意义上的呈现发生变化，也即纯存在性涌现方式会发生变化。空间、形构、场所性代表的是人之存在的现象性、片面性、非纯存在性，心心之无限则代表对现象片面与非纯存在性的克服。

人之存在的无限（或无限感）是纯存在性的呈现方式之一，从本质上讲来自心心之内在一体性、统一性、联系性。而人的现象存在却受制于有限形构之空间，受制于与空间相关的地理与方位的局限，其实所谓无限并不仅仅是空间意义上，也是时间意义上，不过此章偏重其超空间内涵。无限存在来自内在的贯通性、一体性、统一性。天心—人心启示性对话创造了无限之存在。中国思想传统鼓励天心—人心之内在一体性与统一性，鼓励心心之启示性对话交流，认为这样就可洗去人之现象心，也即洗去遮蔽着的“尘心”“妄心”“欲心”“知性心”等，留下“无边心”，也即与天心相通的无限之心。天心是超有限形构空间的无限之心，能启示人心之无限感。心心美学（诗学）倡导追寻天人之内在贯通性、一体性、统一性，倡导人在深度价值体验中成为超时空的“无限之子”。心心美学（或诗学）是天与人的相通同在之学，是天心与人心的相通同在之学。这种相通同在给人之存在带来内在的无限感。无限（或无限感）是心的核心标志之一，也是美（或诗意）的核心标志之一。换句话说，拥有无限之心是拥有心的核心标志之一。

一　空间的内在化与心性的贯通、统一

“空间被看作是现象的可能性条件，而不是一个附属于现象的规定，而且它是一个先天的表象，必然成为外部现象的基础。”①

康德在《纯粹理性批判》里对空间也很关注，但其还不是真正心灵化的空间。前面我们已经说过。黑格尔在《哲学全书》中也专

① 〔德〕康德:《三大批判合集》上，邓晓芒译，人民出版社，2009年10月版，第26页。

门写了“空间与时间”一章，对空间进行较为细致的探讨。德国哲学家海德格尔也在《筑·居·思》《艺术与空间》《……人诗意地栖居》等著述里对“空间”思考。在《筑·居·思》中，他认为位置是四重整体的场地，场地把天地神人聚集于自身。他还谈到了“栖居的真正困境”。归根结底，与存在之初始发生关联才是最重要的，否则就有无家可归感，所谓无家可归说到底就是心的无着落感。单纯物理—生物性的空间不是“家”。这明显体现了他试图将空间内在化观念化的倾向。心心存在秩序（结构）中的空间就是内在化、观念化的。虽然就一般经验而言，空间是对外部现象直接呈现表象。在中国思想家梁启超眼里，种种基于空间之“物境”已经化为种种基于心的“心境”。

在心心存在秩序（结构）里，所谓空间已经成为“心之象”或“心之境”，已经成为“心之所攀援游履”之境，或者说本质上成为心造之境。人之存在的无限（或无限感）体现了心性的贯通、联系与统一，或者说人之存在的无限（或无限感）是心性贯通、联系与统一的体现。在中国古汉语的表达中，天就是“人”字上面顶着一个“口”字。本义是人的头顶上方的无边苍穹。天最初指有形空间，后引申为无边之太空，也就更多意指广阔的空间；“天长地久”中的“天长”即“空间极其辽阔”，这也是物理之天的延展性或广延性。在《秋水》篇，庄子也谈到了空间造成的局限性：“井蛙不可语于海，拘于虚也。”庄子对——边际、界限等——空间性的局限似乎很敏感。他的“吾生也有涯，而知也无涯。以有涯随无涯，殆已。”（《庄子·养生主》）他认为以受限的有限的生命去追求无穷的事物，是危险的也是要失败的，而且他似乎也认为这是很愚蠢的。在天之自然物理的时空层面上，去追寻无限之广延性，那自然是危险的，也是不可能的。但天人合一之无限境界的产生本质上来自心，也是超物理—生物空间意义上的，或者说是对空间方位的超越。这是心心存在之境界，是心心启示性对话交流所创造的境界：内在存在空间的无尽的无限的无边际的绵延。

天人合一之无限境界超乎有限之形，直达天之神性（心性）核心，无限不是物理时空层面上的，而是指向物理之天背后的天心（天之心性、神性），天心作为一种本原存在内在于有限世界，又超越有限形构之物理—生物空间，不受有限形构之空间约束。天人合一之无限境界本质上就是心心存在境界。法国哲学家柏格森在《论意识的直接材料》《创造进化论》等著作中提出了“绵延”概念，并把绵延与空间对立起来，他也用这个词来作为其哲学的核心，为了揭示一种没有被以各种方式空间化的时间。德勒兹认为柏格森的绵延从根本上来说便是记忆、意识、自由。但我们这里所说的绵延与柏格森稍有不同，这里所说的绵延是心心存在秩序（结构）创造的，同时是难以言传的存在体验，是被扩展扩充了的浑然的价值体验，也是无边界感的联系性深度体验，来自天心—人心的启示性对话、交流与合一。比之柏格森的概念，天人合一之绵延具有更加本体的性质，也是浑然的前意识的非时间性的，是心心交流体验中的无限感，是一种澄明的敞开性的存在状态，代表了人之存在的内在深层渴求，也折射出人的内在的原型精神，预示着人的心灵（或灵魂）的原型渴望：突破各种有形有限空间的束缚，在存在直觉中与天心（天之神性、心性）相融于一体。这也意味着人之存在的非空间化非形构化非场所化，不被有限形构空间事物而是被天心之无限引领。和柏格森的看法相同之处在于：心心存在之绵延也是一个浑然不可分割的整体。

人之存在和美好空间感受相联系，而最美好的空间感受恰恰就是超越空间感的，在这种超越中，人之本心不断突破有形无形之界限向外延伸、绵延，最终物我两忘消融于天心之无限。被超空间（也超时间）的无限引领，这是人之存在的先验性精神潜能（这也被荣格称为集体无意识）之一，也是进入心心存在秩序（结构）的核心标志之一，也可以说是人之存在纯粹性的核心标志之一。纯粹的精神性存在就是延伸、绵延，扩展至无限的存在，这也是内在的自由的存在。固然现象之我的生活是现实的，所以对于一般人来说，难以突破现象世界的界限，达不到触及天心—精神原型之纯粹高度。基于现象之我的日常生活是缺乏这种纯粹性扩展意象的。存在之扩展之意象是人最深邃的古老意象—意境之一，其植根于人之存在微妙的深处。这种存在的扩展之意象—意境正是心心存在在启示性对话交流中创造的。灵魂、无限之原型、诗意、基于无限之深度体验一同显现。天人合一之延伸绵延隐喻，意味着人突破界限及各种人为设定的藩篱状态，意味着人之存在的某种伟大的消融。

天人合一之无限境界也是天心—人心相通同在境界，并由此带来绵延之存在感，这是直觉中的无限感受——空间功能的消融、空间界限的消失。这是分有留存天心之无限的存在，也是人之真正的存在状态之一：在感受与体验中通向无限，并在直觉中使自身与万事万物连成一体，与无限广阔的天心合一交融。这意味着心的一之一切，也意味着心的一切之一，在这种交融中各种各样的有限性形构世界疆界消失，各种壁垒、层级、界限与常规秩序消融，同时也意味着现象世界的空间时间约束的消融。心心存在之无限感也是中国道家所说的“与道合一”之状态。庄子在“逍遥游”中所说的“天之苍苍”，以及人们经常说的“地之茫茫”，本质上是“得道”后的无限存在体验，也是无限之深度体验的最典型意象。这里不仅仅是指空间方面的大而无边，更是指绝对的超形构之空间。虽然无限也意味着超时间，但在一般的平常的意象中，无限似乎更具有超空间的意味。

那些能唤起我们诗性（美学感）的场景常常具有旷远的意味。俄罗斯有一首好听的歌曲叫《故乡》，其中写道：看那高山、看那平原、无尽的草原、牧场。在想象里就具有一种一望无际感。与此类似的自然意象还有一望无际的滚滚麦浪，等等。古往今来的诗歌（包括歌曲）中经常写到无垠的景象，常常用广袤无垠、一望无垠等词描述。广阔的深邃的无边的、没有界限的；由此还经常用这种描写风景的比喻性、象征性语言，写人的内在心灵世界，表达内心的那种无边无垠之感受，以及思念性情感的绵绵无垠与不绝。这里有无垠的天空、大地、草原、沙漠与海洋，也有无垠的内在的广阔的内在心灵世界等等。“永远的无垠的天空”“无垠的天空在召唤”……中国古代的水墨山水画也以最明确的方式展现了对“远”“悠远”的向往。对无垠的渴望体现的就是我们心中的无限性精神。基于无限和永恒的深度体验接近美学上所讲的“崇高”或“壮美”感受。比照《我心永恒》，实际上可以再写一首歌叫：《我心无限》，本心通向永恒，也通向无限。无限与永恒都是天心—天之神性的显现，或者说都是天心—天之神性的面孔，也都是能给人的存在带来深度影响的方向，也都会给人带来深度的灵魂性感受。

从有限有形之现象空间看，人就是一颗弱小的微尘，是一颗敏感的局限的微尘，但人可以通过心——人之内在的先验性精神潜能或天之心性种子——并通过隐蔽的方式超越星云世界，直达宇宙世界的核心，触及宇宙深处的核心本性。这弱小的局限的微尘有机会突破自身的局限性，在各种存在情境中感受那种无名的扩展，那种没有界限的仿佛是无尽的被扩展感，这是真正的心心存在的核心与基础之一。有此体验者会有深度的价值感触，那是仿佛融化于天之深处的感受，是和天心之无限感应、沟通、交流与合一。这种基于无限感的心心存在经验就是一种深度价值体验。深度价值体验常常超越现象性之我的种种感受——即不是自然之我的感受，不是社会化之我的感受，也不是表层意识之我的感受——而是灵魂之我的感受与体验。基于无限之深度体验也是心心存在之敞开性形态，是在存在直觉中领受到天心的启示，人的本心（内在灵魂）感受到了超时空（在此尤其指超空间）超物质的无限精神气息。无限感也代表人心（或灵魂）的一种深度满足感。

天人合一之无限境界是美妙、深邃、神圣、和谐而又伟大的存在境界，这种存在状态代表一种深邃宽广的消融，也代表各种界限条框束缚的消融，代表的是在无限感之中的消融，或趋于无限自由时的消融。在这种存在境界里，人消失在（或消融于）无空间无时间之处，也和万事万物在最根基之处连为一体。宋明理学与心学论及的万物一体之说，和传统的天人合一说是一致的，天人之所以可以合一，是因为万物的根基是相通相同的。这种消融体验用中国人的说法就是“天人合一”（用印度的说法就是梵我一如）。人心消融于天心，也即融化在广大无边的永恒的天之神性（心性）里，或天心融化在人心里。这里没有时间空间的区分，尤其是没有空间的区隔，没有可以用来度量的空间意识，没有前后、上下、大小、左右、地域、区间等之分，也没有与此相关的“占有”的空间意识等。不管是人在天里还是天在人里，人都借助体验获得无限感，或者说获得一种有价值的深度体验。在中国的文化语境里，一般意义上的“天”更偏重超空间方面的含义，但在中国思想传统的重要支流——心学传统中，天更指天心。进入心心存在秩序（结构），也即进入天心与人心的相互交融状态，也就自然会产生无限感。用印度的说法就是：我在梵里，梵在我里。也近似王国维所说的无我之境。在他看来，“无我之境”通常比“有我之境”更能凸显诗意性，因为在“无我之境”里，现象之我消融于无限之中，只剩下难以言传的无限韵味。

二　形构空间的隐匿消失与一个圣者的心

天人合一之无限境界意味着心心的贯通、联系与统一，同时也意味着空间方位意识的隐匿消失。正是因为被有限形构空间意识束缚，人才会产生各种形式的占有欲，也即占有空间性事物的欲望。近似于著名精神分析学家、人本主义哲学家弗洛姆（《占有还是存在》的作者），我们这里所说的存在是心心存在，心心存在是修无边心之存在，心心存在是启示性对话交流之存在，而占有则是物物消费占有之存在，是被束缚于有限形构之物的存在，物物消费占有之路与心心存在体验之路是两条截然不同的路。在佛教中有“修无边心”的说法。所谓修无边心就是心不落两边，无欲界心、色界心，也没有分别之心，这种心就是超越空间之心。佛教中还有无色禅之说，也即所谓空无边处、识无边处、无所有处。真正修行的圣者之心是无边无际的。这种佛法之理用波兰诗人米沃什的思想表达就是："这世上没有一样东西我想占有。"

心心存在是修无边心之存在，是富有诗性的美学性存在。真正的诗人就如真正的圣者一样，拥有一颗基于无限之超然本心，也就是从人之局限的自然出走之心，也即具有超空间超时间（或超欲界、色界）的无限之心；他不想占有任何有限形构之物。现实中的各种利益大多以空间占有的形式呈现，包括人们常说的地盘、金钱、权力等形式。天人合一之无限意识的对立面就是有限形构之空间意识，有限形构的地域意识，以及与形构地域空间相关的关系意识等。心心存在主义者强调的是无限，并倡导做无限之子，其对立面就是"色界之子""空间之子"或"地域之子""关系之子"。中国传统中的族群意识等都属于地域之子的意识。你占有某个狭隘的空间的欲望越强，你的无限意识（无边心）也就越弱。你为某个地方的服务的意识越强，你的超越地方的普遍的思想意识也就越弱。所谓地方意识就是地域意识。现代流行的所谓"地方性叙事""地方意识"等，正是和"无限形叙事""无限意识"相对的。相比较而言，东方人的空间意识相对较强（西方人的时间意识较强），因而很容易成为地域之子。当你成为地域之子时，从哲学角度讲，你也很容易成为困于空间的狭隘之子，也常常成为狭隘的地方利益之子。真正的思想家哲学家诗人等和真正的圣者一样，肯定宽广的无限意识（无边心）胜过狭隘的地域意识。无限之子就是深邃的精神之子，爱无限——在中国传统中集中表现为爱淡远——胜过爱地域的人通常更具有精神性。这也是深邃精神意识与狭隘的现实意识的差别，是心灵—精神—灵魂路线与物质—现实—功利意识的差别。与物质性相关的空间还包括现代型的技术空间。技术性空间是天人合一之无限意识的障碍。在这种空间里，人之存在是不会有无限感的。在任何一种技术性空间里，人都难以体验无限感，因而也很难产生所谓的诗意。

相对来说，东方文化相对缺乏线型的时间意识，时间意识中具有较强空间色彩。东方文化大体属于拥有循环时间观的文化。古老的印度在这一点上最为典型。所谓时间也就是生、长、衰、灭的循环过程。所以，在整体的时间观上也具有明显的空间色彩。古印度人空间意识较强，而线型的时间意识却较弱。古印度的所谓空间意识也是倾向于突破空间界限的。中国古代的时间观大体上也具有循环性特点。这也相对造就了西方人基于时间的永恒不朽意识，及东方人的基于空间的无限意识。泰戈尔在《生命的证悟》第一章“个体与宇宙关系”中认为，古希腊文明喜欢划分界限，也就是建造空间，而印度文明则是让界限消融，他在说明印度思维时说：

“人之思想，在摆脱了企图在所获之物周围竖起界墙以扩大控制范围之欲后，通过不断接触生生不息的大自然，变得自由自在。人之追求，不再是获取，而是融入周围环境并与之共同发展，感悟与提升自身意识。他意识到真理乃全方位的，没有绝对的孤立存在，而且认识真理的唯一途径，乃与一切客体互为交融。古代印度圣贤隐居山林的修行之举，乃为在精神上实现天人合一的伟大和谐。”①

人之现实存在常常是占有式存在，常常深陷于各种各样的空间

---

①〔印〕泰戈尔：《修行：生命的证悟》，钟书峰译，法律出版社，2019 年 3 月版，第 3—4 页。

束缚中，但以空间占有为基础的体验与感受通常也是缺乏深邃诗性的。人最美好的感受（或感觉）都是在超越各种空间性局限，并获得无边无际的自由延展性时获得的。人的真正的自由感常常也来自这里。所谓诗性常常就是有限之我感受到无限性，或者说是无限韵味萦绕在有限之我的心间。有限——从时空意象两个方面——意味着限制、界限、羁绊、囚禁，而感受无限意味着在体验中突破限制，没有界限，没有羁绊，没有障碍，像云一样伸展、延伸、飘荡，但比有形之云的羁绊更少，更辽远更自由更宽广。进入心心存在秩序（结构）就意味着进入纯粹的伸展性想象里。通常说的诗与远方，说的就是诗意的这层意思。最远的远方、超乎我们想象力的远方在心心存在秩序（结构）里。远方通向无限，超越各种与空间相关的形式限制。没有一种远方是富有诗意的，除非这个远方带给我们摆脱时空羁绊的无限的感觉。

在心心存在秩序（结构）里，物理时空被超越。超时间是指超越物理现世的时间持续性，超空间则偏重超越广延之无限性。在内在化、观念化之超空间里，无限延伸带来辽远、辽阔之感，仿佛通向浩渺的远方。存在的诗意之维与“远”体验的密切关联。这种体验内在化于人的内心世界，所谓无尽的爱、无尽的愁绪之类的说法说的就是内在的感受之无限。和偏重超时间的永恒及永恒感相比，无限之内涵偏重空间性的延展与自由，无限感就是没有时间与空间之地，尤其是指没有空间界限之地，空间及空间界限隐匿消失了。界限、束缚、限制、条框跟着消失了。在空间消失、空间的影响消失的地方才有无限或无限感。但物理—生物空间形式真的可能消失、遁形吗？形构之空间的影响可能隐匿消失，不再发挥作用吗？可能的。在心心存在秩序（结构）里，在以此为基础的深度价值体验里，空间感、空间形式、形式感等会隐匿消失，形构之空间的影响力也会隐匿消失。在心心之存在体验中，人作为纯粹的精神体验者，成了无限之子，消融于无限之中，或者说人成为消融于无限的迷醉者、合一者。笛卡儿曾说："我思故我在"，这里我把"思"改为"深度价值体验"，然后就是"我进入深度价值体验故我在"。

"我试图想象一个没有空间的世界——全部所得，不过是一颗圣徒的心。"①

所谓圣者常常就是指达到了天人合一之境界者，在中国的心学传统里也就是心心合一者。在这种合一的圣者之心（也是诗心、美学之心）里，没有基于现象物质的现象界，没有形构空间的隔离，也没有有限的空间性（空间形式、形式性）。万物均等并内在地融合为一体。越是接近自然动物者越是容易被空间束缚，也越是有分别心而无无边心。在看起来无意识的动物界，本能的界限意识实际上很强，动物们差不多也都具有领地意识。分别心、空间意识不消失的种种体验也难以达到深度价值状态，即难以到达美妙、深邃、神圣而又伟大的存在状态，而达不到这种存在状态就很难说是诗意性的，反过来说有深度的诗意体验也不会出现在动物霸占空间式的情绪里。有些动物的空间意识的发达，对占有空间有着强烈的冲动。据说，有些动物常常通过自己特有的方式（比如尿尿等）划定自己的空间范围。人的动物倾向也同样如此。所谓现象空间包括以下几个层次：

一是指自然物理—生物空间。这是看得见的物质性空间。占有

---

① 〔法〕E. M. 齐奥郎：《眼泪与圣徒》，沙湄译，商务印书馆，2014 年 1 月版，第 40 页。

一个房子也属于这种意识的体现。鸟儿有窝、狐狸有洞，耶稣却没有安身之地。伟大的圣者之所以成为圣者也是因为他没有占有空间的意识，而渺小的极大多数人却以占有空间为存在目的，并有着占有空间与在空间方面扩张的天然冲动，活着时时物物占有存在关系，甚至死后还要占据一个空间性的墓穴。二是指社会空间性的关系。人们常把这种空间性关系，称为地方性关系，也称作“江湖”。“人在江湖、身不由己”，人的内在精神被各种关系之网困住了，尤其是指外在的社会性的错综复杂的利益关系及其关系之网。各种地方性的观念、欲求也属于这种狭隘的空间性观念、欲求。真正的圣者（也包括真正的哲学家）对狭隘的地方性观念不感兴趣。区分什么中国哲学与外国哲学没有意义。精神性的关系不属于空间性关系。在精神的无限之处，没有什么空间性区别。在天人合一里，人通达无限之韵味。三是指表层意识的形式表达与对象性，这也是空间形式的呈现与表达。心心存在也超越了各种形式结构与形式表达，消失了无形式之中，无限是没有形式之形式。无形式也是无对象，具体对象是空间的体现。真正基础性的那些精神性学科——哲学、宗教等——是没有具体对象的。自然科学的方法——包括类自然科学方法——特别强调对象的具体性，包括研究对象的范围，接近这个对象的具体方法等。心心美学（诗学）重视天人内在的贯通性、一体性。统一性，强调天心—人心启示性对话交流，强调体验的无界限性。所谓诗性体验恰恰是无对象的，也是不能被束缚于具体对象的。心心美学（诗学）重视“心象”“心境”“心韵”等，其超越具体的物理对象性及空间性。

天人合一之无限境界是最高远的诗性境界之一，为此，需要超越所有形式的空间性才可实现。时间的限制、有限性也是一个方面。无限也是超时间的体验与感受。但在无限（尤其是在古代东方）的用法中，经常偏重空间性的方面，而永恒则偏重时间性的方面。古代东方人对超越空间束缚似乎更有意愿，对超越空间意象的“无限”性更为敏感。古代东方人似乎对消融于无边无际的宇宙中的感受与体验特别重视。古老的印度婆罗门教也有这个特点。吠檀多学派代表侨荼波陀曾有过一个比喻，大梵是无限的空气，小梵是杯子内的空气，把玻璃杯似的肉体的障碍消除，人就自然消融于无限无边的梵里。人的肉身（或人之有限形构之我）是通向无限的障碍，打碎它忘却它就可进入无限。中国古代有一些美学术语（或范畴）和体验无限的感受相关。“意境说”“意境论”的核心思想就是论及诗意与无限感的关联。“象外象”“味外味”等，“淡远”“悠远”等，其本质也就是天人合一，或者说意境的本质是天人合一，天人合一之境凸显的就是无限之韵味。司空图在《二十四诗品》中论及的所谓雄浑是指：具备万物，横绝太空。荒荒油云，寥寥长风。他论及的所谓冲淡则意味着：素处以默，妙机其微。饮之太和，独鹤与飞。脱有形似，握手已违。

三　心心存在、精神尊严与价值依据

现代人经常以“宏大叙事”之名否定感官经验之外的事物，这种倾向很符合现代人的实用逻辑。心心存在之无限是超越一般意义上的感官感知的。但没有比人心渴望无限之事更实在更细微了。心中展开的无限蕴含在人的富有深度的价值体验里，与有限“细微”的具体有形之叙事并不矛盾。具象的万物都是空间性存在，都是空间之子，都会被空间蹂躏，人也是被蹂躏的最微弱的品种。进入心心存在秩序（结构），才能使人超越现象空间之局限性，才能消除现象物理—生物空间性的粗暴影响，并使人之存在变成纯粹的价值存在，也使人变成无限之子。真正意义上的美学状态（诗性状态）在根本之处是超空间的。事实上，人类所有的伟大存在状态，人类所有伟大的创造力，差不多都是在突破空间性的框框与界限中获得的。

心心存在秩序是人最本真的存在秩序，也是东西方古老思想传统一直迷恋的存在形式。东西方思想史上早就有对“天人合一”的探寻，其中也包括对“无限”的探寻。在印度文化里，“梵”就代表了无限……中国道家所说的“道”也是如此。“无限定”（也译“无限者”）是古希腊哲学家阿那克西曼德提出的哲学概念，他认为“无限定”是世界的“本原”。后来西方的哲学也有了对无限的各种探讨：探讨的角度也各不相同。对人之存在而言，这种消形的绵延感本质上是天心之属性（纯存在性），呈现于心心存在秩序（结构）里，这就意味着无限是心灵的敞开性内在实践造就的，是心灵的展现形式，通过这种扩展式精神实践（或修炼）超越时空间的羁绊，尤其超越空间的局限及其羁绊。心灵的内在实践决定了超越性存在的形态。心心存在是一种内在超越的扩展式的绵延。没有这种仿佛是通向无尽的绵延状态，就很难谈得上进入了真正的诗意状态。心心存在也是人面向源泉的存在，是超越时空的一种内在扩展。

心心存在是诗意性（美学性的核心）存在，其启示性对话交流的目标是深邃的、宽阔的，但并不是虚无缥缈的，其给人带来真真切切的价值体验。被无限启示召唤的心心交流状态使人突破现象自己的局限性，向着无限之域无名地伸展，这是美妙、深邃、神圣、和谐，常常也是伟大的存在状态，也是人本心之基本情感体验状态。就像永恒一样，无限也是无法用各种理性（知性）去度量的。无限性只能出现在心心存在秩序（结构）里，只能出现在人们的深度感受里，而这种深度情感体验是超理性的。中国日常用语中有“仗剑走天涯”的说法，并把诗与通向天涯的悠远联系在一起。心心存在是追寻人类内在尊严的存在，也是一种神圣性存在。

“我们必须把……普遍的人类尊严的观念理解为一个人之神圣化的过程。”①

天人合一之无限境界是一种神圣境界。心心美学（或诗学）本质上也是关于人类精神尊严的学说，而人之精神尊严来自超越现象人性的方向，人之内在尊严来自天人合一的方向，来自因此而来的存在之神圣化。心心存在之无限体验就是神圣化过程的一个侧面，或者说通往无限也就是通往神圣。在东方古老的文化传统里，那些看起来似乎只是关乎肉体的凝定或运动——包括中国的禅定，印度的瑜伽等——本质上也是一种神圣意识的实践，而不是只关乎肉体的健康的修行；那些运动就是试图突破有限个体的束缚，并向无限敞开的内在实践。天人合一之无限之路就是神圣意识之路。

神圣意识能给平庸的存在带来诗性（美学性），也带来精神性尊

① 〔德〕汉斯·约阿斯:《人之神圣性》，高桦译，上海人民出版社，2017 年 5 月版，第 183 页。

严，这也是对狭隘的人之本性的突破，是从狭隘的人之本性的出走，也是从中获得的解放。屈从于现象狭隘自私功利本性者——自我保存等——很难获得精神上的尊贵感。被束缚于现象之我及自我保存本性的行为、思考都缺乏真正的精神光泽，也缺乏真正的精神尊严。来自高处的精神的光辉——用中国术语讲就是天心的光辉，用西方术语讲就是上帝的光辉等——才能真正唤起人们的崇高感。从人之心心存在的历史看，那些天才思想家、诗人及艺术家们对无限之存在具有很高的敏感性，也具有对其本质直观能力。东西方文化都对无限具有很深的认识，这包括传统西方对上帝直觉，古印度对“梵”的直观，中国传统对天心之道的领悟。无限是天心（天之神性、心性）的面孔之一，也是人之本心的面孔之一，也是人之纯粹存在的本质之一。无限以隐形的方式内在于宇宙之中，内在于我们的心灵里。人们常说的诗的领悟力就包括对无限的本质直观力。这些具有天赋之人，同依赖证据材料、科学工具（逻辑演绎、归纳等）来思维的人有着本质的不同。诗人雪莱在《论生命》中说：“他们的天性仿佛融进了周围的宇宙。或者周围的宇宙仿佛与他们自身浑然一体，于是物我两忘，不觉丝毫差异。”[①]

雪莱所说的宇宙不是有限的形构物理性自然，物我两忘也意味着人融于无限之中。基于无限之扩展式存在背后隐藏着天心（天之神性）意识。人不断地越过框定的界限向远方出发，就是为了深邃的真理，为了至善、至美或为了至爱等崇高使命，这些身怀理想之人不断地越过停留之地，向着缥缈的遥远的目标进发。实际上，所谓“远

① 参见杨自伍主编：《英国经典散文》“论生命”一文，上海文艺出版社，2004年4月版。

方”“遥远的方向”常常也不是具体的有对象的目标，那里也没有具象的可供歇脚之地，没有可供心灵停泊的具体港湾，也没有可以安顿灵魂的具体场所。任何被束缚于空间的事物都解决不了一颗渴望遥远的心。唯有进入心心存在秩序（结构），才能满足这种先验性的精神需要。带着无名而又坚定的深邃的精神向往不断地扩展自己的心灵想象的边界，这就是心心存在扩展者的命运。“不要问我从哪里来，我的故乡在远方”。真正伟大的思想家没有基于空间的地理上的祖国，也就是没有狭隘意义上的地方意识。充满欲望的物质性身体的祖国在特定的空间里，在特定空间的那些物质对象上。人之本心（本质性心灵）的真正的祖国在哪里？在天心方向上，在超越有限的天之神性—精神原型里，在代表了这些原型精神的隐喻里，包括在天之神性—无限之精神原型里。真正深邃深刻神圣的心灵的祖国在无限里，在没有界限的无限之境里。各种有对象的具体空间意识都会限制你的深邃的心灵及其想象。

中国的人文学科为啥失去了影响力？除了时代历史变迁及时代氛围的原因外，根子还在学者自身身上。现在的人文学者的常规存在状态就是物物空间型的，就是以此为基础的利己利益性的，包括做功利课题、拿功利项目、写与此相关的论文等。中国当下的学者们差不多都被束缚在现象人性里，做着符合自然人性的事情，也基本停留在自我保存的界限里，其思考也是非纯粹的。这本身就不是真正的存在，就缺乏真正意义上的心灵性，也因此缺乏真正的精神尊严。你的存在与心灵是被形构之物束缚的，被束缚在现象人性的狭隘范围之内，没有通往纯粹（包括无限）的倾向，缺乏内在超越的精神光芒，那么你还想用符合自保的平庸去照亮别人吗？被囚禁于人之本性者很正常很自然，但通常他们的行为、思考不会有真正的精神感染力。真正的思想者差不多都是能走出现象存在的，包括走出利己本性的（超越基于空间之利己）。真正的思想家从根本上讲差不多都是无限主义者。中国传统中的所谓“民胞万物”就是无限思想的体现。宋张载《西铭》:“民吾同胞，物吾与也。”天下民众都是同胞，世间万物都是同类，这就是东西方普遍存在的“万物一体”观念。真正的思想者喜欢从更高处或更深处思考问题。有着真正的存在意识，也即有万物都只是存在本身（存在之根）显现的意识，或万物都可归为一源的意识。这种意识也就是心心存在意识。从深刻的哲学视点来看，宇宙意识比地域意识重要，而天心意识（神性意识）又比一般意义上的宇宙意识更为根本。占有一定空间的短暂之物（也就是浮泛的浮云，在思想家、哲学家的眼里短暂之物都是浮云）不能作为价值的最高依据，也不能作为有价值的深度体验的最高判断标准。其可以作为次一级的价值依据。一个必将消亡的短暂事物，自己都缺乏稳定性、常在性、无限性，怎么可以安顿人深邃的心灵？怎么可以作为价值的最高依据。

四　天人合一及基于无限的崇高与悲剧感

进入心心存在秩序（结构）常常也意味着进入深邃而伟大的存在状态。所谓美学性所谓诗意，其是纯存在性的隐蔽折射，这也基于无限的崇高。真正的生命感（或深邃而伟大的生命状态）在崇高中显现；在崇高感中我们的存在才真正高大起来，在崇高感中我们的生命才真正具有精神性光辉。崇高感受常常就与超时空的无限感受紧密联系在一起。人之伟大的存在状态之一就是通向无限（或无限感），这也是和谐完善圆满的体验，常常也是一份深邃深沉的情感体验，或者说是一种基于深邃深沉基调的和谐完善圆满体验。诗意体验（或美学性体验）并不像一些人想象的那么肤浅轻飘。有一种隐蔽的无限性在隐蔽地为我们歌唱，这种情境、氛围与韵味常常与美妙、深邃、和谐、神圣而伟大交融在一起。崇高的体验与感受是心心存在之启示性对话交流的方向之一，其与以单纯为基础的和谐优美感，在体验之显现方式上有所不同。

“依照、博克、康德与索格尔的主张，由于崇高与美是相互排斥的，所以凡是崇高者永不可能是美的，而凡是美的也不可能是崇高者。”①

崇高与优美方向不同，其本质上不是以单纯整一为基础的和谐，而是心灵体验中的超越有限通往无限之感。崇高感常常就来自有限之心灵与无限之追寻的冲突。在美学史上，从古罗马朗吉弩斯开始，至近代经由艾迪生、博克、温克尔曼等人的努力，使崇高观念得以初步形成。到康德、席勒加以全面展开论述并完善化。进入利奥塔德的后现代视域，崇高在理论上不断地产生新意，内涵不断地充实。鲍桑葵评论朗吉弩斯时说，他（指朗吉弩斯）差不多快要在一定程度上认识到：崇高有赖于心灵做出努力或反应来同气派宏大或力量无

① 参见〔波〕瓦迪斯瓦夫·塔塔尔凯维奇：《西方六大美学观念史》，刘文潭译，上海译文出版社，2006 年 8 月版，第 179 页。

穷的气象展开某种竞争。朗吉弩斯的崇高观念更重基于无限的力量感受，他说到“强有力的理念”“庄严与振奋的普遍效果”，还有“颂扬了上天（诸神）的力量”，并认为荷马史诗中的一些段落是崇高的，“表现出了神的真正属性。”，这是天才借助“不可征服的激情”的翅膀，“灵魂的伟大”“不朽的灵魂的发展”，并超越人类有限本性走向神圣，接近于“上帝强有力的心灵”，这是出于经验顶点的不同寻常的罕见之物，不同于追逐财物及喜欢快乐的平庸，也只有依靠天才实现。他的崇高观的本质就是：灵魂超越了身体，不朽、持久和无私超越了易腐败、短暂和自私自利[①]。

博克的崇高内涵超空间内涵很明显：人认识最少但又最动人的莫过于永恒和无限，人在永恒和无限之中恐惧，存在被裹挟，也就是人对可能的不在场和隐蔽的恐惧，认为由此造成的恐惧、模糊、力量、巨大、困难等是崇高的特征。在康德那里，他通过想象力面对无限的无能（有限性）来证明理性的无所不能（无限）。康德还写过《论崇高感与优美感的不同对象》。康德认为“崇高与优美”是人的最精致的两种基本的情感。崇高因为通向无限，所以超形式，冲破形式、漫过形式、超越形式表达。优美则拘于形式。凡是拘于形式、重形式的表达一般都不具备崇高性，重形式表达。神圣丛林中孤儿的阴影是崇高的，花坛、低矮的篱笆和修剪得很整齐的树木则是优美的；黑夜是崇高的，白昼则是优美的……第一种我就称之为令人畏惧的崇高，第二种我就称之为高贵的崇高，第三种我就称之为华丽的崇高……深沉的孤独是崇高的，但却是出之以一种令人畏惧

① 参见〔美〕M. A. R. 哈比布：《文学批评史——从柏拉图到现在》，阎嘉译，南京大学出版社，2017 年 1 月版，第 110—114 页，第 127 页。

的方式。因此广阔无垠的荒原，像是鞑靼地区的荒芜可怕的“沙漠”（Schamo），就总会让我们把可怕的鬼怪、精灵和妖魔都放到那里边去。崇高必定总是伟大的，而优美却也可以是渺小的。崇高必定是纯朴的，而优美则可以是着意打扮和装饰的。伟大的高度和伟大的深度是同样的崇高，只不过后者伴有一种战栗的感受，而前者则伴有一种惊愕的感受。[①]

“自然的美涉及对象的形式，这形式在于限制；反之，崇高也可以在一个无形式的对象上……它是通过生命力的瞬间阻碍，及紧跟着而来的生命力的更为强烈的涌流之感而生的。”[②]

“我们把那绝对地大的东西称之为崇高。”[③]

总体来看，朗吉弩斯、博克与康德的崇高观念偏向超有限空间的意义，以及由此唤起的强有力的感觉。绝对的大（无限）与强有力的体验（包括恐惧），这是崇高观念的核心。所谓的太阳崇拜文化倾向就既和超空间（无限）感受，也和伟大的强有力感相关。对炽热的阳光、对阳光照射下的明亮清晰、对与阳光有关的激情的欢迎与推崇，对激烈的冲突的雄浑豪迈的感受的推崇，对痛苦与苦难的崇拜。月亮崇拜文化则立足于优美。柔和的月光、对月光笼罩下的含蓄、朦胧、对与月光有关的柔和体验欢迎与推崇，和谐的平静的秀美的小桥流水的景象的推崇，对愉悦与快乐体验的崇拜。对基于无限之深度体验者而言，两个方向的感受似乎都不可或缺：面对无限的那种渺小感、谦卑感、消融感，以及渺小感之中渗透着的无

---

① 参见〔德〕康德：《论优美感与崇高感》，商务印书馆，2009 年 7 月版。

② 〔德〕康德：《三大批判合集》（下），邓晓芒译，人民出版社，2009 年 10 月版，第 88 页。

③ 同上，第 92 页。

限伸展感、自豪感。由此，西方文化产生出一种似乎有些矛盾的比拟与象征心理：人们在上帝面前（上帝代表永恒与无限）的渺小感，以及在上帝启示下的无限伸展感，或者说在上帝启示下的通向无限感。和一般意义上的崇高感不同的是，中国传统中的天人合一之无限境界，是基于心心存在之启示性对话交流境界，其基调是和谐的圆满的，没有西方文化（基于天主崇拜）那么多的分裂、冲突、激荡与张扬。"天人合一"之无限境界基调是和谐的、完善的、圆满的，这种基于无限的有价值的深度体验是一种相对的和谐性的崇高。每个普通的渺小者都有通向无限精神窗口，并展现了非渺小的存在与精神品格。

"这可以说是'山岳诗学'诞生的时代：鼓起勇气横越阿尔卑斯山的旅人，见其不可攀跻的绝崖，一望无尽的冰河，下临无地的深谷，举目无垠的大地……高山的体验使人的灵魂向上帝提升，暗示着无限，以及撩动大思想与大热情。"①

无限感也代表了存在的自由扩展以及扩展中的雄浑与豪放，在中国的诗词传统中，有所谓的"豪放风格"与婉约风格之别。豪放是舒展型的，是接近壮美的，也是趋近无限的，豪放是扩展性的。豪放方向就是心灵的扩展性方向，当然也是情感的扩展性方向。中国古典美学中的"雄浑"等范畴揭示了人心趋近无限的存在特征。悲剧感有时间型的，也有空间型的。空间型悲剧感来自有限之人追寻无限扩展的体验，来自其间形成的张力、冲突与分裂，其也构成了空间型悲剧的基础。空间型悲剧感更多体现在人类集体命运的起伏中。

---

①〔意〕翁贝托·艾柯：《美的历史》，彭淮栋译，中央编译出版社，2010年10月版，第282页。

人类之间的杀戮与战争大多是空间性，也即是空间性争夺。纵观历史，人类相互之间的掠夺、战争动因大多来自扩张，即来自人无休止的更多占有空间的扩张冲动。古代的帝王（莎士比亚的《亨利五世》）在这种者征服性的扩张中展现了崇高英雄的一面，但这种征服却给人类带来了悲剧性灾难。古往今来，战争大多是土地、资源（包括女人）等空间性之争，战争也造成了人间的无数个悲剧。但个体人之存在悲剧主要是时间型的，也即短暂与永恒（及其理念、理想）之冲突与分裂撕扯意识。

第四章 天人合一之圣洁存在及圣洁境界

欢乐女神，圣洁美丽。
灿烂光辉，照耀大地。

——〔德〕席勒

天人合一之圣洁境界也是人之存在的最高境界之一。让人之存在更像人之存在——或让人心更像人心的——是那种圣洁的属性及内在净化性。但本原性圣洁（及净化性）属于“天心”。人之存在（或人心）之圣洁性来自天人（天心—人心）的相通同在感，来自天人（天心—人心）的启示性对话交流。天心—人心启示性对话创造了圣洁之存在。心心存在秩序（结构）使人心连接源头，并“超越沾染”，也摆脱了因物质性、平行关系性而生的物性沾染之非存在性的缠绕——也即这一否定性存在力量的缠绕。心心存在秩序（结构）也是人之存在内在困境的揭示，其折射的是人之存在的二律背反（现象之我—现象心与本质之我—本质心的难以调和的内在冲突）。这种二律背反式存在困境（现象之我与本质之我矛盾分裂的存在困境）也被称为实存性困境。人之存在的二律背反之一（或实存状态之一）就是：一方面我们（现象之我—现象心—感性、社会性人性等）被各种非存在性包围，我们的存在趋于自然物欲、贪求、六根不净，另一方面我们（本质之我—内在本质心—纯粹之我）又渴望纯存在性，渴望那终极性的肯定存在的力量，也即渴望超物欲、断舍离与净化。所谓美学性或诗意就蕴含在这种内在困境的某种（或短或长、或隐或显）解决或消除之中，也即通过人内在超越之精神修行（及深度价值体验），趋向纯存在性，趋向终极性肯定存在的力量，并隐蔽回归于纯粹精神本质中——即天人合一之圣洁境界（及其形象、情境、氛围、韵味等）中。

心心存在是具有内在贯通性、一体性、统一性存在，也是人以敞开的意向性方式——但不同于一般意义上的意向性方式——达成的联系性存在。在这种存在状态里，东西方古老传统的基于信仰之联系性（信仰性沟通方式可包括内在纯思，甚至也可包括印度瑜伽、中国佛教禅宗等）可以以某种方式自然地涌现，天心之纯存在性通过人心获得表达、延伸。只是对应了人的种种二律背反式实存处境，人心被启示的方向（或方面）有所不同，人心涌现出来的纯存在性内容也有所不同。种种二律背反式实存处境使人心在现象学意义上的呈现发生变化，也即纯存在性涌现方式会发生变化。被物欲沾染或物欲贪求代表的是人之存在的现象性、片面性、非纯在性，心心之圣洁则代表对现象片面与非纯在性的克服。

人之存在的圣洁（或圣洁感）是纯存在性的呈现方式之一，从本质上讲来自心心之内在一体性、统一性、联系性。进入心心存在秩序（结构）就是进入天人之内在的贯通性、一体性、统一性秩序（结构），也就意味着存在的净化秩序（结构）。圣洁从某一侧面触及了生命存在的本体。存在的至关重要的原则是让圣洁之原欲引领自己：真正的存在就是不断净化的过程，就是最终触摸圣洁之原型，并进入天人合一之圣洁境界。西方宗教中的所谓“圣徒”差不多就等同于“圣洁之徒”。他们通常会被一种深沉的净化欲——纯洁圣洁欲——所引导所包围，这也是进入心心存在秩序（结构）的核心标志之一，也可以说是人的纯粹存在的核心标志之一。纯粹存在的方向之一就是追求净化直至圣洁。追求净化直至圣洁，这种倾向经常显现在人们的精神渴望里，也更明显地显露于伟大的精神先知的存在里。他们的生命核心就是要远离各种污染，尤其是物欲的污染。心心美学（或诗学）是天与人的相通同在之学，是天心与人心的相通同在之学。这种相通同在给人之存在带来内在的圣洁。圣洁（或圣洁感）是心的核心标志之一，也是美（或诗意）的核心标志之一。换句话说，拥有圣洁之心是拥有心的核心标志之一。

一　天心之洁与存在之净化传统

人之存在的圣洁（或圣洁感）体现了心性的贯通、联系与统一，或者说人之存在的圣洁（或圣洁感）是心性贯通、联系与统一的体现。净化隐喻是人类古老洞悉与想象传统的表达，也是来自人之存在自我更新的内在需要。净化之隐喻折射了人之存在的微妙的冲突处境：即我们被物质性、自然的感性物欲包围，另一方面这种物质性与自然感性物欲又有给人之存在带来混乱、倒退的危险。净化隐喻具有提醒作用，其告知人们物质与感性欲望之惰性，也提醒人们关注那最根本的精神原型。据说古希腊第一个哲学家泰勒斯提出这样一个命题：水是最终极实在。古老的哲学家的想象也包含如下道理：水意象及与水意象相关的“洁意象”具有原初性，也可代表了原初之纯存在性。在《神圣的存在——比较宗教范型》这本书的第五章里，美籍罗马尼亚著名学者专门写了“水和水的象征”。在许多宗教里，水代表万物之源，也是万物纯净——尤其是人之存在之纯净——的象征体，也是生命的根本之一。

“在存在的每一个层面上，水都是生命与生长的源泉。”①

来自源头圣水的清洗带来存在的圣洁。神圣而纯洁——这也被新柏拉图主义称为“神圣德性”——因为神圣的存在源头是纯洁。这种神圣德性具有动人的内在力量。神圣的源头之水的净化与清洗使人之存在放射出圣洁的光辉。世界各地的各种文化中，用本体之水实行浸洗礼的象征普遍存在。在东西方的各种主流文化中，基于圣洁的体验都是一种被肯定的具有深度价值性的体验，这种具有神圣色彩的体验尤其被各类信仰型文化所肯定，也普遍认为：保持人之存在的纯净性的核心在于心，即通过心灵的联系性敞开之内在实践，使精神—灵魂保持纯粹洁白，保持免受各种外界污染的状态。天人合一之圣洁存在就是通过敞开的联系性心灵实践实现的，这也就是我们中国传统所说的修行或“修心”“存心”“养心”“明心”。中国思想传统鼓励天心—人心之间往返的内在对话（或启示

① 〔美〕米尔恰·伊利亚德：《神圣的存在——比较宗教范型》，晏可佳，姚蓓琴译，广西师范大学出版社，2008年8月版，第180页。

性对话），这种最内在的对话交流可洗去变动人心之浮云，洗去遮蔽了本心的“尘心”“妄心”“欲心”，留下与“本心”相同的“真心”“照心”“道心”等，也即留下圣洁之心。在本体价值隐喻的意义上（也是启示的意义上），天心就是源头的神圣的圣洁之水，可以洗去覆盖于人心之上的种种遮蔽物。人之存在之洁本质上来自源头，是源头的神圣之水的功效，这种功效造就了心灵的洁白。所以，圣洁从根本上说是天心或天之神性（心性）的显现面孔之一。心心美学（或诗学）也是圣洁之学，希望人之存在因圣洁而更有价值深度，并希望人成为“圣洁之子”或圣洁之徒。人之圣洁存在状态是本真而深邃的存在状态，也是人之存在的先验性精神潜能的一种显现。

天心是万物净化的本原，也代表圣洁之源头、基础与根据。人心如果孤立的不在联系状态中，如果未经源头的净化就不算是真正的人心。天人合一之圣洁境界就来自天人之相通同在感。东西方净化传统事实上也就是天人之启示性对话交流的传统，洁之果就来自这种启示性对话交流，来自与精神源头沟通同在而来的内在清洗。这是天之神性（心性）对人性的内在净化。女神这个词我们现在在日常生活中经常使用。女神的意思说的不是你是神，而是说你身上具有神性（或心性），是富有神性（心性）之女，是被伟大的精神理念支撑之女，是和世俗人间性有些距离的，是被天心或天之神性召唤启示之女，经常处在天心（天之神性）人心的相交相感的存在状态中，并由此意味着各种人间感性物欲的净化、各种人间世俗物欲的远离。女神是具有神性心灵之女。大多女人愿意被以“神”或天使对待，而不是以物—动物对待，但你要想被以神或天使的方式对待，你就要具备一种超人间性的精神气质。所谓圣洁就是指超人间物欲与俗在的神圣的纯洁性。人之存在像纯净的圣水一样圣洁、清澈、透明，或澄明。

如何才能实现人的存在的圣洁、清澈与透明？首先就得放弃那些让生命晦暗的事情、事物，核心是放弃我执，核心是放弃我对外在的物欲性之执。只有放弃这种功利性的我执，那些外在的晦暗的物质性欲望才不会以某种方式污染你。净化隐喻遍布在古老的神话隐喻与象征中，并以此表达对纯粹生命存在的向往，表达对各种人间物欲的远离，对女人来说，更包括远离异性之间的那种情欲。这种情欲是感性物欲的一部分，被认为是离天之神性—精神原型较远的。基督教所谓的罪性也是因为背离了最初的神性，所谓救赎就是和最初力量和解、连成一体。在古希腊神话中，有三位永恒的处女神——阿尔忒弥斯、雅典娜和赫斯提亚。阿耳忒弥斯：（罗马又称狄安娜 Diana）Artemis，希腊神话中月亮女神的象征，又是狩猎女神、妇女之神、助产女神，热爱大自然，保护野生物，是女性纯洁的化身，奥林匹斯神系的三处女神之一，也是最美丽最纯洁的女神，甚至在一定程度上，她代表着月亮纯洁与美丽。雅典娜，巴特农神殿就是为她而建。而“巴特农”，就是解作“处女的”（有些说法是“处女之所”）。

存在之净化意象—意境，已经物欲化的现代人常常难以靠近。非存在或死亡意味着心灵的肮脏、污浊。人之存在之净化意象—意境通过先知般的圣徒生活最典型地体现出来，包括苏格拉底、穆罕默德、释迦牟尼、耶稣等。历史上的那些精神伟人，有许多也是这种类型，他们拒绝粗糙的物欲，追求纯粹的精神之境。比之那些先知及自我净化的圣徒，我们现代人更经常陷入物质陷阱，背离了纯净之路。我们现代人的心是现象心，不再具有纯粹性纯净性。现代人的心灵如果用颜色来描述的话，是近于灰色甚至近于黑色的。由此看来，那些较为传统的人——包括西方的中世纪的人——其灵魂更具有净化的基调。各种所谓的现代性启蒙，尽管使人得到了各种基于现代性的便捷，尽管使人的大脑部分有所收获——收获各种客观知识等。但人的整体的存在形象却变得黯淡了，生命的神圣纯洁之路也同时被堵塞了。

“生命和诗作在本性上是一种层次递进，它们仅仅是一种净化，一个向着绝对状态的过渡。”[①]

本质上圣洁就是对天心的趋近，或者说是对天之神性—精神原型的趋近。这也是一种向天心之绝对的过渡与递进。圣洁存在常常通过信仰形式获得来自源泉的力量，获得源源不断的内在精神能量，获得信念与信心的支撑。纯粹虔诚的信仰过程常常就体现为存在之圣洁过程。信仰之所以重要，是因为通过信仰可将人心统一起来，可获得来自源头的隐蔽力量，而且也借助这种力量洗去尘土之心，让心摆脱各种晦暗。信仰的过程也就是不断获得源泉力量的过程，就是不断地清洗内心尘土的过程。自然物质性和真正意义上的存在并无太大关系，也和存在的诗意无太大的关系。如果物质质料是起着最终作用的存在，是最终决定着这个世界的事物，那么物质质料就是最神圣的事物，那对这个决定世界之物的任何崇拜都是理所当然的。问题是古往今来，那些被我们视为圣洁之人（或崇高之人）恰恰是摆脱拜物倾向的，恰恰是远离物欲的，恰恰视物欲为有待净化的对象。

---

① 〔德〕谢林：《学术研究方法论》，先刚译，北京大学出版社，2019 年 1 月版，第 70 页。

同样，以物质实践为核心的现象活动（或以物质实践为核心的现象学），将存在本原搁置了起来，也因此终将难以触及真正的精神本质。自然物质性（物质性实践活动、理性及其延伸物）与天之神性，代表人所处的精神位置的两端。这中间一大段也是人的精神移动的区域，随着人所在的位置不同，就产生了层次等级不同的存在状态，离物质段越近，你的存在就越缺乏纯粹性，也就越缺乏心灵—精神—灵魂深度。任何一种伟大的生命状态都不是被单纯物质支撑的，而常常是由充满价值感的自由而富有生机的心发动的，这些人拥有被天心（天之神性、心性）支撑的本心。从心心美学（或诗学）的视角看，真正有价值的存在状态就是由天之核心精神支撑的状态，也就是由天心所支撑的状态。

“从自然根据中兴起的原则是人的自性（selfhood），但这种自性通过它与理想原则的统一会变成精神。”①

从东方传统（印度、中国等）看，人有现象之我与本质（纯粹）之我的区别。现象之我受制于平行层面的物性关系性限制，有向自然—物质一端移动的强烈冲动与欲望，人的躯体本身就是自然—物质的一部分。当人被身体左右向物质一端移动时，也就表现为赤裸裸的欲望，表现为各种占有倾向，并因此可得到欲望的满足（及其快感）。法国评论家思想家乔治·巴塔耶喜欢称之为“色情”，尽管他也认为这种色情是神圣的。他认为种种色情的共同点是存在的感性连贯性代替存在的感性孤立与不连贯感。有不少现代哲学家喜欢歌颂人之身体欲望。但当人的心灵长久被自然物质端占据，其心就

① 〔德〕谢林：《对人类自由的本质及其相关对象的哲学研究》（1809），邓安庆译，商务印书馆，2008 年 6 月版，第 78 页。

会沾上物质的属性，也由此越来越具有现实性、实践理性、工具理性等特性，也可获得符合常识的现实感及感性的满足。这是有限有形之局部满足，但这种靠近也会使人之存在陷入另一种困境：为了这种有限有形之局部满足，人的心灵会深陷物质性包围之中，并最终屈就物质性欲望、理性及其延伸物，使人的存在的整体感觉趋向惰性、分散、虚空、程式化、标准化。古老的基于净化的圣洁传统有其深层的存在根据。人之存在处在敞开联系性状态，处在天心（或天之神性、心性）—人心的启示性对话交流状态，人也就会趋近远离物欲的宗教般的神圣状态。天人合一之圣洁境界常常是以远离物质欲望性为条件的，这是一种纯粹内在超越性的满足，我们称之为基于圣洁的"精神价值感、意义感"。所谓诗意体验就是意义感价值感的更圆满更和谐更完善的形式。这种纯粹的基于圣洁感的体验是有价值的深度体验。中外历史上的那些先知、智者、仁者、圣徒等，他们的生命基调就是圣洁，就是为了纯粹的净化性体验而活。

心心存在通向圣洁存在，这也意味着物质性、感性欲望的非根本性。天人合一之圣洁境界也代表人之先验性精神潜能——自我纯化倾向——之实现。心心存在秩序（结构）是和平行层面的社会物质性功利秩序脱节的，这种脱节若不能实现就不是心心存在秩序了，就像佛教禅境需要和社会物质功利脱节一样。但和狭隘的社会物质功利脱节就没有价值了吗？不是。真正的精神价值就经常显现于超物欲功利层面。天人合一之圣洁境界恰恰是在远离社会物质性功利中获得的。和社会物质性功利脱节却与更为根本的事情——作为存在支点的灵魂及纯粹的灵魂感受——紧密相连。纯粹的灵魂性感受——包括圣洁体验——恰恰构成了各种高级文化（也是传统的古代文化）的最内核。这也是文学艺术、人文学科所追求的。一切伟大的所谓文化（包括文艺作品）都不会把亲近物质作为发展方向，一切具有精神内涵的文化常常向天心（天之神性、心性）靠近，并因此拥有内在的诗性。这种文化能给人带来远离功利的纯粹的灵魂感受。纯净的富有灵魂的存在感受是人之存在的整体性感受，也是存在个体的中心感受，其常常蕴藏在我们的心底的隐蔽渴望里，一直在那里而且不会长久地沉睡，也一定会有被发现或真正醒来的时刻。

二　心心存在、忏悔祈祷与自我洗涤

天人合一之圣洁境界是人之存在的自足之境，也是人之精神的自我净化之境。心心存在之自我洗涤之境和海德格尔所说的“世俗性沉沦”现实具有相反相对的性质。世俗性沉沦存在状态是失去了“本心”的存在状态，是人向各种现象关系及物欲（包括技术等）的妥协之态，这种缺乏自足性的妥协之态也是被污染性质的，也毁坏了人之内在之洁。这种世俗性沉沦也让人陷入各种虚幻的假相，陷入基于物欲及关系性的各种存在的缠绕，最终陷入所谓的庸常人的状态。在种种存在假相里，人失去了与“天心”的启示性对话交流，失去了由此而来的本心，也就由此失去了源泉力量支撑。这种存在状态没有深邃根基支撑，也没有方向感。所谓苦闷所谓彷徨等事实上也是沉沦表现之一，常常也因受假相搅扰而起。这也使得天心—

人心对话交流通道完全堵塞，或被遮蔽。这种堵塞遮蔽也表现为人心的无序黑暗状态，表现为人完全陷入“俗在”之状态，这也是非本真之存在状态——甚至常常表现为基于贪婪的“罪”的状态（病毒引发大瘟疫爆发之后，人类才会深刻反思人类的位置与局限：对包括野味在内的物的贪婪也是罪源头之一）。在这种贪婪异物的虚假的存在状态里，内在纯粹之心丧失，与天心相连的良心丧失。但六根不净或罪感发生时，精神上的自我洗涤欲也会跟着发生。从大的方面来说，这也代表天心一人心堵塞与遮蔽暂时消除，代表启示性对话交流的畅通。此时人就有了基于这种启示性的忏悔之念。所谓忏悔——从中国心学传统的视角看——就是天心意识觉醒，就是天心一人心之间恢复了启示性对话交流，也是天心意识觉醒后人之自我洗涤（罪的洗涤）欲的复苏。这也是从存在深处的自我倾听与自我拷问——因为人心归根结底植根于天心——也是一种自我的精神洗礼。圣洁（或圣洁感）体现了心性的贯通、联系与统一。

忏悔是东西方共同的心灵的自我洗涤形式，也是贯通心性，使心性产生联系与统一的形式。所以心心美学（或诗学）也是一种内在忏悔的美学（诗学）。目的就是清洗心灵的种种因为贪欲造成的尘埃与污秽。忏悔就是通过与存在中心与源泉连接而进行“精神圣水的洗涤”。忏悔是东西方传统共同的核心主题之一，也是人走向本真、澄明、圣洁的核心事项之一。心心存在也是一种忏悔之存在，心心美学（诗学）也是忏悔的美学（诗学）。忏悔也是一种启示性对话交流，也是心灵的最佳清洗剂之一，也是人之存在自我更新的动力。就这个词本身来说，它是梵文与汉语的合成词。梵文 ksama，音译为“忏摩”，省略为忏，意译为悔，合称为“忏悔”。其是东方佛教用语之一，更是基督教文化的核心用语。基督教的那些祷告词大多属具有忏悔性质。

“天国近了，你们当悔改。”(《马太福音》3:2)

换句话说，这是要求人敞开心灵，面天而在。当然这个天在基督教文化里是上帝，而在中国思想传统中则是“天心”。这种对忏悔的强调和佛教相似。佛教规定，出家人每半月集合举行诵戒，给犯戒者以说过悔改的机会。后又慢慢演变成为自陈己过，悔罪祈福的一种宗教仪式。忏悔，后来引申为认识了错误或罪过而感到痛心并决心改正。忏悔是对圣洁、纯真本心之维护。

“若失本心，即当忏悔。忏悔之法，是为清凉。”(《金刚三昧经》)

“若欲忏悔者，端坐念实相。”(《普贤观经》)

“所谓金光，灭除诸恶，千劫所作，极恶重罪，若能至心，一忏悔者，如是众罪，悉皆灭尽，我今已说，忏悔之法，是金光明，清净微妙，速能灭除，一切业障。”

忏者，忏其前愆。从前所有恶业、愚迷、骄诳、嫉妒等罪，悉皆尽忏，永不复起，是名为忏。悔者，悔其后过。从今以后，所有恶业、愚迷、骄诳、嫉妒等罪，今已觉悟，悉皆永断，更不复作，是名为悔。(《金光明经》)

在伊斯兰教里，忏悔被看作是真主安拉的一种恩惠。忏悔一词，阿拉伯语叫“讨白”，有返回之意。《古兰经》第 4 章第 116 节经文说：“真主必不赦宥以物配主的罪恶，他为自己所意欲的人赦宥比这差一等的罪过，谁以物配主，谁已深陷迷误了。”忏悔不仅是念诵忏悔词，口头上向安拉表示悔罪，还应体现在内心的改变里，也即真心实意地回归安拉之正道。《古兰经》第 16 章第 119 节经文说：“然后，你的主对于无知而作恶，以后又悔过自新的人，确是至赦的，确是至慈的。”

所谓本心就是和天心源头连接在一起的心，就是祛除了遮蔽物后澄明之心，也是天心—人心通道顺畅并同在之心。所谓的实相相对假相，代表存在之“常住不变”的本来面目。这种与常在的连接常常也通过祈祷与忏悔的形式来实现。东西方忏悔形式与忏悔内容的有相似的一面，也有不同之处。中国传统心学内省的真正内涵是“致良知”，也就是人心向着天心，用天心洗涤自己，“吾日三省我身”，这个省的标准在天心（天之心性或神性）层面上，可以表现为行思录的形式，但内核及依据在“天心”、天之心性或神性上。这种省察也是一种面向深邃之我的自我倾听。西方的忏悔以三位一体神为精神坐标的，忏悔自己的行为与内心的过失。通过“圣灵”中介人内在地洗涤自己。圣灵就居住在自己的内心深处。忏悔是一种内在的自我倾听，倾听内心深处的声音，对神忏悔就是靠内在圣灵引领的，并通过圣灵发生作用。在中国心学传统中，所谓“天心”（天之神性或心性）代表的是最高的精神坐标，按天之神性—精神原型对照自己，洗涤自己。这种忏悔体验是一种有价值的深度体验，也是精神的深沉状态，常常也是一种真诚的、诚实的忘己利他的灵魂状态。东方偏重的那种自省（包括中国流行行思录形式），和西方流行的忏悔没有本质的不同。这种忏悔或自省都以精神的最高坐标为依据。

“祈祷是一种直接作用于神圣事物的口头宗教仪式。”[①]

心心存在是具有内在一体性、统一性之存在，也是一种祈祷之存

---

① 〔法〕马赛尔·莫斯：《论祈祷》，蒙养山人译，北京大学出版社，2013 年 6 月版，第 66 页。

在。真诚的祈祷常常蕴含着一种圣洁的美。钢琴小曲《少女的祈祷》似乎就是一种诠释。全曲充满了静谧、圣洁而虔诚的气息。作者巴来达捷美斯卡是一位波兰少女。在中国思想传统里，人们对之祈祷的是本原存在，也就是天心；祈祷本身也是人之存在的一种先验性精神潜能。按照伊斯兰教的说法，祈祷是真主赐予人类的另一大恩惠 。“我确是临近的，确是答应祈祷者的祈祷的。当他祈祷我的时候，教他们答应我，信仰我，以便他们遵循正道。”（2:186）祈祷是一种启示性寻求。祈祷之存在是心心启示性交流对话之存在。这要求祈祷者的心的纯洁。在心心交流中保持专一纯净之念，祈祷也是天心—人心启示性对话交流，也需要空灵宁静之中进行。祈祷者需要带着虔诚敞开联系的心灵。祈祷代表本心的真诚，也是带着敞开联系的心虔诚地感受天心之神奇。祈祷也代表人相信存在美好来自天心（天之神性、心性）。心心存在之祈祷可让人心不断被洗涤，也可让人心不断地获得来自源泉的动力，获得与本原的连接感，最终达到大心人心的交融与合一，也就是达到天人合一之圣洁境界。

东西方忏悔形式与仪式的不同只是外衣，其内在本质是相似的。忏悔祈祷是内在清洗祷告，是与精神源泉的一种交流，也是心灵自我洗涤并获澄明圣洁的方式。忏悔祷告面向伟大深邃的精神源泉，那种独自的内在的心灵之舞就是天心—人心的交流形式，就是用天心洗涤尘心。忏悔祷告就是用天心洗涤人之现象心（欲心、妄心等），并让人获得心灵上的洁白，这也是人之存在的圣洁。心心美学（或诗学）是追求圣洁之学，也即追求天人合一之圣洁境界及圣洁体验，在这种境界（及体验）里天心之圣之洁洗涤了人心之俗之污。人的存在深处拥有先验的精神潜能（包括圣洁愿望），其来自更为遥远也更为深切的根基呼唤，就像人的存在深处存有深切的空静愿望一样，这也是天心—人心先验性相通的体现。圣洁本质上来自垂直层面，也即来自天的那面，那是非人间性的圣之纯洁；真正能让人远离俗的圣来自高处，来自天心（天之神性或心性）。所以真正意义上的圣洁属于天心—人心之洁。纯洁的源头不是个人的那种平行层面的世俗修为，而是来自与本心相连的垂直层面，来自更高处，更深处、更深层，来自对天心之神圣声音的响应或回应。基于此的感受、体验是一种有价值的深度体验，也是富有诗意的体验。圣洁欲是人的先验性精神潜能之一，也是人的原型精神倾向之一，其对人的深层内心发出召唤。圣洁体验是一种有价值的深度体验；圣洁境界是人之存在的最高远的境界之一。纯洁、洁白、晶莹、透亮、澄明，没有尘土的遮盖与污染，就像天上轻盈地缓缓地降落到地上的精神性落雪。后来的一些延伸词汇——比如清明、清廉等——也是表示无染无沾。圣洁归根结底来自与天心相通同在内心，或者说是天之神性潜入我们的内心。

东西方传统文化——在无意识深处——受共同的净化心理机制的影响，也都追求神圣、圣洁体验及圣洁境界。核心是人的心，核心是要留下无染无污之心。怎么才能使与六根相连的尘心、欲心与妄心变成与天心相连的“道心”“真心”“照心”？这就需要摆脱各种感官欲望的缠绕；欲望缠身的氛围、情境与形象是没有圣洁可言的，也是没有诗意的。佛教对一点领会得很深：在佛教里，各种非圣洁之染就缘自人之六根，源自与六根对应的六尘，六根指的是人的眼、耳、鼻、舌、身、意的生理需求或愿望。圣洁欲作为人的一种先验性精神潜能，就蕴含在六尘不染的说法里。天人合一之圣洁境界来自六尘不染，即不染色、声、香、味、触、法，这里泛指排除各种物欲，保持心灵的洁净。佛教中也有远离五欲之说，即远离财、色、名、食、睡，这也代表追求圣洁的存在倾向。中国式圣洁境界之一——像梅花般的傲霜斗雪——也意味着远离各种污染洁身而自好。

三 天人合一之圣洁境界与面天朝圣者

心心美学（或诗学）是追求圣洁之学，是追求圣洁体验与圣洁境界之学，也是追寻心灵的洁白之学，竭力倡导基于心心存在秩序（结构）的洁白。平常人们说的朝圣本质上也是一种心心存在形式，或者说是顺着心路走向神圣的存在形式；朝圣之路就是自我洗涤的洁白之路。这让人想起俄罗斯的一幅名画：《弗拉基米尔之路》。它是十九世纪俄国画家列维坦的代表作。低垂的密布的天穹，荒芜苍凉的田野，人迹罕至的孤零零的印满车辙的黄土小路，通向难以言传的神秘的远方。画面整体是灰暗的基调，有一种悲凉的氛围。据说这条道路是沙俄时代的流放者、苦役犯去西伯利亚的必经之路。在这条路上有为人民自由不惜牺牲的勇敢而高尚的革命者、斗士。实际上，所有神圣之路都有此悲凉崇高的基调，所有朝圣者的路也都与此相似。

所谓圣地是神圣精神的象征之地与起源之地，也是心灵的敞开联系之地。最高圣地是天心（或天之神性、心性），力求与天之心性贯通、联系、统一就是朝圣。为了靠近存在之根而处在忘我状态是一种圣洁的存在状态。心心美学（或诗学）是以某种方式进行朝圣之学。而任何一种朝圣都意味着远离以物欲为核心的世俗世界（包括为神圣之存在牺牲自我种种利益），为神圣之存在牺牲自然感性之乐，这种体验也是崇高的伟大的，也是圣洁的。所以你也可以说，心心美学（或诗学）本质上也是充满崇高感的圣洁美学（或诗学），或基于圣洁的朝圣美学或朝圣诗学。真正的美与诗性在纯粹本真的存在状态里，其根本不同于科学性，或科学理性。为了某种更深邃的本原精神，朝圣者可以忘却现象之我。所谓殉道也即为道之存在真谛而甘于寂灭现象之我，并以此表示对道的信仰与忠实。在心灵的坚韧与平静中殉道，在那份孤独的寂静中面死而在，这就是圣洁的，是富有神性的，也是富有诗性的。这也是天心—人心的启示性对话交流形式，可以说，这种富有精神感的牺牲也是最具有感染力的圣洁场面，也是最具美学性（或诗性）的存在场面。苏格拉底、释迦牟尼佛与耶稣可算作这种朝圣的代表。

各种基于净化的圣洁境界在精神本质都是相通相同的。中国传统佛教修道方式也是一种面天（天之心性为空静）而在的朝圣，也是存在的圣洁的体现。中国的弘一法师也具有这种遗世独立的朝圣者的倾向。电影《一轮明月》记述他的故事。张爱玲说："在弘一法师寺院围墙的外面，我是如此的谦卑。"24 年的青灯古佛，面向伟大的圣源而在，就是一种朝圣。各种朝圣都会带来存在的圣洁感。2019 年凤凰网报道，2016 年初，印生法师已 74 岁高龄，他不惧古稀之年体衰，住进大觉禅寺禅堂，开始了闭关前的适应阶段。8 个月后，在征得了常住方丈和尚的同意后，法师毅然决定于是年达摩祖师圣诞之日，效仿古德先贤闭关修行之法，在云门山大觉禅寺方丈明向大和尚的主持下，举行了入关仪式，开始了为期三年的闭关修行。三年期间，法师断绝与外界的联系，放下一切杂务，心无旁骛，每日打坐禅修，精进勇猛，唯慧是业。

所谓闭关就是根本性的关闭，即关闭面向俗世的那扇门，敞开面向“天心”之心扉。这种面天敞开而在就是一种根本性的朝圣形式。天人合一之存在是朝圣的追求圣洁的存在，基于圣洁的存在状态也是和谐、美妙、神圣、深邃而伟大的存在状态。基于平庸的感性刺激的快乐的主要对立面不是感官的匮乏与痛苦，而是平静而持久内在喜悦、深邃而神圣的欣慰。古代的那些具有极高慧根的精神领悟者——那些智者贤人——又有几个人不追寻自我净化的存在状态呢，又有几个人不去追寻天人合一之圣洁境界呢。只有在纯真的生命感之中，生命存在才可称为之真正的存在，也才有那种内在的欣喜感。

中国心学传统的朝圣方式就是进入心心存在秩序（结构），这是一种背向世俗物欲的“存心”“明心”“修心”“养心”之修行，也是一种清教式修行。同西方的清教式修行也有相通之处。西方文化历史上的清教主义精神背景就是存在的圣洁，其蕴含着自我净化的存在理想。清教主义信奉者被称为清教徒，注重严格而纯洁的生活。所进行的活动使信仰和信仰生活更新。清教，其词源来自拉丁文的Purus，意思是“清洁”。清教徒大多受长老会加尔文主义影响。清教徒与“职业”说法的关联，职业的原本含义是天职。“职业”一词的原文是“vocation”，包含有“呼唤、呼召”（calling）的意思。意思是说，来自天上的上帝呼唤，呼唤他去从事某个活动或职业。职业即是天职是天上的上帝安排的任务，这是职业的最初定义。职业本来具有朝圣与圣洁的内涵，换作中国的说法就是来自天心的呼唤。社会学家韦伯（Max Weber）在《新教伦理与资本主义精神》里认为：清教徒的世俗生活都具有超尘世目标的背景，他在世上活着就是为了增添天上上帝的荣耀，从世俗状态转变为恩典状态。这使清教徒产生了一种积极的禁欲主义的伦理：内心服从上帝的诫命，从而战胜了自然的冲动和享乐。这种“入世禁欲主义”被人们认为是资本主义精神的根源，是清教徒精神的要义。清教徒身怀着这样一种使命感、神圣感、圣洁感。①

本体意义上的良心（所谓致良知也可在这个层面上理解）就是天心对人心的内在召唤、启示，这是超大之心（超灵）对人心的召唤、启示。而人心处在这种启示与召唤中也就是处在圣洁状态中，这是人之心灵敞开联系并净化的存在意象，也就是用天心洗现象人心——各种贪心、欲心、痴心等。这种心灵朝圣的内在形式感与仪式感在不同的文化中的表现是不同的。但不管是哪种文化，那些真诚的敞开联系的祈祷者，那些立足于内在真实的祈祷，始终是通向净化、通向圣洁的重要途径，这和一般意义上的吟诵不同。这个是灵魂性的，不是形式上的。一般意义上的吟诵虽然有音乐的性质，但毕竟是一种偏形式的表达，这种形式表达与心灵的那份面向“圣”的状态如果不能交融在一起，那就很难产生净化作用。要让存在抵达圣洁，要让心灵像圣雪一样洁白，就必须时时清洗其上的灰尘，最有效的清洗方式就是借助天之源头的“圣水”——天心。面向天之心性或天之神性而在，用“天心”洗“人心”。

---

① 参见〔德〕马克斯·韦伯：《新教伦理与资本主义精神》，于晓，陈维纲等译，北京三联书店，第58—69页。

天人合一之圣洁境界是人之最高远的存在境界之一。基于圣洁之深度体验，在传统的宗教与道德的体验里最为浓厚，在很多情况下其既是宗教体验，又是道德体验，也是诗意体验。事实上，有各种各样显现圣洁精神的朝圣者，这包括那些献身的所谓殉道者。殉道表现也是多种多样的，有的是通过平静的悠长岁月体现出来的，有的可能通过死亡，但不管其表现如何本质就是为了某种隐蔽召唤着他的先验性深层精神。为了这个支配着他的精神根基，他牺牲了那些非根本的现象。朝圣可以是狭隘的意义上的，指各种教徒朝拜圣地的宗教活动。这些朝圣者获得了心灵上的洁净感，也获得一种存在的庄严感，从而在某种程度上接近存在之圣洁境界。圣洁感（或圣洁体验）是一种纯净的精神感受，在这种体验里，非根本的物性东西被降低到最少程度。人类为什么会追求纯洁状态，为什么存在之圣洁境界也是一种圆满的和谐状态呢，就是因为在天人合一之圣洁境界里，蕴含着与天心（天之神性、心性）不相分离的本质。

人的本质存在追寻目的常常不同现象局部之我的目标，人之存在的二律背反困境就是由此造成。本质存在似乎反对过分的物欲（包括肉欲）满足；代表人之现象之我的局部的肉身与代表人之本质的灵魂之间似乎有着隐形的均衡，局部刺激兴奋满足是肉体所追求的，而纯粹之我却反对这种局限性追求。纯粹本质之我所追求的（比如圣洁）常常又是以局部满足为目的的肉体所反对的，其间存在着一种撕扯、争战，并造成人之存在困境。但真正意义上的美学性体验（或诗意体验）却偏向本质的整体性的内在和谐体验，而不是偏向基于局部刺激的分裂体验。天人合一之圣洁境界是一种整体性存在境界，其追求基于圣洁的纯粹。圣洁存在是超现象性质的，包括超越物质性、超越以肉体为核心的欲望。圣洁存在也超越各种罪性、肮脏性；更高层次的圣洁存在甚至是超人间性的。

四　离染之门、圣洁象征与圣洁之城

天心既隐蔽内在于世界，又是超越世界的，也就是超时间超空间的超具体在场，并与自然物质的具体的众多交融。"'众多'是离太一最远者，'其他'则是离他们自身原型最远者……而在净化者那里，完全与低下者分离。"[①] 这里所谓低下者就是分有、保守纯粹原初较少者，也是由此造成精神上的污染最多者，其也是离源头精神原型较远者，也是离存在的虚假的影子——现象物欲较近者。在这一点上，东方核心传统的思路和西方是一样的。古印度吠檀多学派就有所谓的两门之说：离染门与真如门。前者是数论派爱谈论的，认为真正的精神就是与物质自然分离较多者，从而不受现实世界各种变动的影响，自然物质世界的本质是摩耶，是迷惑与幻想、幻象与幻现，所谓离染就是和自然物质世界拉开距离。离染门又是以真如门为基础的，真如是超越现象、幻象之本体。接近真如及真如门才可离染、无染。而中国传统之天心就相当于吠檀多学派所说的"真如"。印度经典《慈氏奥义》中说：

① 转引自樊中和：《古典柏拉图主义哲学导论》，上海：华东师范大学出版社，2019年5月版，第376—377页。

“至高自我永恒不灭，没有起始，没有性质……不受污染。”①

天人合一之圣洁境界是离染得真如的境界。进入圣洁境界就等于走上超越现象界之路，这当然也包括自然物质的方向，自然会因为接近天心带来包括身与心的离染、洁白无瑕。所谓洁白也是象征类比意义上的，也就是远离存在的虚假的影子——现象的虚幻物欲——不受其干扰。柏拉图主义者、基督教文化的思想在本质上和印度、中国心学思想传统的核心精神一致。东西方共同的无意识文化心理之一就是：追求圣洁存在境界及圣洁体验。与东西方这个深厚久远的传统精神相关，女性常常也成了这个精神的象征符号：让女人承担圣洁之精神、成为圣洁之形象，这似乎也是世界各种主流传统文化的共同之点。这是一种以追求圣洁为目的的道德伦理，也是一种存在的诗学或美学。在世界各地的浪漫主义（包括各种理想主义者）者中间，这种倾向更为浓厚。这些浪漫主义者与其说是寻找女人，不如说是通过女人寻找纯粹的圣洁之精神。诗人米沃什在《米沃什词典》中也列了“天使性态”词条。

“将妇女的身份提升到引领一个人进入圣爱的高度，是一种圣母崇拜的反映。”②

西方文化中的天使隐喻与圣母崇拜是一致的，都隐含着圣洁之追求，都代表一种纯粹生命存在之向往。这也是和本体之净化隐喻意象相关的生命定义。世界各地的文化中的“洗礼情结”及“天使情结”“圣母情结”等，其都隐含着一种纯净的原型渴望，也是

① 转引自孙晶：《印度吠檀多哲学史》，北京：中国社会科学出版社，2013 年 5 月版，第 105 页。

② 〔波兰〕米沃什：《米沃什词典》西川，北塔译，广西师范大学出版社，2014 年 2 月版，第 65 页。

一种无意识式的文化表达。圣洁，是来自非现象非俗世那面的神圣的纯洁，而真正能让人远离现象之俗的神圣是来自高处，来自“天心”“神”或“神性”等。纯洁的最纯粹源头不是现象平行层面意义上的个人的关系性修为，而是来自更高处或更深处，来自对神圣声音的响应或回应。这种感受、体验是一种有价值的深度体验，也是富有诗意的体验。这里蕴含着人之先验性精神潜能的实现，也是人的精神原型之一。

心心美学（或诗学）是倡导圣洁之学。在类比的象征意义上，心心美学（诗学）希望人之存在像神圣空旷天空降落之雪的轻轻飘落，远离被现象欲望纷扰的污浊。真正的肯定性诗意感就是如此。所谓肯定性诗意常常就像神圣空旷大地上飞雪一般的飘扬。富有诗意的形象常常也是圣洁的形象，富有诗意的体验常常也是圣洁体验。基于此，世界各地的文化差不多都有鼓励圣洁的倾向。前面我说过，中国传统的“天心论”与西方传统的“上帝论”在精神本质上是相通相同的。在西方的基督教文化里，上帝之城也是圣洁之城。在圣洁之城的文化里，有许多象征性的形象，其最重要的形象之一就是天使：要像天使一样的圣洁。在比拟并象征的意义上，中国传统的天心之城也就是西方的上帝之城。心心美学（诗学）也以思想理论的方式描述天心之城，揭示的是心心存在之理，揭示的是纯粹的心灵真理，或纯粹的精神真理。当别人说你像天使或小仙女之时，意味着你激起的感觉是一种圆满的完善的和谐而又圣洁的体验！一个女人被他人感觉像天使！这种感觉本身就是富有诗意般的！被像天使一样地爱着，也是富有诗意的爱情，这和被像它者一样地爱着有着根本的不同。

席勒的《欢乐颂》就是对基于圣洁的欢乐的歌颂：

欢乐女神，圣洁美丽
灿烂光辉，照耀大地。
我们怀着火一样的热情，
来到你圣洁的殿堂里。
你的威力，
能把人类团结在一起，
在你温柔的翅膀之下，
世界上所有的人都是兄弟。

赫伊津哈在阐述荷兰人文主义者伊拉斯谟的思想时说：

“生活的真正乐趣存在于美德与虔诚之中。如果快乐地活着的人被称为享乐主义者，那么没有任何人能比生活在圣洁与虔诚里的人更像真正的享乐主义者。生活的理想快乐也是完全田园般的，因为它要求人们远离对尘俗的关心并蔑视一起肮脏的事物。”[1]

西方文化中的天使既代表圣洁也代表欢乐，代表接近源头的被造物。其不仅代表精神上的圣洁，也代表无忧无虑的内在快乐。天使首先是纯洁的，是来自与上帝源头同在相通的纯洁。天使（英文 Angel，中文音译安琪儿，意译天仙，源自于希腊文 angelos 使者）本义指上帝的使者，或来自天上的使者。天使的圣洁是一种不沾尘世之洁，是与天之神意相通同在之洁。圣在中国汉字里，经常被用来指

① 〔荷兰〕伊拉斯谟：《愚人颂》，许崇信，李寅译，凤凰出版传媒集团、译林出版社，2010年1月版，第246页。

代精神品格高尚或拥有无上智慧者。但真正能成为“圣”之者，通常具有是超人间的精神特质，或精神气质，是近于“神”的，因而经常是“神”与“圣”连用。在东西方文化中，虽然“圣”的方向是不一样的，但差不多都强调圣之“洁”。圣之“洁”不是一般的现象平行层面之“洁”，而是从高处，从垂直层面天上而来的，是脱离人间尘土的心灵之“洁”。从这种视点看，人之存在现象平行层面的人性过强，圣洁感就会减少。天使般的“圣洁”是超现象的，即超物质的、超欲望、超人间的。基督教认为天使是圣洁的“纯净体”，不可附身于任何自然生物身上。虽然天使能够以人的身形显现，但天使也称为“灵”，这说明，天使是超越动物般的血肉之躯的。

整体的东方佛学是以圣洁为基础的，是以追求圣洁为核心的，甚至整体佛学都可以看作是以追求圣洁为目的的诗学。佛（包括中国禅宗）本身就代表一种圣洁；佛境或禅境也就是圣洁之境。佛的代名词是莲花。佛国也指莲花所居之处，也称“莲界”。佛经称“莲经”，佛座称“莲座”或“莲台”，佛寺称“莲宇”，僧舍称“莲房”，袈裟称“莲衣”等。莲花图案也成为佛教的标志。而莲花之洁恰恰与存在之源头相关。

“最初，天下皆水，有莲生出水面。”

据说，这是印度比罗尔族在解释世界起源时的说法。在古印度典籍中，莲花与最初的神圣的源头相连。佛的精神象征物就是莲花，主要不是因为莲花的颜色，而是因为莲花与最初的源头靠近。已知的最早与莲有关的艺术品，也是把莲与神结合在一起的，是一尊头上戴着莲花的裸体女神像。在佛教问世后，佛教徒也采取了以莲花为佛教的主要象征。据说后来成为佛祖的悉达多太子出世后，立刻下地走了七步，步步生莲。所以莲就成了他诞生的象征。从公元一世纪左右开始，佛祖的塑像便已常常是在莲台上的坐像了，他的坐姿，或为莲花坐或为吉祥坐，成为佛教僧人打坐时的典型坐法。藏传佛教把莲花当作一种象征，象征着人之存在的最终目标，也即修成了正果。关于莲花，中国北宋学者周敦颐的《爱莲说》说道：

“出淤泥而不染，濯清涟而不妖”。

莲花意味着远离各种各样的俗物，甚至远离大众所组成的俗世。在中国的文论传统里，“以禅喻诗”的思想有很大的影响力，扩展开来我们甚至可以以佛喻诗。而什么是真正的佛，佛的真正精神内核是什么呢？结合莲花的象征性表达，我们可以说佛的核心精神就是“圣洁”，或者说存在圣洁。这也是印度的最古老传统思想的一部分。印度古老的婆罗门教传统也颂扬莲花般的“圣洁”——从印度的古代典籍来看，莲花与最初之圣水之洁相关，即使自己的存在不沾污泥，不染尘世，六根清洁。印度的国花就是莲花，也称荷花。莲花象征着神圣的纯洁与高雅、神圣的清净和超然。真正的清净不在现象之身，而在本然之心。

第五章

天人合一之光明存在及光明境界

直到乌云散去　风雨落幕
他会带你找到　光的来处

——毛不易

天人合一之光明境界也是人之存在的最高远境界之一。让人之存在更像人之存在——或让人心更像人心的——是那种基于光明的内在属性。本原性光明（及光芒）属于“天心”。人之存在（或人心）之光明性来自天人（天心—人心）的相通同在感，来自天人（天心—人心）的启示性对话交流。天心—人心启示性对话创造了光明之存在。心心存在秩序（结构）使人心连接了本原，并“超越昏昧黑暗”，也摆脱了因物质性、平行关系性而生的混沌暗昧性之非存在性的缠绕——也即这一否定性存在力量的缠绕。心心存在秩序（结构）也是人之存在内在困境的揭示，其折射的是人之存在的二律背反（现象之我—现象心与本质之我—本质心的难以调和的内在冲突）。这种二律背反式存在困境（现象之我—现象心与本质之我—本质心的矛盾分裂的存在困境）也被称为实存性困境。人之存在的二律背反之一（或实存状态之一）就是：一方面我们（现象之我—现象心—感性、社会性人性等）被各种非存在性包围，我们的存在趋于混乱、冰冷、晦暗，另一方面我们（本质之我—本质心—纯粹之我）又渴望纯存在性，渴望那终极性的肯定存在的力量，也即渴望澄澈、光明与温暖。所谓美学性或诗意就蕴含在这种内在困境的某种（或短或长、或隐或显）解决或消除之中，也即通过人内在超越之精神修行（及深度价值体验），趋向纯存在性，趋向终极性肯定存在的力量，并隐蔽回归于纯粹精神本质中——即天人合一之光明境界（及其形象、情境、氛围、韵味等）中。

心心存在是具有内在贯通性、一体性、统一性存在，也是人以敞开的意向性方式——但不同于一般意义上的意向性方式——达成的联系性存在。在这种存在状态里，东西方古老传统的基于信仰之联系性（信仰性沟通方式可包括内在纯思，甚至也可包括印度瑜伽、中国佛教禅宗等）可以以某种方式自然地涌现，天心之纯存在性通过人心获得表达、延伸。只是对应于人的种种二律背反式实存处境，人心被启示的方向（或方面）有所不同，人心涌现出来的纯存在性内容也有所不同。种种二律背反式实存处境使人心在现象学意义上的呈现发生变化，也即纯存在性涌现方式会发生变化。混乱、冰冷与晦暗代表的是人之存在的现象性、片面性、非纯在性，心心之光明则代表对现象片面与非纯在性的克服。

人之存在的光明（或光明温暖感）是纯存在性的呈现方式之一，从本质上讲来自心心之内在一体性、统一性、联系性。人之存在的光明与温暖感，是天心—人心启示性交流对话的果实之一，也是人之本真存在的呈现方向之一。换句话说，精神上的光明与温暖感主要来自那个永不枯竭的精神性源泉。天心代表那个光明与温暖之源，也代表最高光明温暖之存在。人心代表了分有了那个最高光明与温暖之存在。中国思想传统鼓励天心—人心启示性交流对话，想以此洗去现象心之浮云，也即洗去遮蔽了本心的“尘心”“妄心”“欲心”，留下“本心”“照心”“道心”，也即留下光明之心。诗学存在（美学性存在）是追求映现本体性光明并获得温暖的存在。就这个方向而言，非存在性（或否定性存在性）意味着心灵缺少光亮的黑暗、缺少色彩的匮乏，缺少温暖的冰冷。心心美学（或诗学）是天与人的相通同在之学，是天心与人心的相通同在之学。这种相通同在给人之存在带来内在的光明与温暖。光明（或光明温暖感）是心的核心标志之一，也是美（或诗意）的核心标志之一。换句话说，拥有光明（温暖）之心是拥有心的核心标志之一。

一　纯粹内在之光与心灵之内在眼睛

天心是自然存在之光之本原，就像人心是人之存在的光之本原一样。来自创造性本原的隐蔽之光，肉体的眼睛是无法发现的，需要用“心”与之相对才能领悟。虽然各种思想传统对那个“本原”的称谓不同。中国思想传统称之为“天心”。伊斯兰教中有些教派——苏菲神秘主义等——把“真主”视为创造性的光之本原，这个来自本原之光也被称作纯粹之光，在伊斯兰教里被称为“真主之光”。自然物理之光是纯粹之光的外溢与体现。这种纯粹精神之光，只有人之内在的心灵的眼睛才能发现。人之存在的光明（或光明温暖感）体现了心性的贯通、联系与统一，或者说人之存在的光明（或光明温暖感）是心性贯通、联系与统一的体现。

“只有透过心才能看见。这就是圣徒的看法……一旦将世界纳入心中，内省就会是唯一的认知模式……眼会夸大；而心中的一切皆伟大……神秘主义者和圣徒都不需要眼睛；他们不看世界。他们的心就是眼睛。”①

所谓心之眼当然是比喻性的说法，重点强调的是整体之心之凝视领悟。关于“人心”的内涵我们前面已经有过解说。“人心”是天心的一种延伸与表达，是人之最高核心，是人之存在整体（心体）及中心，也是人形的根据与主宰；人心是没有任何自然物理意义上的具体场所的，也不在任何自然物理性的时间里，也不是有形有限的自然对象。人心没有具体的场所、空间、时间，不是具体的有形的自然对象，也无法用自然科学的方法接近之。所以，人心之眼不会更多留恋现象事物，而是会透过它体验背后更为普遍更为本质的价值，也即体验纯粹的本原精神之光，这纯粹的本原精神之光能给人之存在整体带来持久的光明感与温暖感。人心之眼对应的是天之表象后面的天之心或天之神性、心性。人心之眼睛可以透过天之表象内在地凝视“天心”及天之心性。人心本来就代表与天心同在相通的人之存在整体（心体）与中心。

现时代被科学观念支配的人，他们理解中的眼睛差不多就是外

① 〔法〕E. M. 齐奥郎：《眼泪与圣徒》，沙湄译，商务印书馆，2014 年 1 月版，第 10 页。

在的器官，感受物理之光的自然的眼睛——自然之肉眼——为的是客观地观察周遭的自然物质性环境，为了在实践中适应准确把握环境，并让自己的行动符合自然之物及其法则。所谓人心之眼却是内在的精神性眼睛，其更多的是透过“形”看“神”，看更远更隐蔽之存在，看存在的本原，并寻找与感受光明与温暖。现代人更需要的是发现观念（基于本原的创造性观念）之光的内在眼睛，也就是心灵的敏感而富有想象的眼睛。自然性的眼睛主要是为物理之形而在，而心灵的眼睛却为“天心”之光而在，为这个超级的创造性的光源而在。生物世界进化出的眼睛的生物功能就是映现感受物理之光。生物学教科书上说，眼睛是以光波为适宜刺激的特殊感官。外界物体发出的光，透过眼的透明组织发生折射，在眼底视网膜上形成图像；视网膜受光的刺激后，在视细胞内引起一系列物理、化学变化，并产生一个电位变化。心灵的眼睛为映现内在的光明而在。如果没有外在的眼睛，我们就不能明确地感受到光的存在，就会陷在物理的黑暗之中。如果没有心灵的内在眼睛，我们也不能感受到精神之光的存在，我们就会陷入精神的混沌与黑暗中。人作为精神性存在关键在于要有内在的映现光的眼睛。通过这内在的心灵之眼睛发现、映现并面向光而在，被内在精神之光照亮支撑的存在才是真正的存在。

纯粹的精神之光不是源自生物性感官感受。感受隐蔽精神之光的是内在的眼睛（灵魂之眼），用这个“心”之眼睛去内在地观看，这种看也就等于内在地映现实践，即用心灵超越性实践映现本体之光明、光明之精神原型。从古老的内在超越性视点来看，人的感性存在深含着各种惰性，也隐藏着各种混乱与黑暗。当我们完全陷入感性包围时，这种感受就会体现得更为明显。但不管人之存在的晦暗有多少种形式，都不能完全遮蔽人之存在的先验性精神潜能——也即内在地呼应本原之光明从中感受温暖的精神潜能。在人之存在的这种敞开性的映现实践中，光明慢慢升起、闪烁、照耀。存在的诗意之维意味着心灵隐蔽地微妙地内在地映现光明之维，这是人之存在对光明原型的一种趋近，或者说这是一种精神趋光性及其体验，也是人之存在温暖的一个源泉。

人处在黑暗与冰冷之中时价值虚无感就会产生，而当慢慢感受到光明与温暖时，价值虚无感就会慢慢消失，这种体验过程是富有诗意的。从精神感受方面来说，人的存在大多时候类似混沌无序的黑暗体，被精神之光照亮或照耀就能产生特别体验。人从现象之我的混沌、黑暗状态里，感受到了纯粹精神之光的照亮，被那份纯粹精神之光照耀引领，人就获得光明感、温暖感及极大满足感，也由此让人感受到存在之圆满、和谐与完善。这种深度价值体验是纯粹之我的感受，而不是自然之我、社会化之我，或表层意识之我的体验。文学作品中也经常写到光。安徒生的《卖火柴的小女孩》给人印象最深。他写到了那个小女孩擦火柴发出的短暂光亮，以及其给她带来的美好的幻觉、希望与幸福感。这里火柴发出的既是物理之光，也是基于希望的精神之光。处在精神黑暗与冰冷中的人们，遇上精神的光亮与温暖时，就会产生一种深度的感受与体验。那些光与影交织的情境，那些光与影闪现其间的情境是富有诗性的。那种精神性光源只能凭心去领会，无法用知性理性精确化、数量化、格式化、齐一化。现代人很想通过人文学科，产生内在精神性影响力号召力，可惜的是这些人文学科本身无根又无心。循着当下的这个路数，自然会事与愿违，自然也会产生缘木求鱼式的情境。

心心美学（诗学）是倡导存在光明与温暖的诗学。所谓诗意（或美学体验）也是一种基于光明与温暖的深度价值体验。这种深度就体现在天心—人心启示性交流沟通上，体现在内在灵魂之眼对存在之光的映现上。这是人的存在与精神秘密之一，难以言说的存在与精神秘密之一。宇宙（或世界）的最终极秘密与人之存在的整体秘密，都不在科学（分类之学）方向里，也超出科学所能把握的范围。那些秘密会通过富有深度的价值体验偶尔显露。有些难以言说的体验比理性更深邃，更能触及存在之本质，那些深度体验是完整的、直觉的、非片面的。那些价值体验不是人们常说的感性经验那么简单。如果一种充满说教性理论，乍听起来都很好，只是和你的体验不符，让你感受不好，你信你的体验与感受呢，还是相信那种听起来似是而非的说教呢？世界上有那么多心怀鬼胎的看法、观点，有些看起来好像很有道理，这时我们怎么判断这种看法（观点）呢？只能依据我们持久的存在体验，也即能持久给人之存在带来价值感的体验。深度价值体验中就包含着深邃理性。能让人产生光明与温暖的体验，这也是价值的根本性方向与依据之一。

前面说的单纯感、永恒感、无限感、圣洁感与光明温暖之感，在最深的本质上有区别吗？当然没有，只是随着人之存在的二律背反式实存处境的不同，感受显现方式发生了微妙变化。在本体价值隐喻的意义上（也是启示的意义上），中国思想传统中的天心及天心论与西方思想传统的上帝及上帝论没有本质区别。人之真正价值存在体验最终还是——通过人心——存在源头的神圣之光的功效，这种功效造就了心灵的光明与温暖。中国思想传统之天心与西方思想传统之上帝一样，代表纯粹的本体存在之光；中国思想传统的“天心论”与西方思想传统的“上帝论”没有本质的不同。

“至高的善确实存在，唯有最净化的心灵才能凝视……人的心眼除非由‘信的义’得到活力，是不能仰望如此强光的。”①

天人合一之光明境界是与至善源头启示性沟通交流的境界，也是被光明与温暖之感支撑包围的境界，也是心心美学（或诗学）追求的境界。在这种境界里，人成为真正意义上的“光明与温暖之子”。这也是人之存在先验性精神潜能得以实现并获得满足的境界。天人合一之光明境界也意味着天心之光借助人类个体获得传递，意味着天心之光流泻到人的内在存在里，也因此使人心体验到光明与温暖。这也是人之存在不断敞开联系的内在过程，其源源不断地让绝对纯粹之光流泻进来。

二　垂直层面的光明观念及光之来处

西方中世纪的学者似乎对光的意象特别迷恋。基于此，十三世纪的大思想家波纳文图还提出了光的形而上学的概念。中世纪后期的几个伟大作家对那来自高处的深邃精神之光也很敏感并产生了由衷的向往。在《神曲》里的很多处，但丁都对光进行了描绘，有人干脆把《神曲》称为“光的赞曲”。中国年轻歌手毛不易有一首歌《无

① 〔古罗马〕奥古斯丁：《论三位一体》，周伟驰译，世纪出版集团·上海人民出版社，2005年5月版，第30页。

问》，里面有一句也让人印象深刻：直到乌云散去 风雨落幕 他会带你找到光的来处。人类是渴望光的存在，是渴望光明、温暖与色彩的存在。但人又无不处在黑暗、冰冷与苍白的包围之中，而且常常处在这种包围之中还不能觉察。所谓人之存在困境与二律背反之一就是指向这种存在状况。但对最终的光的来处人们常常是缺乏自觉意识的。关于这一点中外思想史上有不少大哲也进行过认真地探讨。2400 多年前柏拉图的就是一例。在《理想国》第七卷中，他做了一个著名的洞穴比喻：一群人世世代代居住在一个洞穴中，手脚都被捆绑，犹如囚徒，身体无法转动，而且是背对着洞口。面前有一堵白墙，身后有一堆火在燃烧。在那面白墙上他们看到了自己及事物的影子，这群囚徒认为那些影子就是真实的东西。后来，其中的一个人挣脱了枷锁，走出了洞口，并看到了另外的真实的事物。他返回洞穴并试图向其他人解释，那些影子其实只是虚幻的事物，并向他们指明光明的道路。个别囚犯被从洞穴中带出来，走到阳光下面，他们因为光线的刺激而觉得很不适应，而且看不见东西。于是他们开始恨那个把他带到阳光之下的人，认为这人使他们看不见真实事物，而且给他们带来了痛苦。对那些内在精神囚徒来说，那个人似乎比他从洞穴出去之前更加愚蠢，他们认为除了墙上的影子之外，世界上就没有其他东西了。所谓“洞穴比喻”也就是洞外面有光的比喻，意指人之存在对真正光明的经常性迟钝、忽略与无视。

人之存在之光（包括人类心灵之光）的最终极来处在哪里？在中国心学思想传统里就是来自天心。“天心”（作为一种本原性存在，相当于西方思想传统中的“存在本身”）赋予自然万物以内在的光明（及温暖）。天心—人心的启示性对话交流赋予人之存在以内在的光明。东西方主流传统都认为光来自一个本原性源泉，这也是关于垂直层面的光明观念。但对那个本原性源泉，不同的思想文化传统却用了不同的本体性语词去表达。用英国理论家托·富勒那句名言来说就是：光是上帝的长女。光明之源就在那个被称为“上帝”的本原里，就在那个包含了后来一切的原初里。在各种新的不同于过去的自然发现及自然观——宇宙大爆炸理论、量子纠缠等——被普遍认可后，再像以往那样自作聪明地“反形而上学”就有些不合时宜了，那只能说明人类思想越来越远离“深邃”（另一方面也就是走向肤浅），也可以说越来越缺乏真正的智慧。只有伟大而深邃的思考才能将人类从虚无中（尤其指精神虚无）拯救出来，各种看似精明机巧的思考方式（包括琐碎的实证主义、语言分析等）对解决这一根本点是无济于事的。关于这个本原性光明，东西方各种传统的文化的称谓包括梵、道、上帝、真主、佛等。更普遍的称之为“神”或“神性”。在中国的传统里也被称为“天心”或天道。从中国思想传统的视角看，人之存在的光明（温暖）在天心—人心的相通同在，在天心—人心的启示性对话交流。从本原的最高层面看，局限于人之物质自然的现象人性是晦暗的，但本质的人性中却有光明的种子。人类为什么会经常性地遭遇感受黑暗？主要还是因为现象自然人性自身就深嵌着各种黑暗潜能，主要还是因为人之封闭性的自我孤立，常常完全陷入自然性、物质性、关系性人性之中，没有敞开的联系性超越性的精神出口。

光明境界是世界上众多宗教、哲学所追求的。但如何通过心灵内在的敞开性联系实践——从垂直的层面上——使心保持对光明（及温暖）的映现状态，这也是一个存在难题。东西方的所谓天堂实际上就是一个映照光明（及温暖）的意象—意境：“在那里阳光常普照，在那里没有眼泪”（一首赞美诗的句子）。西方十七八世纪有一个瑞典的著名的哲学家斯威登堡，他的卓越的想象力和宗教思想对后人产生极大的影响，一直是康德、巴尔扎克、波德莱尔、爱默生、叶芝和荣格、别尔嘉耶夫、铃木大拙等杰出作家思想家产生灵感的源泉。他就写过《天堂与地狱》一书。在“天堂篇”14/15节专门写了“天堂的太阳”“天堂的光与热”等。东西方宗教向往中的所谓天堂究竟是什么呢，就是至善至美至真至爱的汇集之地，或者说是大全之地，同时也是有精神光明与温暖之地。天堂只是一个深含深意的精神性隐喻。在中国的思想传统中，天心就可代表天堂，就可代表存在的至善至美至真至爱之源头。实际上其也先验地隐蔽地深藏在我们内心里，显露在人们基于“天心—人心”之光明温暖的存在感受里。天堂代表一种绝对肯定性的存在，拥有各种纯存在性。从某个侧面看，天堂境界就是天人合一之光明存在境界，也是体验中的阴冷与黑暗的缺席，和煦的温暖的光照射充溢之境界。天堂般的体验，其方向之一就是光明与温暖的体验。这也是但丁《神曲》的最核心表达。

东方印度传统中的天堂被称为极乐世界，与这种天堂相对的也是“地狱”。世界上各大文明文化差不多也都有类“地狱”之说。地狱又是什么呢？地狱代表一种非存在及各种非存在性，代表至善至美至真至爱之死（上帝死了也是这个意思），也就是纯粹精神光源的缺席。不管是西方的地狱还是印度的地狱都是这个意思，其也就是至恶至丑至假及恨的汇集之地，同时也被幽暗、昏黑、阴冷所笼罩。由此引申出“地狱般”的体验。被恶、假、丑与恨与黑暗笼罩并压倒的体验就是地狱般的体验。中国传统文化也信仰阴阳世界两隔之说。

阴间被阎罗和小鬼所管，也代表邪恶、黑暗、死寂、混乱。阴冷，缺少光及温暖。阳界代表光明、生机、活力。这种阴阳文化区分的背后就蕴含着人类的先验性渴求，即对光明、温暖与色彩的趋近、向往，对黑暗、阴冷的惧怕、躲避。人之和谐圆满完善的体验不可能来否定性的非存在，不可能来自地狱般的存在情境，也不属于种种地狱般的感受与感觉。

关于第一存在或第一本性的思索与感悟，这是需要一个根本性信念—信仰支撑的，这个无法用现代科学的方式证明。人之存在如果失去终极信仰的层面，也必会失去内在的真实良知，心灵或灵魂也会陷入茫然与混沌之中，并使人之存在失去根本性光芒。我不能够相信我发自内心相信，这就必然造成根本性的混乱与黑暗。失去终极的根本性的精神支撑，在中国思想传统里就是失去了天心的支撑，也就是失去与人心相连的那份神秘的沟通线索。信仰的层面可以包含至真至善至美至爱于其中。信仰之光对人之存在很重要，一个社会如果没有了信仰之光的照耀，就等于人之存在失去了最深邃、最强大也是最重要的光源，信仰之光也包括深邃的真理之光。现代社会缺的就是来自垂直层面的，深邃而强大的精神之光的照耀（或者说缺精神支柱）。所以人之实存的状态就是相对混乱、黑暗的状态。自然物质就是自然物质，自然物质不能持久地照亮人心，也起不到根本的精神之光的作用，只有在最深邃的强大精神之光照耀被遮蔽时，物质（经济）才会发出可怜的替代性微光。没有一个真正精神强大的人迷恋物质，没有一个迷恋物质者不是经常性地陷入混乱不堪的存在状况。那些痴爱物质的人，他的内心里怎么会有真正的精神光源？各种缺乏根基的虚假的信念（或信仰）也是不能持久地产生光芒的。

心心美学（或诗学）是觉醒之学，也是唤起人们重新领悟被遗忘了的光明之学，也就是指出“洞外有真光明”的学说，是领悟、体验并走向光明与温暖之学。人之存在中的光明感、温暖感、色彩感就是精神价值感。而文化的冲突往往就是价值的冲突，而价值的冲突就是“神”的冲突，或者说对神（神性）的理解的不同造成的冲突。价值的冲突也是对光的理解与领悟的冲突：人之存在的原初的根本之光究竟来自哪里？或者说最原初的根本性的光源在哪里？这种理解的差异就会造成精神的冲突。在中国的思想传统中，只有天之神或神性（或天心）才能代表存在之光的光源。人之存在的光源在天心（天之心性、神性）里，在天人合一的种种内在的敞开联系性实践里，人们通过深邃的深度价值体验触及神性，与天之神性发生交感、与之融合。天之神性的面孔之一就是以精神之光的方式呈现，其给人带来光明与温暖。人本质上也是渴望感受光的存在。这里所说的光是指精神之光。

从天人合一存在层面透视，信仰是人连接原初根本性的精神之光源的精神中介，信仰常常也能代表我们灵魂的根本性的向往与渴望。这个根本性的向往与渴望被满足，内心里就有光有温暖。所谓信仰自由就是让每个人都能够相信他发自内心相信。顺着这个内在的精神道路行走，人们就可找到不断闪烁的精神的灯塔。有了内在的信仰，人就会活在内在精神真实里，也就会有天人合一式的良知，也就有了真实的确信的东西。至真之光、至善、至美、至爱的光芒都来自垂直层面，即来自天人（天心—人心）合一之内在真实的关系里。至真至善至美至爱不是来自现象平行层面，即不是来自人与物质自然关系，人人关系，及人与表层自身意识的关系。人的自然物质之性从根本上说是黑暗的，或幽暗的，而人性的这种幽暗究竟出自哪里？出自人的基于自然物质性的盲目欲望性，还有由自然物质性而来的自私基因。人性的幽暗也指向孤立的自私人性关系带来的困扰、窘迫与焦虑。这种人性也意味着各种我执。人有和动物一样的肉身，有和动物一样的欲求，有和动物一样的原始本能，有在动物世界中普遍存在的那些物竞天择性，占有的倾向，还有自我保存及其求生欲，也有种种原始的欲望所带来的矛盾、纷扰与苦闷等。此外，人也有对金钱、权力、物欲的贪婪及性欲望等带来的躁动，及以杀戮暴力为代表的攻击欲，等等。现象人的存在及现象表层人性很容易陷入幽暗的困境。天人合一之光明存在是突破自我藩篱（我执）之存在，并通向忘我的存在路途。富有诗意的（富有美学性的）文化的本质也在这里，美学性（诗意性）文化的本质就是让人穿越各种现象性的混乱黑暗的禁锢，在忘我中走向光明、和谐与秩序。心心美学（或诗学）用心心存在主义的视点，思考、研究、体验黑暗冰冷之学，当然更是以此视点思考、研究、体验光明温暖之学。

三　平行层面的光明观念及色彩显现

存在的最美好也是最值得人珍贵并让人憧憬的体验，我们经常用光的、光明的或温暖的词汇来描绘。而存在的根本之光（或温暖之源）来自垂直层面，即来自我们深深依赖的创造性本原。信仰之光是人之存在的根本之光，也是内在心灵的活力之源，也代表灵魂的方向、基本依据与中心。在人之现象之我的层面上——也即人与物质性自然、人与人的关系、人与表层自我的层面上——的光明观念属于平行层面上的光明观念。平行层面的光明观念归根结底还是与垂直层面的光明观念联系在一起的，即现象平行层面的光明观念从本质上说是奠基于天心之光明本体。只有从物质自然中领悟到“天之心性”，自然才会给人带来光明与温暖，其也才是能给人安慰的自然。具有美学意味的自然只是“天心”的象征或隐喻。现象平行的人类社会世界存在着类光性观念及文化显现，这种“类光性”的事物及观念——各种与人类相关的实践活动、精神品性、思想、行为、制度、准则等——也可以照亮人性及人之处境的黑暗、幽暗。人之自私性存在遇上类光性观念召唤时也会产生美好感。人性的幽暗就来自现象之我方向：大自然在现象人性深处嵌上自私的基因。基于自然物欲的自私就是人之存在的黑暗之源。亚当·斯密把这称为“自私的激情”。但丁的《神曲》是“光明之曲”，也是对人性幽暗的暴露曲。但人之本质性存在具有先验性精神潜能，或者说也具有被精神光照的潜能，这来自人超越现象之我——也即超自然物质超自私基因——的方向，也可以说来自人之被“天心”感召的方向。归根结底还是因为人心本质上是天心的一部分，就存有隐蔽的渴求光明的先验倾向。我们渴望光、明、光明，以及与此相关的温暖——这是人之存在最深邃的精神潜能之一，也是诗意体验的核心本质之一。

英国教育家、历史学家史密斯在一次演说中评价司各特的小说，他用了七盏灯来比喻。他说的七盏灯是：现实之灯、理想之灯、公正之灯、忘我之灯、纯洁之灯、人性之灯、高尚之灯。

“罗斯金，点燃了建筑学的七盏明灯，引导建筑家在高尚的艺术实践中一步步前行。看来现在是为小说家点燃明灯以指引道路的时候了。”[①]

他从各个层面分析了司各特小说的精神光亮与温暖的性质。一句话，他认为司各特的小说让我们体验了光明与温暖。心心美学（诗学）就是思想光明与温暖之学，重点思想那些能让我们的体验光明与温暖的天人合一之存在情境。对人之偏现象之我的方向而言，光、光明、温暖的感受的源泉在和谐公正的社会秩序及自由而富有生机的观念秩序里，包括平等（民主、公平、正义），自由、博爱等观念。首先是从人与物质性自然关系方面而来的光明观念。物质性自然也能给人带来光明与温暖感。那些看起来只是自然的物理之光：星光、阳光、月光等，能给人之自然性外形带来生物性的生机与活力。在各种诗词歌赋中的那些与光相关的自然景象，也都与此相关。这类对自然物理之光的展现，能够给人带来心理上的正面影响。各种各样的太阳崇拜本身就很能说明这一点，包括对与太阳相关的明丽、温暖情境的崇拜。与此相关，还有各种对“阳”的称颂与向往，对“阴”的蔑视与躲避。中国诗人艾青的一首诗就叫《太阳的话》：我带着亮光和温暖，让我把花束，把香气，把亮光，温暖和露水撒满你们心的空间。与之相反的就是缺乏阳光的乌云遮蔽的日子。其次，从人与人之间的关系角度看，正确的社会关系（包括正确的制度及其观念等）可以产生光。伟大思想家的思想的光辉也可照亮并温暖人的存在。

---

① 刘德强主编：《演讲名篇鉴赏辞典》，上海辞书出版社，2009年1月版，第265页。

与之相反的，是人类社会层面的类黑暗的观念。社会（人）价值观常常也是终极本原（天）的反映与折射。只有终极本原之光才可为社会类光观念、行为、制度等提供坚实的支撑。信仰被强制或失去信仰会带来非存在、否定性存在，或存在的不自由。不自由的存在也属于否定真正存在的黑暗的存在。还有社会层面的被奴役、限制、囚禁、损害、专制等也属于对真正存在的否定，也属于黑暗之存在状态。反映二战的电影《穿梭集中营》，就展露了暴力与专制压制下的种种精神黑暗的场面。不平等的社会现实存在肯定属于黑暗的存在。各种三六九的等级、特权等也是如此。没有爱的存在也属于黑暗存在，这也包括冷酷、残忍、杀戮等。这都是现象平行社会层面的黑暗的源泉。在社会价值观的层面上，不被干涉的自由被认为是通向真正存在的，也被认为是最值得追求的。这首先是意志自由，深切的内心的意愿被尊重。人们之所以渴望自由，也是因为不被强制的自由通向存在之光明。人无法在自由中诞生，但人可以在自由中活着并死亡。自由、平等（包括民主、公平、正义）、博爱等都是类光性观念与事物。博爱也是光明、温暖体验之源泉，但所谓博不是基于物理空间概念，而是基于至善概念。在此基础上，博爱可推广至更为广大的世界，即推至人类非血缘非同种族成员、动植物世界等。其闪烁着深邃的精神光芒。相对的有限之爱则常常缺乏光一样的精神召唤力。再次，从个体生活的层面上看。在个体生活及其内心的层面上：马克思主义基于其唯物思想，强调贫穷的黑暗。佛教强调贪嗔痴等欲望是黑暗的源泉。还有几种容易使个体人陷入黑暗的体验：贪婪、仇恨、妒忌等情绪，麻木、厌倦等也是。这些情绪常常使人陷入黑暗冷酷世界。在人之存在的个体层面也有闪光的观念、行为与事物。文学艺术家的使命是创造出能给人带来光明感的故事、形象及情境。人文学者的核心使命也是创造闪光的能给人带来温暖的理念、思想或理论，那些看上去机巧中立的形式主义学术是很难发光的。教育关联着文化，有什么样的文化就有什么样的教育。而教育的目的之一就是让学生拥有内心，并用这内心去映现光明，包括感受、发现、创造类光的观念，并在此基础上产生光明之感受或体验，并在此基础产生能散发光明与温暖的行为。存在的诗意之维（内在美学之维）与光明主义、温暖主义结伴而行。

平行层面的光明观念也包括自然物理的色彩世界及呈现。我们这世界是个色彩缤纷的世界。色彩从根本上说是光的一种表现形式，各种“色彩”之魅力也是光赋予的。但各种色彩的情绪情感基调取决于物理之光与人的眼睛的关系。各种颜色与色彩的呈现本质上也与光相关。光透过三棱镜可以呈现出红、橙、黄、绿、青、蓝、紫七种颜色组成的光谱。光谱三原色是红绿蓝，颜色三原色是红黄蓝。红绿蓝三种灯光混合光色是白色光。红黄蓝三种颜料混合后是黑色。马蒂斯亨利·马蒂斯（Henri Matisse，1869—1954）被称为色彩之王。他是法国著名画家，也是雕塑家、版画家，野兽派的创始人。他以使用大胆、鲜明的色彩而著名，被称为“色彩的国王”。他将色彩发挥到极致，极致到他的画里可以忽略造型，忽视基于自然造型的真实。他要用色彩极致表达自己内心的情感。每一种颜色的隐喻及象征意义也都与人类的先验性精神潜能相关。对每一种色彩的迷恋背后也都蕴含着对一种光明的执着。1905 年，马蒂斯画一幅《打开的窗户》。其用强烈的笔触，鲜艳、刺激的色彩，为我们敞开了一种热带风情，他反对奴隶式地再现自然。他要用色调关系去确定解释自然，并从其中产生出生动活泼的色彩的合奏。他的画面的颜色各种选择与组合不是基于科学，而是依据先验的色彩本能。

精神是可用基于光的色彩传达的。白色代表一种纯洁。黄色是阳光的色彩，象征光明、希望、高贵、愉快，浅黄色表示柔弱、灰黄色表示病态。蓝色代表宁静与忧郁，它是最冷的色彩。蓝色非常纯净，通常让人联想到海洋、天空、水、宇宙。纯净的蓝色表现出一种美丽、冷静、理智、安详与广阔。绿色代表意义清新、希望、安全、平静、舒适、生命、和平、宁静、自然、环保、成长、生机、青春……红色代表情绪的热烈，代表热情、奔放、喜悦、庆典，等等。在现象的平行的物理层面上，各种色彩归根到底都是光的一种折射与表达。

四　天人合一之光明境界与死亡定义

天人合一之光明境界是人之存在的最高远的境界之一。这种境界是人类深层内心所追求的，其可代表人之真正向往，也是人之真正存在之所在。由垂直层面而来的源泉性精神光明——天心—人心相通同在感及其启示性对话交流——能给人带来丰富的内在的深邃的美妙感受。而所谓的非存在与死亡也就代表存在之光的离去、或光明被遮蔽。在海德格尔的思想里，此在陷入以物欲—关系—技术为中心之日常性，由此存在变得黯淡、平庸，变成常人，也变成“虚假之在”，这也是真正的存在之光的被遮蔽（消失），这也属于走向平庸，渐渐死亡的存在。走向死亡之存在本质上就是遗忘式存在。遗忘了源头之神性就等于失去了内在性，真正的存在与真正的死亡都是灵魂性的（心性的），而不是现象层面的物质自然—生物体毁坏形式。灵魂的枯萎（死亡）意味着失去了和存在源头之神性（或天之心性）的关联。失去这种关联感也就失去了存在的源头之光。东西方文化中的所谓天心、所谓上帝常常就代表这种源头之光。在《上帝之城》里，奥古斯丁分析了死亡与生命的本质：

“当上帝离弃灵魂，灵魂之死就出现，而当灵魂离开了身体，肉体之死就会出现。所以当上帝离弃了灵魂离开了肉体，那么两者之死，也即整个人的死亡就发生了。因为灵魂离开上帝就不再有生命，而肉体离开灵魂也不再有生命，”①

“死亡在意义的牺牲中实现了。”②

死亡并不仅仅意味着肉体的衰朽、消失，在更深的意义上，死亡是精神性的，是灵魂层面的，正如生命不仅体现在生物肉体层面，而更多指向灵魂层面一样。没有缺乏灵魂的真正生命，也没有拥有灵魂的真正死亡。没有缺乏光明与温暖的真正生命，也没有拥有灵魂之光的真正死亡，没有被纯粹之光温暖的灵魂也是干枯的。在古老的印度传统中，“当人把握住自己的自我时，就会有‘内在之光’的体验，而光是自我与梵的最高意象。”③

① 黄裕生：《西方哲学史》第三卷《中世纪哲学》，凤凰出版社，江苏人民出版社，2005 年 12 月版，第 149 页。

② 〔法〕波德里亚：《象征交换与死亡》，车槿山译，凤凰出版传媒集团・译林出版社，2006 年 4 月版，第 343 页。

③ 〔美〕米尔恰・伊利亚德：《宗教思想史》，晏可佳，吴晓群，姚蓓琴译，上海社会科学院出版社，2004 年 6 月版，第 205—206 页。

死亡意味着一种内在缺乏，即缺乏来自源头（天心、上帝等）的永恒之光，缺乏根本性的源源不断的光源的照耀，也即没有一种光可以照亮你的存在，你深陷在某种黑暗里，深陷在缺乏灵魂的生机之中，反过来说没有生机没有活力常常也就意味着没有内在光明。人常在灵魂之光的匮乏与牺牲中趋向死亡。能以某种方式映现天心—天之神性—精神原型，这代表着人之存在基于光明的方向。就这个方向而言，死亡意味着心灵缺少光亮之黑暗、缺少色彩之匮乏，缺少温暖之冰冷。但这里的光亮与黑暗，温暖与冰冷，色彩与匮乏不是绝对分离的，而是以某种形式交融在一起，这正如生命与死亡不是绝对分离或脱离一样。

信仰是一种原初的根本性的精神之光。你的神（神性）在哪里，你的终极价值感就在哪里。这也是你的价值源泉或价值依据，也是你价值体验的依据与源泉，也是你饱满的存在状态的依据，所谓美好感意义感等也在这里。如果说生命意味着光明与温暖，那么死亡就意味黑暗与冰冷，或者说意味着发现不了照亮存在的光明及温暖。这将伴随着很多黑暗式心理体验，各种莫名的怀疑、恐惧与焦虑等。科学让我们增长了征服局部世界的能力，但也让我们遗忘了源头与整体，并对存在本身产生怀疑。不断积累的科学意识，以及自以为凭的种种依据也不断加深了我们的怀疑。但这种深深的怀疑状态——尤其是对存在源头的怀疑——常常也就是我们的灵魂被吞噬的状态，这常常也意味着精神的深深的黑暗。各种怀疑也伴随着对看不见的最高精神源头的无视与冷漠。现代世界就是用肉眼的发现去扼杀心灵的发现。再说一遍：如果说真正的存在意味着光明、温暖，那么死亡就意味冰冷、冷漠与黑暗。如果说真正的生命意味着多彩，那么死亡也就意味色彩的匮乏。英国著名评论家约翰·罗斯金说：

“正如光除去所有的阴影就不再是光一样。”[①]

在实存的条件下，光明并不是和黑暗绝对脱离的，正如在实存条件下，温暖不是与冰冷绝对脱离的。而且天人合一之光明境界常常正是孕育于黑暗与混乱之背景中，正是诞生在那种冰冷的存在氛围中。在那种二律背反式的实存情境中，在那种混乱的黑暗里，人们内在的光明意识渐渐或突然地觉醒，并趋达心心存在启示性对话交流境界。人心也自然自发地敞开，源头神性之光就隐蔽地流泻了进来。

---

① 〔英〕约翰·罗斯金：《现代画家》，张鹏译，广西师范大学出版社，2005年版，第32页。

第六章 天人合一之气韵存在及气韵境界

世人不知心是道，只言道在他方妙。

——（唐）皎然

天人合一之气韵境界也是人之存在的最高境界之一。让人之存在更像人之存在——或让人心更像人心——是那种内在的气韵之充盈及内在纯粹性。但本体性气韵（及纯粹性）属于“天心”。人之存在（或人心）之气韵性来自天人（天心—人心）的相通同在感，来自天人（天心—人心）的启示性对话交流。天心—人心启示性对话创造了气韵之存在。心心存在秩序（结构）使人心连接源头，并超越了“惰性贫乏”，也摆脱了因物质性、平行关系性而生的僵硬沉寂之非存在性的缠绕——也即这一否定性存在力量的缠绕。心心存在秩序（结构）也是人之存在内在困境的揭示，其折射的是人之存在的二律背反（现象之我—现象心与本质之我—本质心的难以调和的内在冲突）。这种二律背反式存在困境（现象之我—现象心与本质之我—本质心的矛盾分裂的存在困境）也被称为实存性困境。人之存在的二律背反之一（或实存状态之一）就是：一方面我们（现象之我—现象心—感性、社会性人性等）被各种非存在性包围，我们的存在趋于惰性、呆板、贫乏、日渐失去内在生机，另一方面我们（本质之我—内在本质心—纯粹之我）又渴望纯存在性，渴望那终极性的肯定存在的力量，也即渴望灵动性、音乐性与内在的气韵。所谓美学性或诗意就蕴含在这种内在困境的某种（或短或长、或隐或显）解决或消除之中，也即通过人内在超越之精神修行（及深度价值体验），趋向纯存在性，趋向终极性肯定存在的力量，并隐蔽回归于纯粹精神本质中——即天人合一之气韵境界（及其形象、情境、氛围、韵味等）中。

心心存在是具有内在贯通性、一体性、统一性存在，也是人以敞开的意向性方式——但不同于一般意义上的意向性方式——达成的联系性存在。在这种存在状态里，东西方古老传统的基于信仰之联系性（信仰性沟通方式可包括内在纯思，甚至也可包括印度瑜伽、中国佛教禅宗等）可以以某种方式自然地涌现，天心之纯存在性通过人心获得表达、延伸。只是对应于人的种种二律背反式实存处境，人心被启示的方向（或方面）有所不同，人心涌现出来的纯存在性内容也有所不同。种种二律背反式实存处境使人心在现象学意义上的呈现发生变化，也即纯存在性涌现方式会发生变化。惰性、呆板、贫乏代表的是人之存在的现象性、片面性、非纯在性，心心之气韵则代表对现象片面与非纯在性的克服。

人之存在的气韵（或气韵感）是纯存在性的呈现方式之一，从本质上讲来自心心之内在一体性、统一性、联系性。气韵（或气韵感）是天心—人心启示性交流对话的果实之一，也是人之本真存在的呈现方向之一。气韵之存在是人之内在精神周流运动中的存在，也是贯通性、一体性存在。在这种存在状态里，人与万物内在地达成一体，人心与天心也内在地贯通与合一。从中国思想传统的视点来看（事实上也是世界的普遍的视点），本真生命意味着内在的气韵之充盈，也即内在的肯定性力量在循环运动中存在，内在的周流不息感达成气韵之状态。就这个方向而言，非存在性（或否定性存在性）意味着心心通道的堵塞，意味着心灵之内在气韵的缺乏，意味着和万物的内在联系的阻断，也意味着内在世界干瘪、呆板、没有生机。心心美学（或诗学）是天与人的相通同在之学，是天心与人心的相通同在之学。这种相通同在给人之存在带来内在的气韵。气韵（或气韵感）是心的核心标志之一，也是美（或诗意）的核心标志之一。换句话说，拥有气韵之心是拥有心的核心标志之一。

一　内在气韵境界及心性的贯通、联系

“天心”（或天之神性、存在本身）代表终极性创造源泉，赋予自然宇宙以内在的生机与活力。心心存在则赋予人之存在以内在的气韵。人之存在的气韵（或气韵感）体现了心性的贯通、联系与统一，或者说人之存在的气韵（或气韵感）是心性贯通、联系与统一的体现。天人合一之气韵境界是富有内在精神生机的境界，而不是一种基于生物性生机的存在状态。内在活力来自天心—人心的启示性对话交流，来自心心相通之相通同在感。这种内在对话（或启示性对

话）交流使人之存在成为气韵之存在。气韵是心性的，具有内在超越性。“心即气也”（《孟子·师说》卷二），明清之际的黄宗羲提出“盈天地之间皆气也”（《明儒学案·稷山学案》），又说“盈天地皆心也”（《明儒学案·序》）。这里“气”“心”处在同一层次，指向天地万物的主宰、核心与依据。这也是原初的根本的无形的富有神性之气。现代人经常用“元气满满”（或“元气复活”等）来描述自己的好的存在状态。这实际上就是“心”的充满气韵之状态。被天心（或天之神性、心性）内充的感受支撑，是人之本真存在的核心标志之一，也是存在之高远境界。天人合一之气韵存在境界就是被源头之气充满，周流不息充满气韵的存在。存在之无形之气周流之意象是生命最深邃的古老意象—意境之一，其植根于我们生命的微妙的深处。天人合一之气韵存在境界是通过充盈于心之深度价值体验显现的。

气韵之韵不是现象物质之韵，而是“神明之韵”“超灵之韵”，与超越内在的精神性生机相连。中国思想传统中的天心（或天之心性，或天之神性）——万物存在的核心之核心、整体及绝对肯定性主宰力量——代表天之神明与神性之气，或天心之气，是气韵之本体，是万物之精神生机之本源，也代表最高充满超越性的气韵之存在。人心的本质来自与“天心”的相通同在，通过启示性对话交流，也获得一种“气韵”“神韵”或“超灵之韵”。人心代表人之存在的核心之核心、整体及具有绝对肯定性的主宰力量，代表人之精神生机之本源。中国传统宗教与哲学鼓励天心—人心之间往返的内在对话（或启示性对话），这种内在对话可洗去遮蔽着的“尘心”“妄心”“欲心”，留下“本心”“真心”“照心”“道心”，也即留下气韵之心，气韵之心也充满无形的音乐性生机。庄子的“独与天地精神往来”，也是为了通过天人内在交流获得内在气韵。在本体价值隐喻的意义上（也是启示的意义上），天心是源头的神圣的气之本体，是生机的本体，天心—人心的启示性对话可以给人之存在带来内在生机。人之存在之气韵本质上来自源头，是源头的神圣之气的功效，这种功效造就了心灵的气韵感。气韵是天之心性或神性的显现的面孔之一。天心—人心的沟通交流让人成为“气韵之存在”。这也是人之存在的先验性精神倾向性。

中国宋明理学的核心是“理”，而“理学”就是以理为核心之学。但这个理不是现代意义上的人之理，而是天之无形难名之理，这个天之理也可被称为天之气。“天下未有无理之气，也未有无气之理”（朱熹：《朱子语录》卷一）。“天人之蕴，一气而已”（王夫之：《读四书大全说》卷十）。理、气、心密切联系，也都是本体性概念，描述的是那个具有本原性创造力量的本原存在。本体之气也是天心（天之神性、心性）显现。天心—人心启示性心灵实践带来超越性存在，也是充满气韵之存在。这种天心—人心的启示性对话交流创造了存在的周流不息感。法国哲学家柏格森的绵延概念的核心就在于它周流不息性、不间断性。绵延是绝对连续性，绵延也是自由性。这个用中国传统哲学中的气之周流性来描述或许更为准确。本体之气的周流带来真正意义上的生命气韵感。这是把人之真正存在状态——天人合一之气韵境界——理解为与道合一之元气的运行。中国传统中的太极图、八卦图等只是用可感的形象的方式表达了一气运行的思想。周流之气的最初的源头是天心所代表的存在本身。而人之存在的气韵状态来自天心—人心合一。

气有本体之气（无形的形而上之本体之气）与物理之气（有形的形而下之气）之分。人的存在可能是宇宙中最灵敏的存在之一，是最灵敏的宇宙秘密接收器。所谓理性只是一个方面，更重要的是人有心，有一颗能与天心相通同在之心，有能够体验宇宙整体与核心之心。其可以接受到天之最深处的秘密。到底应该重整体体验还是应该重局部理性？这涉及到底是整体体验还是局部理性更接近天之真理，也涉及我们对最终真理的理解，这个世界的真理有很多种。有工具性真理或与物理的事实相一致的真理，对应的是对局部物质世界的准确认识。在这一点上，哲学唯物主义、哲学实证主义与物理学是一致的。但单纯的对局限的局部的物理世界的认识不能触及本体价值或最根本的实在性，因为物质与物理背后有更深邃的推动力及其创造性源泉。还有一种更为根本的终极性真理叫本原真理，对应的是世界的最初的创造性来源，这是使世界得以成为世界（也是使世界得以运行）的存在。这种真理我们的科学理性无法把握，反而我们的纯粹之心——通过自明的深度价值体验——比之理性更能接近这一本原存在。在我们存在的深度体验中蕴含着世界整体的秘密。本原真理的秘密只能通过纯粹心灵敏锐地感受到。所谓天心（天理等）代表的是世界的最深处的精神秘密。

中国传统也在非本体非本原的意义上使用“气”之概念，这个气是有自然物理基础的。中国思想传统也重视自然界的节气（节侯）、气候变化等。中国就有二十四节气。这二十四节气，都是根据气的不同变化标设的。自然之气也是流动的，不息的。中医就根据这个给人的自然身体诊断：痰气、湿气、气虚、气亏、气堵……还有建立在自然物理基础上的人的情感状态也与气相关，喜怒哀乐等都与气的状态相关：不要气我了，气恼，气盛（shèng），忍气吞声，受气等。人被一种气场笼罩，你就可以说他很有气场等。人时时刻刻都要呼吸，有气才能活着，人死了也叫“断气”。

天人合一之气韵存在及气韵境界不是基于自然物质性境界，而是心心存在境界，即天心—人心相通之无遮蔽存在境界。天心人心合一交融与无遮蔽带来本体之气的贯通，带来人的存在之本原显现。这种气韵之存在是由无形的本体之气支撑的，这是一种纯粹立足本体的精神之气，是具有先验性的精神之气。用多层次的“气”来阐释说明世界，这是中国思想传统对世界的思想贡献之一，虽然这并不是中国传统所独有的。诗性体验与诗意就是一种有气韵的存在状态，这是难以言明的内在微妙的精神之“气”流动状态，被这种来自本体的气之韵所支撑，也会呈现出饱满的情绪状态，会有肯定性的完整的和谐的充沛的情绪团，这种内在饱满的情绪团就是气韵之显现。这种充满内在生机的感受就是一种深度价值体验。天人合一之气韵境界超越了自然之气走向更为本体更为内在的层次。

气韵存在也与良好的道德状态、道德情操不可分，气韵与内在精神是融合在一起的。中国传统语汇用不少词汇描述充满“气韵”之精神状态：气概、气节、气魄、气派、豪气、义气、英气逼人、正气、锐气、才气、和气、勇气、志气等。还有各种“气势”说，在《左传·庄公十年》曹刿论战之“夫战，勇气也，一鼓作气，再而衰，三而竭”的“气”。中国一直有“养气”（养所谓的浩然之气）传统（来源《孟子·公孙丑上》），这实际上也就是内在精神之灵的培育传统，所谓浩然之气也超出一般意义上的道德情怀，指向更为深远的充满气韵之存在状态。

二　内在活力源头与“与道合一”气韵

“天心”也代表终极性的创造性源头，并赋予自然宇宙以内在的活力。依据中国心学传统的“心即道”之说，所谓道之气，也即富有创造性的“天心之气”。与道合一之气也即“与天心合一之气”。中国传统中所说的与道合一之气不是物理之气，而是与道合一的本体之气。中国传统中的“气”本质上是超自然的，其是天心（或天之神性、心性）的体现，本质上也是天之心同一。从语言学角度看，它们都属于本体价值命名与修辞。这种气韵（元气），就像西方哲学中的“太一”概念一样，是形而上学的本体化了的，其成为天地一切事物存在的最初依据与原因，也成为其组成的基本元素，也成为其内在生机的源头。西方也有强调“活力”的传统。众多哲人（亚里士多德、康德、柏格森等）都强调与存在目的相关的“活力”。但真纯持久的活力不是自然物质性的生命能量与动力，不是一切生物所具备的那种生命能量或动力，那种能量的动力特性被称为是物理之气，物理之气是不能作为宇宙动力源泉的，能成为宇宙万物存在依据与主宰的是道，是代表本原创造力量的天心（或天之心性、神性），其是万物的中心与存在基础，而宇宙间的一切具体事物，均是物理之气的运行与变化的结果。心即道，道就是气，气就是道。万事万物被一种来自即心即道之生气灌注，就会产生内在活力。在东西方思想传统中，这种来自本原之气息都曾被思考。因为其是本体天心同一，所以换个角度看，这个气也是无，也是空，也是静，也是光明，其超越物理物质之气。但这个气又是能创造万物、也是能创造产生万物的无空静。

中国古代思想传统重本体之气，也以气为本体。阴阳二气来自更本体的“气之道”，也即来自“与道合一”之气。在《管子》“四篇”中，气和道这两个概念是通用的，时而曰气，时而曰道，气即道，道即气。《易传》是明确主张气道合一的。它说：“形而上者谓之道。”又说，“一阴一阳之谓道。”（《系辞上》）“形而上者”指无形的实在；“一阴一阳”是说，这种无形的实在就是气，气分阴阳，阴阳二气总是一开一阖，一往一复，做有规律的运动，阴与阳的谱写也造就一种音乐般的节奏韵律及其和谐，就是道的显现。这都不是物理的形而下之气。

“夫道有情有信，无为无形；可传而不可受，可得而不可见；自本自根，未有天地，自古以固存；神鬼神帝，生天生地；在太极之上而不为高，在六极之下而不为深，先天地生而不为久，长于上古而不为老。”（《庄子・大宗师》）

“人之生，气之聚也。聚则为生，散则为死。若死生为徒，吾又何患？故万物一也……故曰‘通天下一气耳。’圣人故贵一。”（战国庄子：《庄子・知北游》）

气韵之气之韵均来自“万物为一”。所以“气韵”也可以说是“神韵”“灵韵”“天心之韵”“道韵”等，中国南朝・齐画家谢赫在其所著的《古画品录》中，首先提出绘画“六法”。六法之首就是“气韵生动”。“气韵生动”是画面的灵魂所在。我们的用法中经常把“诗情”与“画意”联系在一起。但基于“本体之气”的所谓“画意”与“诗情”差不多是等同的。描述画作之神的用语更显丰富，大致可以分为两类：第一类以“气”统领，如壮气、气候、气力、神气、生气；第二类以“韵”统领，如神韵、体韵、韵雅、情韵。两类在精神本质上趋同，强调的正是“六法”之首“气韵生动”。“气”与“韵”在谢赫那里乃分而言之的两个概念，而它们都与“神”“道之气”有关，二者之间又有着必然的关联，所以在后世艺术理论中，有时将“气韵”视作一个概念了。

“凡气从心；心，气之君也。”（汉董仲舒：《春秋繁露·循天之道》）

在本体的意义上，所谓气与道也就是天心，或者说是天之心性（或神性），也都是“一”，也是万物存在的起源与核心。在天心之性意义上的气韵就是本体之“韵”。韵是形声字，音为形，匀为声。旧多写作均。韵的本意指和谐的声音，也指风度、气质、情趣、风韵、雅致等。气指富有音乐韵律的运行带来的韵味，韵也就是一种天地之韵，是天地精神的体现，是基于大和谐的天地音乐（天籁）的气息、节奏、韵律等。《说文》说韵是：和也。从音员声。但重点不是外在的物理声音，而是内在的声音，是和谐、悦耳、悦心的难以言说的声音，及其所含有的韵味韵致。本体意义上的气韵也是天心（或天之神性、心性）面孔之一，是天心（或天之神性、心性）的显现之一。本体意义上的气不是物理物质之气，是内在精神之气，是充满“神韵”之气，是超物质的、超时空的。钟嵘的《诗品》和刘勰的《文心雕龙》中多用“气”字。“韵”则相对晚出。在六朝人物品藻中，“韵”广泛使用，如赞赏人物“有雅正之韵”“有拔俗之韵”“风韵迈达”“风韵疏诞”“思韵淹齐”等。“韵”在此指人物身上传达出的具有音乐一样的难以言说的精神气息。这种精神意味意会可以领会而难以言传，这也是人物品藻所迷恋的那种特有的精神品质。为什么会有难以言传的气韵之“韵味”？因为气韵和本原性本体之道紧密相关。这就意味着气韵具有神秘的特质：无形无影看不见的难以名状的味道，具有神性之气韵来自天心，来自本原之道，是天之心性（或天之神性、心性）之显现，所以，它是天心（或天之神性、心性）之无，被来自无的那份无名的气韵灌注，拥有深邃的看不见的无名的空灵气息。

三　通向源头的自然观及气韵之生生

天心是自然万物内在生机之本原，就像人心是人之存在内在生机之本原一样。但关于自然，人们的理解视角不同，导致其内涵差别甚大。现代人受现代科学观念的影响太大，由此对自然含义的误解也太多。不管是从西方传统还是从中国传统看，真正意义上的所谓自然，都不是物质物理的进化方向，而是与对原初之道的守护相关，是天心与天道之自然，是人对天心天道守护之自然，而不是已经远离源头的物质性物理之自然。天心与天道之自然与原初之“生生”创造相关（而不是与后来才呈现的自然物质性“生生”相关），或者说与那个创造留下的内在的心性贯通密切联系在一起。

中国古代传统中“天”，大体上包含两个方向的含义：一是天之物质的物理表层所表明的，其指向物质—生物性自然或物质—生物自然性，这层意义通常“天地”连在一起使用。《孙子兵法·始计》

曰："天者，阴阳、寒暑、时制也。"儒道两家也都有此看法（老子关于"天地不仁"的论述就同诺斯替教所说的冷酷的自然相似）。"天演论"中的天，就是指向物理的物质意义上的自然。一般用法"天性"中的"天"是指自然本性，也更多指向物理—生物性自然。还有"天理"中的部分用法。对比一下这层天的含义与一般意义上的"宇宙"概念的关联。"宇宙"这个词来源于拉丁语的"universum"。也常用"宇宙（cosmos）"这个词来代替"宇宙（universe）"。"cosmos"这个词源自希腊语"kosmos"，字面意思是"世界"。此外还可用源自日耳曼语"natur"的"自然（Nature）"以及英语中的"一切（everything）"来描述这层含义的"天"。这个自然主要是物理的物质意义上的。事实上，这只是对天的一种狭义的表层理解。这同汉代大哲董仲舒的理解有太大的差异，可以说是本质上的差异：

"天者，百神之君也。"（汉董仲舒：《春秋繁露·郊义》）

王阳明所谓的心无体，心体即万物之体说也与董仲舒的说法一致。按照中西方古老的传统（古希腊的、印度婆罗门教的、中国道家的等），所谓天所谓自然，其含义主要不是物质性的，而是超越性的，通向存在之初始，是对初始的守护。这就涉及天的含义之二：作为原初存在之天，或存在之天，也可说成道性之天，充满心性之天，其是一的一切或一切之一。这是与超越性相关之天，也是指向天之本体存在层面之天，也即指向天之自然物理背后的心性、道性，或道之神性，或指向天背后的神明性，这个神明可用天帝、天主或上天称谓，也可类比性地简称"天心"。这是万物的存在之依据、核心（"祭天""祈福于天"及"奉天承运"等传统中的天不可能是物理性自然），或天之具有绝对意味的终极性之根。当然这些都是一种象征或隐喻性表达。儒、道两家在这一点上也是相同的。儒家之宋明理学关于天之“心性”之论更为典型。在宋明理学中，“天性”更多的是“心性”。在中国古代儒道一些大思想家看来，人之存在不是孤立自足的，是天之性的延伸，受制于天之心性，人的存在特性（或生命性、或生命显现）本质上体现的是天之性，尤其体现了天之心性。由此，我们可以说，中国古代的关于生命的总体思想既涉及天之物性自然更涉及天心（天之神性、道性、心性），但天之心性（或神性）决定着天之性质。

中国传统思想中的天人合一，和德国哲学家海德格尔所说的天、地、神性（神）、人的合一思想相似。只是海德格尔把天人“两方”变成了天地神人“四方”而已（在中国思想传统中天地神合为一方）。海氏的天地之自然含义本来就与神性含义不可分，在《论自然的本质与概念》《柏拉图的真理学说》等文中，他就谈及过相关论题。除古希腊外，海氏也受到中世纪的哲学家，波埃修与爱留根纳的影响。后者写了《自然的区分》一文，对自然进行了全新的解释，把能够被心灵把握与超越的存在与不存在，都归于“自然”的名下。基于此，海氏不满罗马人用 natura 一词来翻译古希腊文的自然，因为 natura 出于 nasci，后者意为来源、诞生于，即希腊文的 **Φύσις**；natura 就是“让……从自身中起源”。海氏不满这种或实体或诞生的用法，因为这两种用法都指向“存在者”。而在海氏看来，希腊的“自然”（physis）与真理（aletheia）相关，是对 letheia（遮蔽、蒙蔽等状态）的否定。所以真理与自然都是一种从遮蔽状态中被争夺到的东西，是无蔽或去蔽。在超越的本体的意义上，所谓自然之天本质就是越过存在者指向存在，自然意味着存在的起始、对存在本身起始的保持、对存在本身起始的回复（或复归），是对原初存在的敞开，也是一种显露纯存在性（或神性）、去蔽或无蔽状态。[①]

中国古代思想传统与海氏思想有许多可对照之处。中国思想传统中的“天”也更多属于“心性之天”“超越之天”，与超越性（心性）自然含义联系在一起，也和中国道家的“道之自然”（道法自然）是一个意思，本质上都是超越性的，指向存在本体、存在原初。这个意义上的天之类比性表达就是：“天之心性”“天之神性”，简称“天心”。如果不是从局部的分割性自然片段（存在者），而是从整体自然之魂（存在性）的角度看，人之基于自然的特性与基于神性的特性，在本质方向上是可以交融的，所谓神性（或道性梵性等）就蕴含于整体自然的隐形的追寻与显露中，也即无蔽状态中。这和西方启蒙运动以后流行的“天赋人权”理论的思考方式也大体一致。“天赋人权”中的“天赋”，也有基于自然与基于神性两层意思。

如果不是从局部的分割性自然（存在者），而是从整体自然之魂（存在性）的角度看，基于自然的天赋性与基于神性的天赋性，在本质方向上并无太大的不同，所谓神性（或道性、梵性等）也蕴含于整体自然的追寻与显露中，也即无蔽状态中。这和西方启蒙运动以后流行的“天赋人权”理论的思考方式也大体一致。“天赋人权”中的“天赋”，也有基于自然与基于神性两层意思。中国传统中的“气韵”也是与原初之道紧密联系在一起的。那代表各种生机的源泉，也包括精神生机。

盖无气韵之画，便失去国画之精神。中国传统中的生生周流之

---

① 参见黄裕生：《西方哲学史》第三卷《中世纪哲学》，凤凰出版社、江苏人民出版社，2005年12月版，第232—234页。

隐喻也代表有气韵之精神，包括这个层次意义上的有气之精神状态，所谓的道德境界等也都是这种有气韵之精神的体现。中国许多与精神生机相关的传统词汇也都与“气”字相关。气之状态与精神状态已经密切联系在一起。比如“骨气”“志气”“底气”等。都代表一种有气韵之精神。还有“胆气”“勇气”等奔放豪迈的生命状态。

四　气韵之“生生”呈现与意义脉络

天人合一之气韵境界是人之存在的最高境界之一，其是富有内在生机的境界，也是一种饱满的意义状态，而持久的内在生机及饱满的意义状态，几乎不可能来自人之存在的自然方向。人之存在饱满的意义状态本质上是超自然本性的，唯其如此才能获得富有生机的巨大意义感。这种被内在气韵充满的意义状态用西方的术语说就是“圣灵”的临在状态，或被圣灵召唤的状态。用中国思想传统的术语讲就是天心通过人心表达自己的状态，在这种状态里人心成为天心的被召唤者、表达者、延伸者。这个在艺术家诗人等富有灵感的创造状态中最典型地体现出来。现代人喜欢把生命性归属于自然本身的循环往复的运动，当下的众多学者们也偏重从这个层面谈论生命或生态性。这实际上就是立足于存在之物质自然方向，也即物质自然的进化方向。他们片面地引用周易及相关说法。所谓“天地氤氲，万物化醇”（《易·系辞下》）。而所谓的生态性，本质上就是生命性，就是一种充满自然气韵之存在。周易中有关于世界存在的“生生”的思考，就是道之纯存在在走出自身（溢出）的具体演化中，留下了内在的充满支撑力的运行路线，这种运行路线构成了“生生”“生态”之相克相生之运行图，这也是一幅周流不息的生命运行图。由道而来的生生意象是最具有中国传统味的意象之一。其最早的出处是《周易·系辞上》：“生生之谓易”，《易经·系辞下》又称“天地之大德曰生”。后来宋代哲学家周敦颐在《太极图说》中也说：“二气交感，化生万物，万物生生而变化无穷焉。”清代戴震在《孟子字义疏证·道》中则说：“在天地，则气化流行，生生不息。”

“凡气从心；心，气之君也。”（汉董仲舒：《春秋繁露·循天之道》）

天人合一之气韵境界不是来自自然之“生生”，而是来自人之存在的“心心”相通同在。大自然的生生不息就是生之态，大自然的生之真理就是循环运动的真理。生生不息中的生生，也是中国道家哲学术语，指变化的发生和新生事物的产生；生生不息中的不息意味着没有终止，不断地生长、繁殖。此故谓五行元气，元气乃阴阳交替，互为生克。五行生克：木乃始；水乃终；土乃中。故而木生火，火生土，土生金，金生水，水生木；水克火，火克金，金克木，木克土，土克水。六合之内，万千世界千变万化，千姿百态；五行相生相克，轮回循环，万物生灵负阴抱阳，生生不息。“赞天地之化育而与天地参矣”（《礼记·中庸》）。人也参与天地之循环运行。但这种意义上的“生生”也只是自然运动现象，关键是自然何以会如此“生生”。生生之本原既内在于自然，又是超自然的，这个创造性源头，中国思想传统用“天心”称谓之。

天人合一之气韵之存在不是在自然“生生”之循环运动中的存在，也不是自然循环运动中的真理，而是天心通过人心之理，或者说是人心向着从创造性源头的敞开，这才是人之存在价值与意义方向。在佛教传统中，小乘佛教也强调变化无常，无尽的轮回，也就等于强调了存在的无意义。相对而言，大乘佛教——《涅槃经》等——就强调“永恒”，超越于万物的变化。在宇宙的各个星系之间，也贯穿了“生生”“生态”的律动。宇宙这个大生命就是一个充满气韵的存在——周流不息。但这周流不居的宇宙是有起点有根基的，最初的推动生生创造力才是最终的真理。在这一点中国传统（包括中国传统道家）和最新的天体物理学的原理有着惊人的一致之处。更为宏大的宇宙的“生生”图以科学的方式展现在人们眼前。当大爆炸理论被广泛认可后，关于宇宙的终极命运也成为了可以讨论的话题。当空间膨胀到一定的程度便会逐渐减速，最终停止，然后转变成为收缩形成大挤压，最终回归到一个“奇点”上。然后可能又是大爆炸，又形成新的宇宙，再膨胀，再收缩，如此往复。

好多学者在理解中国“生生”观念时，偏重谈及其自然之生及自然变化的形式方面。但气韵之生生本质上是超物质自然的，其内在生机来自那个创造性的源泉，来自“天心”或“天道”，这是最原初的神秘的富有创造性之道（或天心之道）。人之存在的真正的意义源泉也是超越自然之生的，也超越纯自然及自然现象的变化。人如果紧紧跟随自然的变化规律并与之合一，是否就能获得真正意义上的存在生机，是否就能获得饱满的存在的意义？答案是否定性的。存在的气韵与意义来自超越自然的方面，来自天心—人心的相通同在，或者说来自超自然背后的基于大全的存在本身，这种存在本身在印度被描述为“梵”，在西方被描述为“上帝”，在伊斯兰世界被描述为“真主”，在中国道家那里被称为“道”。它们是变化发展的原初推动力，是变化的源泉与依据，而不是自然变化现象。在东西方的核心文化传统看来，人之存在的生机（气韵）归根结底来自与原初存在本身的关联，而不是来自自然现象的万千变化。我们来看看阿奎那的思考，这也会给我们一些启示：

“阿奎那在中世纪经院哲学中，第一个用‘活动’来界定存在或上帝，强调活动与存在的等义性。在托马斯看来，存在本身或上帝即是一种‘活动’。一种生生不已的创造活动……托马斯不仅用‘活动’来界定存在本身，而且还强调存在本身与力量和完满性的等义性。”①

英国哲学家怀特海在《过程与实在》中直接将之称为“活动性存在”，并认为其是万事万物存在的依据。中国思想传统中的所谓“生生”不能只是从生态—生物层面解读，其与天心或道本身具有等义性，只是这个“生生”偏重从活动层面来界定那个本原存在的，是存在本身之生生。东西方的许多思想虽然表达方式不同，但从精神本质上相似。中国《易经》中强调“生生”也应做如此思考，不应被局限在自然物理—生态层面。《易·系辞下》也从另一角度说易无思无为寂然不动。这是“易”之一体两面的呈现。所谓气韵也是人之存在的核心意义脉络之一。气韵之感是意义的体现，这一意义脉络通过人之存在体验获得显现。人类思想走到了十九世纪末时，一些传统的哲学主题（甚至是核心主题）受到现代科学技术发展的极大冲击，因此，哲学的危机感愈加浓厚。哲学面临着失去独特的研究

---

① 〔意〕托马斯·阿奎那：《论存在者与本质》，段德智译，商务印书馆，2013年4月版，第160—161页。

核心的困境。或许也是一种应对危机的方式吧，此时的哲学思潮中出现了直接以生命经验为研究中心的哲学派别，其代表人物是德国哲学家狄尔泰。他把生命经验问题放置于哲学的中心。尽管他对生命的思考是多方位的，但隐蔽的核心主线还是清楚的。生命的本质不是生物性的，而是精神性的，生命的呈现也在精神方向，即在由精神形成的意义脉络里。在《哲学的本质》一文中，威廉·狄尔泰说：

“生命就是存在于个人系统之中的各种精神活动之间的内在关系；而生命经验则是不断发展的，是对生命的沉思与反思……应当在个体的生命经验之中去寻找这些问题的答案。”①

在他看来，生命本身固有的价值体系属于某种精神状态（也可以理解为经验状态，或体验）。他对生命的理解有偏感性的一面，常常强调生命的意志性及冲动性，也有偏文化的社会历史层面，强调生命的关系性及社会历史性（所谓生命的客观化），但核心中的核心（或生命之谜）依然在“生命经验”（或“生命体验”）上，即充满价值感的生命经验。他认为生命经验的核心存在于“意义脉络”中，生命的意味正是通过生命经验表现出来。他还特别推崇诗人的生命经验（他还写过一本书《诗与体验》），因为对于生命之“价值、意义与意味的感受”（在《历史中的意义》中还专门写了“意义、意味与价值”一节），那些伟大的诗人们（或诗歌）都更为敏感。

“诗歌可以通过不断创新的作品，把生命所具有的各个侧面揭示给我们了。”②

---

① 〔德〕威廉·狄尔泰：《历史中的意义》，艾彦译，译林出版社，2014 年 7 月版，第 241 页。

② 参见〔德〕威廉·狄尔泰：《历史中的意义》，艾彦译，译林出版社，2014 年 7 月版，第 235、237 页。

“诗歌就是生命理解过程所具有的器官；而诗人则是对生命的意义加以辨别的，具有异乎寻常的洞察力的人。”①

伟大的诗歌是生命经验的最深刻最集中表达。但丁歌德等伟大的诗人们（或诗歌），其洞察与体现是什么样的，具有价值、意义与意味的最为核心的经验呢？联系狄尔泰的前后文论述倾向，我们可以说这本质上也是和宗教、形而上相通的经验，也即诗人们同宗教先知们一样，是为了“发现生命所具有的至高无上的和绝对的真正价值……找到价值那至高无上的和绝对的源泉。”②。由此看来，尽管狄尔泰认为在那个时代形而上学已经式微，但其实从他的倾向性论述中依然可以看出：具有价值、意义与意味的生命是核心，并通过体验（或经验）显现出来，而这种生命体验有着形而上的纯粹方向与基础，失去了形而上的方向与基础，就很难找到“意义脉络”，也无所谓富有价值与意义的精神性生命，也无所谓纯粹的存在状态，或存在的诗意。狄尔泰的这种重视生命体验的思路也为后来的各路现象学家所重视（舍勒、海德格尔等），现象学方法的核心就是自明的“本质直观”，以及这种直观中的自明真切体验。被内在气韵充满之经验就是有价值的生命经验，也是人之存在的核心脉络之一，也是直接连接本原的经验状态。

① 同上，第217页。

② 同上，第199页。

第七章 天人合一之空静存在及空静境界

人们从诗人的字句里，选取自己心爱意义：但是诗句的最终意义却指向你。

——〔印〕泰戈尔

天人合一之空静境界也是人之存在的最高境界之一。让人之存在更像人之存在的——或让人心更像人心的——是那种空静背景及内在光芒。本体性空静（及光芒）属于“天心”。人之存在（或人心）之空静感来自天人（天心—人心）的相通同在性，来自天人（天心—人心）的启示性对话交流。天心—人心启示性对话交流创造了空静存在，人心因连接源头而“超越躁动”，也摆脱了因物质性、平行关系性而生的妄动纷扰之非存在性的缠绕——也即这一否定性存在力量的缠绕。心心存在秩序（结构）也是人之存在内在困境的揭示，其折射的是人之存在的二律背反（或现象之我—现象心与本质之我—本质心的难以调和的内在冲突）。这种二律背反式存在困境（现象之我与本质之我矛盾分裂的存在困境）也被称为实存性困境。人之存在的二律背反之一（或实存状态之一）就是：一方面我们（现象之我—现象心—感性、社会性人性等）被各种非存在性包围，我们的存在是躁动的、动荡的、纷扰的，另一方面我们（本质之我—内在本质心—纯粹之我）又渴望纯存在性，渴望那终极性的肯定存在的力量，也即渴望清寂、空灵与宁静。所谓美学性或诗意就蕴含在这种内在困境的某种（或短或长、或隐或显）解决或消除之中，也即通过人内在超越之精神修行（及深度价值体验），趋向纯存在性，趋向终极性肯定存在的力量，并隐蔽回归于纯粹精神本质中——即天人合一之空静境界（及其形象、情境、氛围、韵味等）中。

心心存在是具有内在贯通性、一体性、统一性存在，也是人以敞开的意向性方式——但不同于一般意义上的意向性方式——达成的联系性存在。在这种存在状态里，东西方古老传统的基于信仰之联系性（信仰性沟通方式可包括内在纯思，甚至也可包括印度瑜伽、中国佛教禅宗等）可以以某种方式自然地涌现，天心之纯存在性通过人心获得表达、延伸。只是对应于人的种种二律背反式实存处境，人心被启示的方向（或方面）有所不同，人心涌现出来的纯存在性内容也有所不同。种种二律背反式实存处境使人心在现象学意义上的呈现发生变化，也即纯存在性涌现方式会发生变化。纷扰与躁动代表的是人之存在的现象性、片面性、非纯在性，心心之空静则代表对现象片面与非纯在性的克服。

人之存在的空静（或空静感）是纯存在性的呈现方式之一，从本质上讲来自心心之内在一体性、统一性、联系性。这种内在的联系性境界是古代东方人孜孜以求的。印度教、佛教都讲空静。中国的道家也讲“清静”，还有一部著名的典籍《清静经》，全称《太上老君说常清静经》，专门对“清静”进行论述。从思想视点来看，空静是原初本体（梵或道）的属性：空静是富于创造性的空与静。从中国传统的“心学”视点看，天人合一之空静境界来自天心与人心的相通与同在。天心—人心启示性对话交流创造了人之空静性存在。中国传统宗教与哲学中的天心（或天之心性）是空静之本体。这是最高的创造性道之空静，也代表最高之空静本身。中国传统宗教与哲学鼓励天心—人心之间往返的内在对话（或启示性对话）与交流，这种最内在的对话可洗去遮蔽着的“尘心”“妄心”“欲心”等，留下与天心相通的富有创造性的空灵宁静之心。

空静之精神原型隐喻对东方人似乎影响更大。东方的宗教与哲学差不多都把空静当作生命境界的标志。涅槃、瑜伽、禅定、禅等核心词汇都指向这个。用深广丰富的宁静与空灵奠基自己，这是天人合一之空静境界的核心标志之一，也可以说是人的纯粹存在的核心标志之一。当然一般的生活是缺乏这种纯粹性的，也达不到触及精神原型之纯粹高度（或者说达不到诗意与美学之维的最理想高度）。人之存在的回归意象—意境具有基于心心交流的精神原型性质，并经常以我们深邃的空灵宁静渴求出现。几千年来，东方人——印度、中国等——尤其着迷于这种内在的存在实践形式，即基于空静体验的心灵的敞开联系性实践形式。就这个方向而言，非存在性（或否定性存在性）意味着心灵的妄动、躁动、纷乱。心心美学（或诗学）是天与人的相通同在之学，是天心与人心的相通同在之学。这种相通同在给人之存在带来内在的空静感。空静（或空静感）是心的核心标志之一，也是美（或诗意）的核心标志之一。换句话说，拥有空静之心是拥有心的核心标志之一。

一　天人合一之空静境界及心灵的故乡

天人合一之存在境界也意味着空灵、寂然、清真与宁静。人之存在的空静（或空静感）体现了心性的贯通、联系与统一，或者说人之存在的空静（或空静感）是心性贯通、联系与统一的体现。在这种心心存在境界里，人心灵回归自己最深邃的本性，回归自己本原之根：人心真正找到了自己的原初故乡。也只有在这种心心存在境界里，人的心灵才可获得真正的安息，也才得以被真正地“安顿”。人之自然身体及其欲望的故乡在有限有形之物质及各种物质之变里，而心灵的真正故乡在超物质之形的本原之根里，在那份基于本原的纯存在性里，包括在这个根处的创造性空无与寂静里。中国思想传统——道家佛家等——对这一点的领悟最为深刻。道佛经典的核心母题就是道之“无”“静”“空”。西方的许多伟大经典论述也基于此——关于这点大哲普罗提诺也有所论及（前面已经提及）。中国明代哲学家陈献章认为“虚明静一”为“心学法门”(《书自题大塘书屋诗后》)。这个之所以能成为最重要的法门，归根结底还是源自“天道之本性之空静”，或者说源自天心之空静。当然要领会本原之空静，也需要人心之敞开，即以空灵的明澈与单纯宁静的心态作为天人合一的先决条件。

“至静无感，性之渊源。”（宋张载：《正蒙·太和》）

人之存在的空静境界是天心—人心启示性对话交流的果实之一。

没有比人之存在的深邃的空灵与宁静更迷人的了，但这种境界常常只有最坚韧的心灵修行者才能做到极致。此时人心回到了久远的故乡——天心之舍。空静之所以能成为带有终极性的肯定性存在形式，是因为人心具有这一先验式精神潜能，能呼应来自本原的原型式启示与呼唤。人心就像一片落叶回归那深厚的土地，也像人的一场短暂的旅行后，回到自己的故乡：最神秘最久远最深邃的宁静的憩息之地。拥有空灵虚静之心也是人之本真存在的核心之一。最神秘最久远最深邃的精神故乡在自然宇宙的那份不可思议的起源处。外形宇宙的起点之处（原点、元一、太初性等）就是外形宇宙的归宿之处，这个归宿地同样是人心（人之存在）隐含着的回归目的地，那也是万物共同的最神秘最久远最深邃的精神故乡。中国思想传统中万物一体思想的逻辑起点也在此处。关于这个起点与归宿，我们不能从时空意义上去理解，而应该从内在超越的超时空意义上去领悟。

我们需要多说一句：拥有真正的哲学气质者通常拥有更为深邃更为开阔的意识，这种深邃意识可以帮助其超越有限的可见世界。所谓有限可见世界也包括人类自身及人类社会诸方面。如果目光只是盯着有限的可见世界（包括人自身及人类社会），那还不能算是真正意义上称职的哲学家，一个哲学家如果不具备最深邃的哲学气质及宽广的宇宙意识，他很难被认为是真正的哲学家。哲学意识应包括对宇宙及宇宙背后的那份精神及隐藏着的部分的敏感。当然也包括对人的整体存在深处的精神性敏感。这是哲学家（也包括美学家吧）的使命或命运。对这类思考型哲学家或人文学者而言，立足于心的自明的真切体验比表层理性更可靠（因为体验比理性更能感应世界的整体秘密、起源秘密、本质秘密等），不懂得体验重要性——

习惯把人的思想感受格式化——的人最好不要去学人文学科，尤其不要搞哲学、美学、文学理论等。

真切的体验是做人文类学术的第一精神引领，这也可以说是灵魂性的引领，这能确保人文学术具有内在的诚实性及灵魂性，而不是只具有外在的空洞的理性构架。基于这种空洞的理性构架，最后也只能做成徒有骨骼构架的干巴贫乏的学术：既没有内在的诚实，也没有深厚的灵魂。骨瘦如柴的学术归根结底来自骨瘦如柴的灵魂。这也是当下中国学术的存在的问题。总体说来，中国当下的学术又干巴又矫揉造作。你从当下中国的这种学术（主要指人文性学术）中能得到什么？其能帮助你富有洞见地认知知识的秘密吗？其能帮助你深刻地了解真实而深邃的世界吗？其能帮助你深刻地了解真实深邃的自己吗？其能帮助你了解自己的灵魂状况吗？其能帮助你更自由更有生机地存在吗？种种碎片化人文知识追求与更有价值的存在目标之间常常是背离的。本来所谓学术也应是饱满的灵魂发展的一个自然部分，是从饱满的灵魂深处自然地喷涌而出的……所以，有了灵魂体验之后才是所谓的理性及知识的引领，这是第二性的引领。

还是那些传统的思想家更实在些，他们直面自己的心灵，诚实地倾听心灵的声音。中国传统佛教禅宗强调“不立文字，以心传心”。真正的人文精神的秘密传授也大体有“以心传心”“心心相印”的性质。那些难以清晰表达的思想精髓只能心领神会，无法概括为精确规范的知识形式。心心传授的也不是那些理性的知识要点。各种理智性文字——包括现代学术等——无法传达其核心要旨。我们从自己深沉的体验中知道：人类那颗莫名的不安的灵魂需要安顿，而能安顿这颗莫名的灵魂之处，我们就可称之为精神故乡，但精神故乡有很多种，其中有些更具有根基性，更为深邃更为广阔更为古老，甚至也更为伟大，其也更能满足灵魂的那种微妙的需要。哪些属于更具有根基性更为深邃更为广阔更为古老的精神故乡呢？那是万物都指向的，或者说是万物一体性的，而不仅仅是人类物种所渴望的。那是人之存在和地球、月亮、太阳系、银河系等共同拥有的精神归属地。地球太阳系银河系的整体也是一种存在物，也隐蔽渴望自己的存在之根，作为存在物都是有自己核心指向的，也有自己渴望的存在方向，也有自己指向的久远的深邃的能安顿自己"魂"的精神故乡。天心（西方叫存在本身）就是万物的存在故乡，天心之空灵与宁静就是人心之精神故乡。换句话说这个故乡就是存在本无之空灵与创造性宁静。

人类的深层精神常常只是在无意识中显露这一点，比如偶然的艺术创造灵感降临时的显露。温克尔曼在《古代艺术史》中，就用了"静穆的伟大"来描述古希腊的艺术。他深知静穆的精神价值。古老的东方文化似乎对"空静"的渴望更甚，对其体验似乎也更为深刻。想象过"本来无一物，何处惹尘埃"的空灵宁静的感觉吗？想象过倒空一切的寂然体验吗？通过天人交流人倒空一切，包括倒空自己的现象性存在，使自己的内心进入彻底的空无寂静状态——无边的寂静——并在这种寂静中，领会难以言明的存在根基的深广、圆满、和谐与完善。这个方向是本心的方向，也是人之存在的基本情感体验之方向。空，在现象上表示没有，没有什么，不包含任何事物。但在本质上却是有，无局限无名无形之妙有。静在现象上与运动相对，停止的、凝定的，但这种静却拥有无局限无名无形之创造力。总之，其是创造性的富有内在生机的空与静。

天人合一之空静境界就是最高远的存在境界之一。这也是东方人最高的心灵境界之一，也是诗意之最高境界之一。所谓东方的传统更包括追寻空灵（空无）与宁静的存在传统，这是东方人几千年来最向往的存在境界。基于此，在中国思想传统中，以禅喻诗之论也才成立。禅与诗在根底里是同一的。禅境与诗境都代表人生的最高向往、最高品级。存在的诗意之维内在于日常生活之中（端茶、担水等），又超越于日常生活物欲性表象。更为精妙的诗意之境常常只是对具有深邃微妙灵魂者的。这种空静境界对那些只讲“吃饭穿衣”的所谓思想者来说过于飘渺，过于虚幻。

“其心寂然，光照天地，是诚之明也。”（唐李翱：《复性书》）

和天人合一之空静存在境界相对的事情是什么？就是人之存在的“不寂然”，就是孜孜以求那些法性为空，但却喧闹的物欲幻象与人际关系幻象。俗世中那些来来往往的人与物，只是滚滚红尘的短暂的幻象般的存在。人与人之间现实依存关系状态让你获得深刻的灵魂满足了吗？人与自然物欲间的那种依赖式关系状态让你获得深刻的心灵满足了吗？萨特说“他人就是我的地狱”，地狱不地狱姑且不说，至少现象性他人不会使你的灵魂获得深度满足，现象性他物更不会使你的灵魂获得真正的充实。即便在人类的美好爱情之中，即便在彼此相爱的人面前，也难以获得深度的心灵抚慰，即便在你爱的和爱你的人面前，即便在男女最爱的时刻（瞬间高峰时刻），那种基于有限性短暂性的非存在性——悲伤——也会悄悄地潜入你的心底，也依然静悄悄地使你失去自足与完整，也难以以最本真的自己显现在他（或她）的面前。你依旧能感受到存在的空虚。所以对那些具有高度灵性者来说，天人关系（心心存在）比人人关系（现象性人人关系）常常更能给人带来持久深度的价值体验。对于这些人而言，在那份无拘无束的空灵与孤独的宁静之中，才会脱下种种伪装并拥有完整而真实的自己，才能够贴近那份神秘的深邃的存在，也才会感受到本体的自由，也才会让人感受到自足式充实与丰富，感受到一种无名的精神喜悦。

基于此，古往今来那些在孤独之中追求空静存在及体验者大有人在，这些人凭此摆脱了现象性存在——他物、他人与表层意识——对自己的影响。在东方文化世界更是如此。印度文化也是东方思想的核心源头。东方有印度教、佛教、道教等大教派，还有包括耆那教在内的一些小教派。这些教派追寻的精神核心与最高境界就是空与静。为此，其要求人们勤于修行，在心灵之中倒空所有的世俗的杂物、杂念，敞开自己的心灵与空静之本体融于一体。中国传统佛教最有特色的流派之一就是禅宗，而禅宗追求的就是空与静，甚至可以简单地说：禅宗就是空宗、静宗，就是以空静为灵魂本质的宗教修行流派，其目的就是不惹世俗的各种幻象性尘埃。基于此，东西方那些被认为最具有诗意的诗人差不多都是空静的化身。那些最具诗意的诗作差不多也都是对静寂空无的暗示、象征与描摹。

“欲令诗语妙，无厌空且静。”（宋苏轼：《送参廖师》）

存在的诗意常常被具体表象化——表象化为田园情境（或桃花源情境）。这种情境也最能给人以故乡之感。但田园与桃花源情境其实只是天人合一之空静情境的一个表现而已。田园般的、桃花源般的诗意氛围常常直接指向空灵与宁静。中国的陶渊明、美国的梭罗等等也是这种情境的写作方面的代表。这种诗意体验是以空与静为背景为核心，没有以躁动与喧嚣为核心的所谓诗意。没有那份广阔深邃的空无与宁静之感，田园或桃花源般的情境就无从谈起。桃花源的本质不在桃花之物性自然，而在那些盛开的桃花背后的心性自然，在那份心性自然背后与深处的存在之根——天心，以及在这个存在之根处的空灵与宁静之感。最深刻的诗意就是“本来无一物”的无我之境，而无我之境之所以成为诗意更高之境，就在于无我之境通向大我之境。能彰显大我之境的那个境才可成为人的心灵故乡，而大我之境的显现方向之一就是广阔深邃的空无与寂静。如果你的心排斥那种深邃无边的空无与宁静感，如果你还没有学会从那无边的空无与宁静体验存在本身（天心），那么很难说你拥有内在的灵魂。拥有内在灵魂的标志之一就是你自然地欣喜地融入到了那仿佛是无边的空无与寂静之中，并从中感受到充实，感受到各种虚假的现象存在的寂灭。

二　天人合一之空静境界与灵魂底色

所谓空所谓静有许多方向的含义，但其都不是一般意义上没有或虚空，而意味着空中之有静中之存，而且这个有与存又不是现象性的——而是根本性的——是纯粹本质之有之存。人的纯粹灵魂状态就是纯粹本质之有之存，及其显现。西方有不少思想家把其称为本真存在。人之存在的最深广的灵魂状态有自己的底色：基于纯存在性之空灵与宁静。最伟大深邃的人之存在形象都与广阔的空灵与深邃的宁静相关——深广的灵魂常常意味着活在无边的空灵与宁静里。至真、至善与至美都与深广的空灵与宁静常常联系在一起。在《九章集》(V.1.6 等)里普罗提诺提到作为万物之源的“太一”时，常用“静谧”这个词来修饰。作为万物之源的本体是空无寂静的。

老子在《道德经》十六章提出：

“致虚极，守静笃……归根曰静。”

三国魏王弼基于“以无为本”之思想，进一步阐发了无之静思想：

“凡有起于虚，动起于静。”(三国王弼:《老子注》十六章)

南宋朱熹则提出：

“静即太极之体，动即太极之用。”(南宋朱熹:《朱子语录》卷九十四)

静是天之本体，动只是现象，从人之存在角度来看更是如此。在通往本体的空灵宁静中，人不再有那么多基于现象的自然性羁绊，不再有那么多的基于社会与理性的功利，也远离多变的表层之我。人处在与代表本原存在之天心——天之神性—精神原型——连接联系的存在状态，也即天人合一的状态(即天心—人心的内在对话或启示性交流状态)，用印度思想传统说就是梵我合一状态。这也是人之存在的一种极致的超然状态。此时，人已经可以超越现象变动与循环，能感受到存在的更为宽广的一面，并带着欣喜回归于起点之处，自然地融入宽广深邃的空静里，这一境界也符合人之存在的整体的目的性。

所谓人心(本心)就是分有了天心之纯在性的心，从根本上来说是一种纯粹之心或纯粹灵魂，其内在又超越于人之感性之形，正如西方所谓的上帝内在又超越于存在者一样。所谓灵魂性也意味着分有天心之纯存在性，这种分有的方向之一就是空灵与宁静。在中国传统佛教中就有“即心即佛”“拂尘看净”“性空”等说法，均指向一种纯粹的空灵性存在，或者更准确些说指向空灵宁静之本心。人有一种深沉深厚的存在形式叫富有创造性的充实的空灵与宁静。心心美学（或诗学）是倡导灵魂的美学及诗学，所谓人心所谓灵魂就是分有了天心之纯存在性的状态，这也是人之存在整体的隐蔽的倾向性。内在灵魂的底色就是空与静，就像生物生命的底色是生机一样。所谓行尸走肉，也更多指向非存在性（或否定性存在性），指向无目的的忙忙碌碌状态，其也是人之存在的非空灵非宁静状态。灵魂就有一种空空如与静悄悄的感觉，但又是富有内在生机的空空如与静悄悄。灵魂常常可接直接理解空灵之魂、寂静之魂。空与静是天心之纯存在性的体现之一，是天心的显露，也是现象世界存在之创造性本体，也是现象世界之魂的根本底色，也是人之存在的本体与底色。空与静也是世界的最深邃之根。我们平常所理解的诗意似乎和这一点最为密切。真正的空灵与宁静可以让人的灵魂获得极大满足。在这种内在满足里，你消融于天心之神秘的空灵与寂静中，你的心也成为天心之纯存在性——空灵与寂静——的一部分。

在心心之空灵与宁静秩序（结构）中，人反而能拥有更为完整的自己，拥有更为完整而丰富的灵魂，也即拥有本心。这就是心心美学（诗学）的视点，也是同东西方思想一致之点。为什么心心存在之空灵、空寂与宁静会让人获得内在满足？因为在这一心心存在秩序（结构）里，天心之纯存在性（空灵与寂静）得以显现，天心之纯存在性通过人心之纯粹获得表达。那些着迷热闹者爱的是动之变，但空静才是本体。一个能从空灵与宁静中获得满足者常常具有较强的灵魂感，甚至可以说心心存在本身就意味灵魂满足，就意味纯存在性（空灵与寂静）的显露。心心存在意味着诗性存在（也是一种具有内在美学性式的存在），意味着回归空灵与寂静之根，就意味着从寂静中获得存在的灵魂性养料。那些伟大的各种修士（思想的、哲学的宗教的等）、那些伟大的先知们常常是空静寂寞者，也就是空灵主义与寂静主义者。真正的有大德者都是能够从空无与宁静中获得内在满足者，也是由此获得内在精神充实者。高僧、活佛、精神或思想大师等，他们差不多都是心心存在主义者，也是心心存在之典范，也会因此拥有深邃的德性。他们经常置心于天人合一之空静境界里，是人与道的宁静合一，是人与道之空静的交融。那些真正有大德者事实上也是富有诗意之人。如果你连存在的空灵与宁静都做不到，还谈论什么至善之德呢？

这是人之存在的二律背反之一：我们的物欲身体求变动，求感官刺激，而我们的灵魂却常常寻觅基于充实的寂静，以及那种富有创造性的空灵。那些富有灵魂感的人，通常有一颗渴求寂静的心，也习惯于在那份寂静之中感受存在的充实，在那份寂静中感受存在之被扩充感、被提升感，并体验寂静中的难以言说的美好与充实。那些敏感的诗人、作家，他们对死亡的向往，常常也是受到这种无边的空灵与寂静的诱惑。人文学者也得有基于寂静与空灵之灵魂，然后才有可能在理论作品中注入特别的精神气息，然后也才有可能打动人们——阅读者的灵魂。真正的所谓学术——不是像人们习惯的琐碎、僵硬模样——可以成为真正沉思的一部分。

“静故了群动、空故纳万境。”（宋苏轼：《送参廖师》）

人之存在有一种隐蔽追寻空静的目标。从心心美学（或心心诗学）的角度看，空无感、清寂感、宁静感本身就具有生命价值，其就是灵魂活力的基础与条件，也值得成为人们的核心追求。在这一点上，以尼采、马尔库塞为代表的倡导感性的哲学家们有很大的局限性：似乎只有感性的方向才叫生命，似乎只有感性的兴奋与陶醉才能让生命绽放，似乎任何其他方向就只能使生命枯萎。好像古老东方几千年的追求全都错了。这些以感性为思考基准的思想家不会理解古老的东方文化的精髓，也不会懂为啥把空灵宁静当作修行、修身的目的地，并把其视为人之生命、精神、心灵的最高境界。人之真正生命感不是以肉体或感性扩张为基础的。从更加智慧性的视野来看，各种实物、实事——金钱、权力、地位等——未必值得我们去追。从东西方古老的主流传统透视，这些看起来实在的东西本质上是虚幻的，其在深度价值体验中的内在真实性反而不如那富有创造性的空无与宁静感。从诗意体验角度讲，青春的狂乱的嘶吼也比不过青春的深邃的迷人的沉静。与此相关，那种看起来有些消极的无为、逍遥、悠闲本身就可以是存在的目的。

一个真正有大智慧者不可能不经过那种绝对孤独的寂静，只有经过这种看似空无的寂静，人才能真正穿越种种变动的似有之幻象。空灵与宁静等是人之存在的根基性的背景，不，应该说其是人之存在的根基性基础。那些看起来忙忙碌碌的行为与体验，从灵魂感受的角度讲，未必比得上任自然的逍遥，也比不上基于冥想与沉思之空灵与安宁。如果说释迦牟尼佛是通过存在之空来理解、感受、想象世界，那么庄子就是通过存在之无为去认识、领会、洞悉天下。这些哲学的宗教的先知们是真正懂得人之存在的本质。顺应自然背后的那深邃本性，使人之存在与先验的精神性潜能一致，而不用以人为的方式去强作，从而达到“无为而无不为”的存在境界，这是古代智者的追求之一。空灵与宁静本身不是人们想象中的那么虚空，其本身就具有真正的先验性精神价值。在日常存在中，我们也经常在安宁中体验夜的寂静，并与寂静的夜色融合为一，这本身就可以扩展人之存在，常常这也是最简单的获得深度体验的方式。万物（或万法）皆空，皆归于空静，但那个使万物（或万法）成空归静的空静本身却具有终极实在性（天之心性），也是终极性存在（天心）的显现，其也恰恰是使万有成为有的原初的终极性存在力量，也是万物与人的灵魂的核心底色之一。

三　涅槃之境与绝对空寂之死亡练习

天人合一之空静境界是东方人最根本的精神追求之一。从中国心学的思想传统看，这种“空静”来自天心—人心的相通同在（或贯通、统一、联系）。这也是心心美学（或诗学）的重点思考的存在情境。但在东方思想中，对空静境界也有不同的象征性表达。在古印度婆罗门教经典《奥义书》与《薄伽梵歌》中已经有了“无”“空”“静”的思想。后来大乘佛教沿着这个思路又有了新的发展，这其中就包括在东方世界中影响甚大的涅槃之说。印度与中国的佛教都追求所谓的涅槃境界。何谓涅槃？梵文涅槃可意译为“寂灭”“解脱”“圆寂”等。所谓的涅槃就是将世间所有一切法相都归于生灭，而仅有一本住法圆满而寂静的状态，所以在涅槃中永远没有人之存在中的种种烦恼、痛苦、苦行和轮回。玄奘将印度人的涅槃译为圆寂。所谓圆，指向存在的圆满完善，所谓寂，就是指泯寂，一切污染的习气、烦恼都泯除了，这便是涅槃的真谛。按照佛教的说法，涅槃是佛教徒修行的最高境界，但即便按照小乘佛教的说法，其也不是一般意义上的死亡，涅槃代表与普通死亡截然不同的超然境界。

至少从表面上，所谓涅槃之境与死亡是相似的。那么涅槃境界与死亡状态究竟有何相同之处呢？两者的共同之点就是都沉入无差别的深邃的寂静根基里。人之死亡也意味着那根基性沉寂获得根本性胜利，不再有现象波动而复归于空静。人的现象感性个体生命回归于存在本身，也即回归于那个本无、空灵寂静的源头，这也是心心美学（或诗学）的一个重要观念。心心美学（或诗学）与死亡之练习意象密切相关。西方哲学史有不少大哲学家（苏格拉底、雅思贝尔斯等）表达过类似看法：哲学的本质就是练习死亡。天心一人心相通同在从某个角度看也是一种死亡练习，也即意味着现象之我的隐退，本质之我的悄然出现，这也意味着根本性的空静，也就是人之存在终将回归于沉寂、回归于无差别之根中，或者说是回归于最原初的无边沉默的潜在力量。所谓死亡练习你也可以说是一种绝对空静的练习，或是一种与万物根基相通的无差别的练习。佛教中的闭关练习也可以说一种绝对寂静练习，或寂灭练习，或与万物根基相通的无差别练习。归根结底，所有的存在物都有消解现象个性与特殊性回归无差别性的深层本能，这是存在的更为深层的牵引力量，也是死亡的真正本质之所在。真正的存在圆满状态与死亡状态在某个深层面上相互交会。所谓死亡常常也成了空寂的代名词。关于人之现象性存在的死亡（或非存在），人们可以从其他不同的角度进行思考。法国学者鲍德里亚侧重死亡的象征性交换。正如他对生命的观点一样，他把死亡看成是社会性的，看成是一种社会性的关系，通过这种社会性的象征性交换消解了生与死、人与自然的对立。

"在象征秩序中，就像其他事物一样，如果生命单向出现，如果它没被重复被摧毁，没有被馈赠并归还，没有被'归还'死亡，那么它就是一种罪恶。正是秘传仪式抹去了这一罪恶，在同一种社会交换行为中化解了生死分离事件……象征终结了分离代码，终结了分离的词项。它是终结灵魂与肉体，人与自然、真实与非真实、出生与死亡之邦的乌托邦。"①

心心美学（或诗学）重视的天心—人心的垂直的内在个体的对话交流，而不是外显的人的社会性或社会关系，而这种天人间的对话交流，也是基于人之先验性的精神潜能，折射的是存在之先验本质，心心美学（或诗学）重视在此基础上的内在存在体验状况。这种启示性对话与交流是在个体的孤独中进行的。对绝对孤独的承受也是死亡练习的一部分，这一点在各大文明宗教先知的修行中也得到明显的体现。只有在这种绝对的孤独中，人才可以开启天心—人心的那份默默地交流与对话。心心美学（诗学）的死亡观与生命观一样，其核心根基是天心之纯存在性，是人之与天心（天之神性、心性）相通同在，为了达成这种相通与同在，人需要摆脱现象人群对自己的干扰，摆脱各种影响自己专注倾听的杂音。在这种寂静的孤独之中，

---

①〔法〕波德里亚：《象征交换与死亡》，车槿山译，凤凰出版传媒集团·译林出版社，2006年4月版，第206页。

人心自由地连接着根基性存在。这是诗人式的，把死亡练习看作一种回归，复归于空静之本体源头，就像诗人泰戈尔飞鸟集中的句子："生如夏花之绚烂，死如秋叶之静美"。

人是有限现象性存在，死亡终究会到来，并终究将融入无边的宁静与空灵之中。对有信仰者而言，死亡或许还意味着另一种存在（当然对现象而言也可以说是非存在）。哲学就是练习死亡，也就是练习使自已处在死的状态，最后平静地迎接死亡，就像迎接一位久违的朋友，平静地深情地拥抱。为什么死亡或类死亡状态里包含着真正哲学的秘密？死亡的最直观特征是什么呢？死亡是回归存在之根的体现。这也显现着人之存在的最终根源，显现最根本的存在，存在之存在，存在背后的存在，显现使存在得以存在之存在。死亡练习也是自我消融的练习，也是自我连接的练习。禅宗也是这种练习的一种，在中国很有影响力，其对日本文化影响很大。日本的许多著名的俳句禅宗味很浓。松尾芭蕉被日本人称为"俳圣"，他的俳句"闲寂古池旁，蛙入水中央，悄然一声响。"就很有禅味。

东方的空静思想常常表现为超然的存在态度，视死如归也是这种超然的体现。据说，日本的武士精神便是从禅宗里找到精神内核。禅宗提倡静虑、定、静、沉默寡言。因此，对武士来说寡言其实是一种"沉默之美"。处之泰然的生命态度，也包括对生与死的界限的淡化，平静地看待死亡。拥有"对死的那份平静与淡然"。因为跨过这道界限就意味着无边的深邃的空寂与宁静。这是佛教禅宗的影响之一，这也成为其精神支点。人的死亡是寂灭的体现，也是存在之空之静的一种显露。

诗意常常就是纯存在性的一种显露（这也包括通过空灵安宁情

境的显露)。其常常不是感官兴奋与各种躁动的刺激性情境所能表达的。诗意也是对源头精神的分有,是喧闹与躁动的消融、消失,也是各种差异与变化的消融、消失,诗意(内在之美)有时就是深邃空灵与宁静大背景的彰显与暗示,或者说是对死亡之神秘面纱的一种显现。在《文学空间》里布朗肖写了"死亡的使命与艺术的使命"一节,他重点阐发了诗人里尔克的死亡观:不应把死亡理解成最后一刻的事情,从我有生时就有死亡,而且在生命的深处与内层。所以死亡是很平淡无奇的事情,每个人匆匆而去,是一种无名的产物、无价值的东西,像现代社会被消费的物品一样。而里尔克想的是属于自己的死,忠于自己的死,这种死给你尊严,无声的自傲。布朗肖阐发说:

"陌生的死亡,它使我们在奇特的忧伤中死去。我的死亡对于我应变得更加内在:我的死亡应像我看不见的形式、我的动作,我的最隐秘的秘密的缄默。为造就我的死亡,我要做某些事情,我要做的一切,我的死亡应是我的事业,但这事业远在我自身之外……我们应当是我们死亡的表现者和诗人。"①

那些虔敬的宗教闭关者,他们在绝对的寂静中究竟修行、练习什么?他们修行、练习的是最根基性的东西,以此撇除了世间的各种令人眼花缭乱的泡沫。他们练习的是现象之我的一种寂灭,现象自我静静地消融,死亡练习就是一种把自己放置在死的状态中的练习,也是基于寂静的消融练习,练习那种绝对的孤独及静静地自我消融——或者也可以说是摆脱自我囚笼的练习——重新融入无差别的

① 〔法〕莫里斯·布朗肖:《文学空间》,顾嘉琛译,商务印书馆,2003年11月版,第119页。

存在之根里。那些基于精神修炼的闭关者，几年出关之后究竟得到了什么呢？得到的是内在存在的难以言喻的扩充。这种闭关就是一种关闭，关闭囚禁了自己的那个现象自我，并让这个囚禁了真我的现象自我消融，这就是一种类死亡训练，也是智慧的训练。断绝和现象有形世界的来往之后，就更能抓住存在的根本，在那份绝对的孤独之中，智慧开启，智慧觉醒——一种根本性智慧的觉醒。这不是关于事物现象的智慧，那是对无差别的更深邃的寂静根基的领悟。

四　最终真理秘密与人之存在空静性

天心是自然万物空静之本原，就像人心是人之存在空静之本原一样。天之外形呈现就是一般意义上的宇宙自然，天之真正内核是“天心”，天心内在于有无限超越于天之形。天之外形有诞生与死亡的变化循环本能。但推动这种循环变化的是那个“存在核心”（西方哲学家称之为“存在本身”）是天心。外在宇宙（天之形）有终结的一天，但关于其终结方式科学家却没有一个统一的答案。在爱因斯坦的相对论中有提到：当引力场的强度大于反引力场的强度时，宇宙就会开始收缩，也就是说，宇宙的膨胀也有一个临界值，当宇宙内的物质密度大于临界密度时，宇宙就会开始收缩。宇宙在不断收缩的过程中，所有的物质就会不断消失，最终宇宙又会变回原来的“奇点”。也许，在未来的某一天，宇宙又会发生一次大爆炸。所以有科学家甚至认为，宇宙可能正在不断地进行这样的过程，也许宇宙就是不断地处在这样的变化与轮回当中。所有那些前沿的天体科学家们只是说出的宇宙之形的动变，至于为啥会有这种循环性的宇宙变化，他们是无法回答甚至无法猜测的。对于“何以会如此”的问题，或许人们更应该倾听东西方那些最伟大的智者之言，这些智者是具有先验性洞察力的敏锐先知。但不管怎么样，在这个遮盖最终的真理面纱被揭开之前，一切所谓科学认识都有可能是暂时的，都只能勉强地被称为“关于某个局部事实的暂时揭示”。

那个超级神秘而无形的推动者，那个背后的超级原动力究竟如何？这也是关于有形自然之天—宇宙的最终真理秘密之所在。人之存在真理归根结底与天之最终真理也密切相关。而这个最终真理又是着迷于局部的自然科学无法真正解答的。这并不是说这个最终真理就不显山露水，其时时刻刻无处不在地隐蔽自己又显现自己，因此，东方人经常用“无”“空”“静”“寂”“玄”“妙”这些比拟性词汇称谓之。这是东方人通过自己的本真存在，通过自己的切身感受领悟到的。这个基于本真存在的切身感受恰恰包含了最终真理的秘密。人之存在体验的具有稳定性持久性的价值面也与此相关。从天之有形的在场性呈现——宇宙的循环变化——人们来进行现象学意义上的理智直观，那么就可在某种程度上洞彻其本质：起点与归宿可能是不可思议的，东方人用“本无”“空静”等描述之，当然这是一种神秘的超乎人类理解力的本无与空静，也是一种极富有创造力的本无、空灵与宁静。人之存在的深层精神原型和整体的宇宙命运，都与之有直接的联系，当然对人而言那是难以发现的，因而也就只能说出其中或隐或现的隐蔽关联。艾萨克·彭宁顿说：

“所有的真理，除了最终的真理，都是影子；但每一种真理在它自己的位置上都是本质。”①

人之存在真理也有短期与终极意义视角的区别。在终极意义上，人之存在真理和整体世界的最终真理不可能不发生关联。从终极真理的视角看，自然外形存在（包括人之外形存在）终归只是一个影子，只是那个神秘的最终真理的幻象（印度人称为摩耶）。人类外形的出现只是昙花一现，就像曾经在宇宙中出场的高级物种一样。人只是宇宙这个大舞台上演的极其短暂的一幕剧的主角而已。各种尘埃式的演员终将消失，但古老的宇宙的舞台犹在。但哪怕是这个舞台也不是最终真理，也只是最终真理的影子，也终将消失于循环变化之中，只有那推动着这个变化的神秘的终极性动力——中国人用“天心”“天之心体”称谓之——永在。天心之心性一纯在性一就是本无、空静。科学家描述过不同的宇宙结局，但差不多最后都将之归于空无与寂静。这就是宇宙的循环本性的起点与归宿。

英国学者布莱恩·考克斯写了一本书《宇宙从一粒尘埃开始》。从东方哲人的视角看，宇宙不可能从有形具象的一粒尘埃开始的，而应从无限超越无形的——极富创造性的空无与宁静——开始。对有形有限之宇宙，我可以说是虚无主义者，但与其说我是宇宙虚无主义者，不如说我是宇宙根基的肯定主义者，或者更准确些说，我是存在之最终真理的捍卫者、歌颂者。从宇宙之形的命运来看：宇宙的归宿是有限有形之物质的消失，包括基本物质粒子的消失。但这种物质的消失与空无，或许又酝酿一次宇宙创造与诞生的新纪元。因为

① 转引自〔英〕迈克尔·奥克肖特：《历史是什么》，王加丰，周旭东译，上海财经大学出版社，2009 年 2 月版，第 25 页。

有形有限的自然宇宙背后的最终真理——天心（西方称之为纯存在本身）依然神奇地肯定着存在着。这最终意义上的肯定性存在——从人之切身的体验角度领会——又看似“本无”“空静”。东方宗教与哲学的核心就是探寻这最终意义上的存在——具有伟大创造力的“本无”“空静”。东方人是天然的宇宙根基本无与空静的拥护者。中国思想传统的天心（天之心性、神性）——万物存在的核心之核心、整体与终极性的肯定存在的力量（也是基于本无、空静之终极性本体力量），也代表最终意义上的存在真理。

第八章

天人合一之自由存在及自由境界

生命诚可贵，爱情价更高
若为自由故，两者皆可抛

——（匈）裴多菲

天人合一之自由境界也是人之存在的最高境界之一。让人之存在更像人之存在的——或让人心更像人心的——是那种自由的属性及内在光芒。但本体性自由（及光芒）属于“天心”。人之存在（或人心）之真正自由感来自天人（天心—人心）的相通同在性，来自天人（天心—人心）的启示性对话交流。天心—人心启示性对话交流创造了人之存在的自由，人心连接源头而“超越形之拘役”，也摆脱了因物质性、平行关系性而生的奴役囚禁之非存在性的缠绕——也即这一否定性存在力量的缠绕。心心存在秩序（结构）也是人之存在内在困境的揭示，其折射的是人之存在的二律背反（或现象之我—现象心与本质之我—本质心的难以调和的内在冲突）。这种二律背反式存在困境（现象之我—现象心与本质之我—本质心的矛盾分裂的存在困境）也被称为实存性困境。人之存在的二律背反之一（或实存状态之一）就是：一方面我们（现象之我—现象心—感性、社会性人性等）被各种非存在性包围，我们的存在是被囚禁的、被奴役的、被羁绊的，另一方面我们（本质之我—内在本质心—纯粹之我）又渴望纯存在性，渴望那终极性的肯定存在的力量，也即渴望解放、重生与自由。所谓美学性或诗意就蕴含在这种内在困境的某种（或短或长、或隐或显）解决或消除之中，也即通过人内在超越之精神修行（及深度价值体验），趋向纯存在性，趋向终极性肯定存在的力量，并隐蔽回归于纯粹精神本质中——即天人合一之自由境界（及其形象、情境、氛围、韵味等）中。

心心存在是具有内在贯通性、一体性、统一性存在，也是人以敞开的意向性方式——但不同于一般意义上的意向性方式——达成的联系性存在。在这种存在状态里，东西方古老传统的基于信仰之联系性（信仰性沟通方式可包括内在纯思，甚至也可包括印度瑜伽、中国佛教禅宗等）可以以某种方式自然地涌现，天心之纯存在性通过人心获得表达、延伸。只是对应于人的种种二律背反式实存处境，人心被启示的方向（或方面）有所不同，人心涌现出来的纯存在性内容也有所不同。种种二律背反式实存处境使人心在现象学意义上的呈现发生变化，也即纯存在性涌现方式会发生变化。囚禁、奴役与羁绊代表的是人之存在的现象性、片面性、非纯在性，心心之自由则代表对现象片面与非纯在性的克服。

人之存在的自由（或自由感）是纯存在性的呈现方式之一，从本质上讲来自心心之内在一体性、统一性、联系性。但人们经常谈论的所谓自由却是现象平行层面的，常常是政治哲学（及政治制度等）意义上的，在这个层面上，个体的自由经常是通过否定的表述式来体现，这也就是否定性的自由，也即摆脱被管制被干涉的自由。超越现象的本体自由感却是肯定性的，这也也是现象平行层面的自由的根本支柱与基础，没有这种内在超越的本体性自由，平行社会层面的自由也是难以理解的。本体的自由来自天与人的相通同在，来自天心与人心相通同在，或者说来自人心对天心之纯存在性的分有。撒切尔夫人所说的自由从神明开始，也是这个意思。这种自由用谢林的话来说就是“内在于上帝的自由”。只要你生活于现象界—自然肉体之内，你就不是真正自由的，只要你深陷现象—功利性人际关系里，你就不是自由的，只要你在表层意识里（深层理性是对大全、太一的凝思性体验），你就不是自由的。一句话，只要你存在于现象局部里，你的体验与感受就会受到非存在性的侵袭，也就谈不上真正的美好。没有超越性体验，就没有所谓诗性及诗意。心心美学（或诗学）是天与人的相通同在之学，是天心与人心的相通同在之学。这种相通同在给人之存在带来内在的自由感。自由（或自由感）是心的核心标志之一，也是美（或诗意）的核心标志之一。换句话说，拥有自由之心是拥有心的核心标志之一。

一 垂直层面本体性自由与无蔽之在

“自在的只是以永恒的，以自己本身为根据的东西，是意志，是自由。这样一种由推论而来的绝对性或者神性之概念，很少是矛盾的，它毋宁说是整个哲学的中心概念。自然接近于这样的神性。内在于上帝与自由并不彼此矛盾，以至于，自由，就是自由而言，只是在上帝之内，不自由，就其是不自由而言，必然是在上帝之外。”①

谢林关于自由的思考曾得到海德格尔的由衷称颂。谢林这段话的核心，用中国传统术语来讲就是“天心之内的自由”“天心之外无自由”。这个上帝之内的自由（或天心之内的自由）在海德格尔那里就存在自身的自由，是本无的无规定性的本体存在之自由。自由是人之存在真理的本质显现方向之一。不自由就其自身而言也就是远离本真之存在的方向；不自由状态混合了众多的非存在或非存在性。各种自由主义的基石就是人的意志自由，但对“意志”的理解是不同的。真正的所谓“意志”不是出自人的那些基于理性的计划、目的、意愿、想象等，过分强调人的基于理性的意志恰恰是不自由的原因。真正的意志也是敞开性的，也是内在心灵灵魂层次上的，向上超越的同时向内返归，是对原初存在的一种深邃的意愿与领悟。从中国思想传统的视角看，意志自由本质上是人心分享大心之纯存在性的结果，与天心—人心存在秩序（结构）的内在启示性相关，与心心存在之交融与同在感相关，或者说，天心—人心启示性对话创造了自由之存在。心心美学（或诗学）是关于自由与创造的诗学。上帝之内的自由，也可以说是天之心性（或神性）之内的自由，在上帝之外的不自由，也可以说是在天之心性（或神性）之外的不自由。这个自由主要是指内在超越性自由，也属于灵魂性自由。真正意义上的本体自由来自天心—人心的启示性对话交流的畅通。天心——万物存在的

① 〔德〕谢林：《对人类自由的本质及其相关对象的哲学研究》，邓安庆译，商务印书馆，2008年6月版，第59页。

核心之核心、整体及依据——富有创造力，是本体的创造力的源泉。天心——万物存在的核心之核心、整体及依据—是最高的自由本身，是本体的自由的源泉。人之存在自由在天人合一之存在秩序、存在状态及存在境界里，在由此而来的融汇的忘我之灵魂里，在由此而生的内在的有价值的体验里。心心美学（或诗学）之自由本质上不是现象性的，不属于人之自然的或社会的客观的属性，不属于人之表层之我，而是人之本心的一种性质，这一性质常被称为“意志自由”。

从思想的历史来看，人们经常以不同的方式从多个层面上来谈论自由。但对自由的本质与核心，许多人（包括一些专门研究自由的学者）并不是很清楚。更加根本性的自由是本原性的，是本体的自由，这是来自垂直层面（或垂直视角）的自由，其似乎也属于东西方古老的精神所强调的传统自由路线。所以，这个层面的自由才会与“保守主义”发生关联。人之存在的真正自由也是内在“保守”型的：这是从上面（天心）而来的自由，也可以说是从深处而来的自由。但这里所谓“上面”与“深处”在本质上是相同相通的，在本质上也是一体的。这种隐藏着的方位意识只是一种象征性或类比性的说法。可以说，东西方核心精神传统都在追求这种意义上的自由。如果说，平行层面的关系性自由更多来自近代的英法传统，那么整个东方核心传统（中印等）、西方的核心传统（基督教传统，尤其是包括德国传统在内的新教传统等）更在乎垂直层面的自由。马丁·路德的宗教改革的核心就是基于神性的信仰自由。这种自由具有更多的神性（或心性）性质，也具有更多的存在美学（或诗学）意味，其核心来自天人关系的理想界定，本体自由来自天心（或上帝）与人心（人的内在之灵）的相通同在，或者说来自天—人的启示性对话交流，也来自人心对天心的领悟、想象与理解。这不是个体的目的性功利性意志自由，也不是强调个体权利的自由，而属于人之整体存在的性质，是与本体之神性相连的自由，是天心通过人心表达自己的本质，或者说是人面天而在，敞开心扉让天通过自己表达了其深邃的本质与潜力。天心与人的深邃之心是相通的。这实际上就是无形的忘我的自由，是超现象人性的自由，是小我（有形之我）自发自然地消失融化在大我（无限之我）里获得的自由，也是中国道家“观道”“得道”的自由，也是超然的超脱的自由，也是基于天之神性的人之存在自由。这种自由是本体意义上的，是与本体发生一体性或联系性而来的自由，这种自由更加具有诗性，更深邃、更美妙、更和谐、更神圣，也是心心美学（或诗学）的重点思考、研究对象。

心心美学（或诗学）更注重垂直层面的本体自由，以此为基础，也是倡导自由与创造一体的诗学。朱熹有“存天理灭人欲”之说。看这句话的表面意思就是要消灭来自现象自我的个性。但或许这是一个误解。这里要灭去的是来自现象人性的部分，主要是指物质性欲望部分，淡化削弱这个部分正是为了发现、高扬人的精神先验性倾向，即与天心（天理）一致的那个方面。结合谢林所说，也可以说，在天理之外（所谓天理是天心的一个核心方向）没有真正的自由。这和庄子所说的“独与天地精神往来”说，在内在实践上意思差不多。这是大精神与人的启示性交流与沟通，或者说是大精神通过人的一种表达。天人合一并不泯灭人的存在的独特性，恰恰是突出了人之本我的方面，实现了人的那份基于深厚背景的独特感。这种自由展现与创造并不是缺乏个性的，这种自由实践恰恰意味着独特的单独的个人，意味着“个体性”，就像西方内在信仰意味着个体性一样。

"个人是独自站在上帝面前。"[①]

人之存在的自由（或自由感）体现了心性的贯通、联系与统一，或者说人之存在的自由（或自由感）是心性贯通、联系与统一的体现。在天心—人心的启示性交流沟通中，有形之我渐渐消隐，纯粹之我出现，只有纯粹之我才可真正自由地展现与创造。所以自由的核心秘密就是要分享天心之纯存在性，就是借此清洗覆盖于人心之上的种种遮蔽，由此，让虚假存在变成本真存在，而祛除重重遮蔽及过程，也就是自由的实现过程，这也就是重新连接本体世界获得本原真理之过程。人之真正自由的本质是灵魂性的，是让深邃灵魂充分地显露并展现自己，用海德格尔的话来说就是让本真之我充分地显露与展现自己。这也是灵魂性的重生与再生，也就是人心无障碍无遮蔽地敞开，连接存在之源头（天心、天之神性）。这也意味着各种障碍与遮蔽之死。现代哲学家马尔库塞说：感性之美是人类自由的最后庇护所，这也代表近代思想家（学者）自以为是的看法。东西方古老传统不会认同这种观点。从东西方古老思想传统视角看，人类的自由的真正庇护所永远在超感性的方向，也即垂直层面的天心及心心存在方向。

当人类那种既自然而又真诚的信仰消失之后，当天心—人心的神秘的通道被堵塞遮蔽之后，天心—人心的相通同在（或贯通、统一、联系），就消失了，内在的心灵自由便失去了，因此也就失去了自由的根本性动力源泉，失去了人之存在的不断自发自由的展现，也失去了人类精神创造的原初的根本性动力。于是人类只好把目光收回，

① 〔丹麦〕祁克果：《祁克果的人生哲学》，谢秉德译，香港基督教文艺出版社，1986 年 3 月版，第 17 页。

瞄准现象平行层面的人类社会，瞄准人与物质自然的关系，瞄准表层之我，并在与自然的关系中，在人群之中，在自我孤立的表象中，寻求自由性的肯定与安慰，或在基于现象平行关系的外在的美（或诗意）之中寻找自由的影子。但各种偏外在的美都很难成为自由的真正庇护所。所以马尔库塞只是说出了近代以来的审美现象，也说出了相对肤浅的部分精神真理。在现代社会，偏外在的感性的艺术与美成了精神重生之地，也成了精神重生的动力，这是现代社会的人们，在失去了内在的信仰之后的结果。从根本上来说，人们很难从感性层面上获得精神自由，因而也很难从感性层面上获得精神重生。

东西方古老的共同共通传统一就是重视本体的自由，也即来自垂直层面的个体性质意义上的自由，这个层面的自由追求归根到底是通过心灵敞开的联系性实现的。东西方传统文化把本体的自由，作为存在的核心。个体通过敞开性联系着的“心”直观“存在本身”（或天心，或天之心性、神性等初始存在），得以和自由的依据与源泉连接，借此摆脱多重现象之我（物质性自然之我等）束缚。自由体验中包含着本原真理的面目。自由来自万有从自出的纯存在及纯存在性，来自其所表现出来的虚空，其是创造性的无，是空也是静。自由不是人所能够界定发明的什么理性概念，也不是什么专属某种文化的术语。自由感受出自我们的先验性精神潜能，我们也从深度体验中感受到了，其是人之存在的深度体验，是一种有价值的深度体验。创造也不是什么概念，而是基于自由的饱满的精神实践，创造就是精神的自由显现。

二　平行层面消极自由与个体自由意志

“本书研究人的一种状态，在这种状态下，社会中他人的强制被尽可能减少到最低限度。这种状态，我们称之为‘自由’的状态……一个人不受其他某人或某些人武断意志的强制，这种状态常常被看作是‘个人的’或‘人身的’自由……有时也可用‘公民自由’一词……自由是一种状态，一个生活在人群之中的人，只能希望逐渐接近这种状态，而不能完全达到它。”①

就关于自由思想的实际历史来看，现象社会层面的自由——平行层面或平行视角——常常被基于现实考量的政治哲学所关注，这种自由也是偏重形式的自由，其更多属于近代英国与法国的传统。所谓自由的英国传统强调的是：自治自然自发的存在，自己规定自己，自己合乎自己的内在目的，而不是成为他人的工具或手段，为了这个自治自然自发的存在，人们就需要各种外在强制（及干涉）的不存在，并强调无外在强制（干涉）情况下的人之存在状态。这种自由也基于现象平行层面——来自对人与自然，人与自身，尤其是人与人之间关系的界定——免于被奴役被干涉被强制等，个人只要在不伤害他人的范围内，就应该拥有完全的思想自由、言论自由和个性自由（行动自由）等，而这一原则的实施，有赖于对政府及各种社会

① 〔英〕弗里德里希·奥古斯特·哈耶克:《自由宪章》，杨玉生等译，中国社会科学出版社，2012年5月版，第27—29页。

权力的界定和限制，[1]但从本体的视角看，这也是有现象之我（突出个体自我）之自由，也是着眼于形式层面的自由，是强调现象个体权利的自由，包括强调个体的自律、自决、自足、自我选择、自我设计、自我创造、自治等。这也属于强调现象小我的自由，也侧重有形之自由，即基于对各种现象平行关系正确界定而来的自由。这种自由虽然只是形式上的，虽然偏重有限的形之自由，但却能给人之有限之小我的存在带来基本的尊严。基于这种自由视点，有强制与干涉权的存在力量——国家的种种权力与制度等——常常就成了敌人。或许就是基于这种考量，美国学者艾尔伯特·杰伊·诺克写了一本书《我们的敌人：国家》。其核心主张就是政治权力、公众的权力，认为国家应该公平的为公众的利益所服务。在这种有形的偏重形式的自由观念里，个体的自由意愿也就成为核心，被形形色色的公权"管得最少""干预得最少"就最好。这种意义上的自由概念，与平等、博爱等概念也未必是协调一致的。这种平行视角的自由观也经常被称为"古典自由主义"。

心心美学（或诗学）眼中的自由是内在个体的真正的超越性存在状态，而不是形式上的或通过群己界定来实现的。现象平行层面的自由概念更多涉及群己关系。在人与人组成的群体中，能进行强制与干涉的权力常常被凸显出来，因为这个权力具有强制性特点，个体的自由常常会受其侵害。大卫·鲍兹在《古典自由主义》这本书中认为，自由哲学与权力哲学是相对的。自由的哲学是按照自己的意愿存在的哲学。权力的哲学是强迫与干涉他人存在的哲学。自由

① 参见〔英〕约翰·穆勒：《论自由》，吕凡礼译，广西师范大学出版社，2011 年 9 月版。

哲学产生独特的个性与创造性，权力哲学产生奴役与雷同。自由哲学形成人与人之间的平等关系，权力哲学则形成人与人之间的君臣关系、依附关系、上下统治关系。加拿大年轻学者比尔·雷丁斯（Bill Readings）在其遗著《废墟中的大学》（The University in Ruins）中也认为，大学是“追求真理和自由”的，这是大学的文化传统，而国家是“展现权力和秩序”的，这是国家意志的体现，这两者的历史是冲突的，正是在这样的冲突下，大学人文学科才呈现出它的意义并且受到重视。中国当下的人文学科需要精神上的重生。人文学科需要能深入到人的内在世界，也可以说需要能深入到人的内在世界的人文学科。这也需要发展其能集独特、自由与创造于一体的倾向，需要与存在的本原（真理）发生真正意义上的连接，只有这样其也才能扣动人心。加缪在《形而上的反抗》中说：

“形而上的反抗反对的则是作为人的存在状态。”[①]

人们反抗的是现象平行层面的人与自然、人与自身、尤其是人与人之间的束缚关系，这也就是反抗人作为一种“常数”的存在状态，人们对“常数”的这种反抗，其背后隐藏着深邃的精神依据，任何真正的精神意义上的反抗不会成为没有依据的反抗。现代人试图把所有的事情都纳入自然—物理学范围，人的心灵、灵魂等都成了物质的副产品。但自然物质并不决定世界——尤其不能决定人之存在世界——自然物质归根结底也是派生的。人之存在的整体性质是超物质的——用王阳明的话来说就是“心体”——正如世界存在的整体性质是超物质的一样（也是心体）。人有一颗自由的灵魂（小我之

① 〔法〕加缪：《加缪全集》（散文卷 I），柳鸣九主编，丁世中，沈志朋译，上海译文出版社，2010 年 1 月版，第 186 页。

心），凭借它感应着本原世界，即物质世界背后的那个神秘的内在核心（大我之心）。关于这个内在的创造性核心，我们中国思想传统把其称为天心。自然物质世界只是那个伟大创造之后的进化世界。一般意义上的理性目的就是把握这个世界及其进化。即使从偏重科学的视角看，总体世界的物质，也只占到世界的百分之四或五，而百分之九十六（或五）属于非物质。人们把其称为“暗物质”“暗能量”“暗精神”，我们也可把这种反物质—非物质的方面称为“与神性或神明紧密相关的世界”。比之可见的自然有形世界，这个似乎是无形之世界更是充满创造性，有形世界的变化及创造性只是表面，而最根本的创造则来自无形，这个“本无”世界充满了绝对性的自由，也即超越了一般的物质进化原理，实现了从无到有的演变，这也是使这个有形有限世界得以产生的原初的神秘力量。创造的最根本的源泉不是任何有限具体的物质对象，而是来自最原初的存在，我常常也把其说成太初性存在，或太初之道。太初之道或太初性存在，既代表创造，也代表自由。相反，物质质料性常常成为伟大创造性的羁绊。

真正的自由不属于相对的基于物质的时空世界——也不属于带有强制性的关系性社会世界——而属于绝对世界。在人之存在体验中，自由感具有极高的精神价值；自由之所以具有至高的精神价值，主要不在其消极的否定性方面或方向，即不在现象平行层面——人与物质性自然、尤其人与人之间关系、人与表层自我界定中——的那种自由，而在天人方向，即在天心（天之心性、神性）与人心相通同的方向。天人关系包含着更为根本也更为积极的方面，也即人与自由和存在的源头、根据与中心的联系，也因为这种垂直关系给人带来了基于信仰的精神生机和深度价值体验。从消极的否定的人与物质性自然、人与他人、人与表层我之间被界定关系的那种形式自由，未必就能给人带来持久价值感与明显的意义，就像自由恋爱的自由形式未必就能给人带来爱的幸福一样。常常甚至人们还会逃避形式上的自由，因为这种消极的否定性自由也是基于孤独的自治形式。这种基于孤单的私域，或基于自发欲望的物质消费，其未必能给人带来丰富的精神自足感。人与人之间的权利界定不仅未能带来人丰厚的精神自足感，常常它还会给人带来孤独、混乱、茫然、空虚与焦虑等。形式上的自由甚至会带给你很多的“不能承受之轻”，所以，也才会产生现代人的“逃避自由”的状况。这种逃避自由也可以说是逃避物欲、孤单或逃避虚无。弗罗姆在《逃避自由》中认为由于人们之间的关系日益残酷和敌对，在心理上感到更多的孤独和不安，人们由于忍受不了这种随自由而来的孤独和寂寞，乃至患上精神病，也通过各种方式来逃避这种基于社会关系界定而来的自由。

“‘最迫切的需要是找到一个可以投降的人，尽快地把他这个不幸的受造物与生俱来的自由交给那个人’。恐惧的个人寻求某人和某物，将自己与之相连，再也无法忍受他自己的个人自我，企图疯狂地除掉它，通过除掉这个负担——自我，重新感到安全。”[①]

他认为最好的逃避方式是自发的爱和工作，从而使个性得以完善地发展。但他开的这个关于自发的爱的药方未必就灵验。这个药方常常还是在平行层面上打转的，并不能根本解决存在与自由的核心问题。如果人间之爱能解决存在的根本问题，释迦牟尼佛可能就不会出家了。心心美学（或诗学）是天人同在之自由美学（诗学），

① 〔美〕埃里希·弗罗姆：《逃避自由》，刘林海译，国际文化出版公司，2002 年 8 月版，第 107 页。

是摆脱奴役的美学（诗学），对人之而言，自由是真正深刻的存在观念（也是存在的诗意之维），而自由与独特也是一体的。心心存在也是不可重复的充满生机的独一无二的存在，这种独特不是源自自然的物质层面，也不是来自人与人的关系层面得界定层面。独特不是来自你的自然性生物基础：比如身体的某种特别性，或身体的某一局部——大鼻子或大长腿之类。真正的人之存在的独特来自你的内在，来自你内在世界中的那份丰富、微妙、深邃与和谐等，而这份内在的独特与原初的根本性源泉有着紧密联系，与更为深邃更为广阔的世界有着紧密联系，这包括由此产生的你的不断创造的梦想与渴望，甚至包括你的各种脑洞大开的深邃奇想。这种变动而又稳固的梦想、奇想与渴望，是你深邃心灵的显现，是天心—人心启示性对话交流的体现。

独特的个体的自由意志是抵抗自然物欲与社会性奴役的不二门径。所以消极的平行层面的自由观念或形式性自由观念，既不能保证自由能给人带来美好感，更不能保证其能给人带来独特感与个性。所谓独特所谓个性归根结底来自你的内在，来自你心灵中不断涌现的创造热望、念头与意象。不懂得自由独特性之理的人不会懂得创造之理，也不能领会创造的奥秘。拥有独特的内在意志与思想是一件让人快乐与骄傲的事情。作为一个有智慧之人，你的想法和别人的想法一致，这本身就让人害羞。独特的自由意志来自堆积起来的偶然的领悟，这种偶然的领悟又来自哪里呢？来自人之自由的被启示的敞开联系的心灵，只有这种自由也才会赋予人以真正的创造性潜能。自由、独特与创造是一体的。所谓美学性或诗意体验从根本上说主要不是源自平行层面所作所为、所感所想，而是源自其与深邃存在的关联。在这方面谈论东西方观念的差异毫无意义。不管是东方还是西方，那些有价值的深度体验与感受，其最深的根基都是相同相似的，并因为这个根基力量持久地感染着我们的灵魂，使我们获得难以言传的深度满足。这些有价值的深度体验植根于我们的深邃的存在。只有那些表层的肤浅的感受（或思想）才更容易形成基于地域性的文化差异。那些习惯于地域性观念（或地域性文化）的体验者，只要他们能摆脱现象之我的狭隘性，更深地用心去拥抱存在的深邃面，就能触碰到存在的更深的奥秘，也就会明白价值体验的那些根基性基础。只有真正的有价值深度的体验才能把人从虚无中支撑起来，渺小的困于现象之我的那些感受通常和基于非自由的非存在性联系在一起。

三　天人合一之自由境界与天心见证者

心心美学（诗学）更注重来自垂直层面的本体自由，这种自由植根于从无到有的力量，或者说植根于使存在得以存在的力量，同时这种自由也意味着人心的敞开联系状态，意味着敞开的联系性内在存在。所谓的诗意境界常常就是天人合一之自由境界，也就是人内在的自由展现与创造境界。所谓的人文精神，不是体现在看似精确并琐碎的知识里，也不是在各种基于局部事实为基础的理性上，而是集中显露于人之存在的内在性方向，显露于心灵的内在情感、想象方面，显露于人之存在的自由与创造的方向。自由的感受与体验是人的形象的标志，其关联着存在的原初，人的智慧性精神常常就是和太初的创造性源泉发生连接。人的最深刻的价值感也来源于此。所谓创造就是对最初的神秘的自由虚空的体验。体验最初的那种具有绝对性的虚空与本无，以及在那种虚空与本无中万物得以产生神秘机理。

"自由是事物的最初的绝对性的见证者。"①

在好几部著作中谢林都曾对本体性自由做过深思。从本质上看，这些思路和中国"天心论"思想传统是一致的，天心也代表了存在之中心之绝对。谢林的话也可换成：自由在天心之内，在天心之外是没有自由的，自由就是天心的见证者。谢林的自由观强调作为存在源头的那个根，他的绝对也是道家的道之绝对。在洞悉、领悟、分有与感受那个原初之根与绝对时，人们的体验是美妙的。这种自由对可见的有形有限者无所依赖，其最依赖的是不可见的原初本身。这是自由与创造的实质。谢林否定了偶然性（contingency）概念，也否定了传统的必然性或决定论，而提出了"更高的必然性，这种必然性同样地远离作为强迫或外在被决定的偶然性，毋宁说是一种内在的、从行动者的本质中涌流出来的必然性。"②"自由的行为来自人的灵智（the intelligible aspect of man）……灵智的本质确实是完全自由地和绝对地行动……只有这种绝对必然性也才是绝对的自由……内在的必然性恰恰是自由本身；从本质上说，人的本质就是他自己的行

---

① 〔德〕谢林：《哲学与宗教》，先刚译，北京大学出版社，2017 年 1 月版，第 69 页。

② 〔德〕谢林：《对人类自由的本质及其相关对象的哲学研究》，邓安庆译，商务印书馆，2008 年 6 月版，第 99 页。

动。必然和自由相互内在，并作为一个本质，只是从各种不同的方面来看，这个同一的本质才表现为这一个或另一个，自在的自由，形式上就是必然。"①

"真正的自由就是与一种神圣必然性的协调一致……"②

"由于个体自由毕竟以某种方式与世界整体（不管这一整体……）相联系……所以自由观念与世界观整体的联系，诚然将永远保持为一个必然的研究课题。不解决这一课题，自由概念本身将是摇摆不定的，而哲学也将会是完全无价值的。因为唯有这个宏大论题，才是从最深刻最高知识的所有追求无意识的和不可见的内在动力；如若没有必然和自由的矛盾，不仅仅哲学不成其为哲学，而且任何高级一点的精神欲求都会陷入死亡。"③

真正的自由不在自然之内，也不在社会性关系中，不在人的表层意识里，也不可能是感性自然、社会功利关系及表层我的见证者。自由的本原在天心里。自由也在超自然超感性的方向，在与天心相连的"人心"之中，或者说在心灵路线中，作为天心之绝对的见证者，并成为那个深邃源泉的领悟者、分有者。中国传统的天心在西方文化世界里被更为整体地拟人化为天帝或上帝。中国思想传统的"天心论"与西方思想传统的"上帝论"从根本处看是相似的。所谓天心、天帝或上帝都代表最高最纯粹之自由，也代表能给人以自由的纯粹内在的精神力量；不能给人以自由的天心或天帝不能算是真正的天心或天帝。天心之道的本质是什么，天心之道的本质就是自由。

---

① 同上，100—101 页。

② 同上，第 108 页。

③ 同上，第 47—49 页。

不能给人以自由的天心之道肯定不是真正的天道。这不是现象平行层面的自由与创造观念，体现的是自由与创造的更为深刻的基础面。天心之纯存在性（神性、心性）的面孔之一就是自由与创造。创造、自由也是纯存在性的显现。创造的本质是无中生有，自由的本质也是无中生有。天之心性或神性有多面孔呈现，但在本质上又是同一的。在那种深邃的宁静与空无之中神奇地产生出万有。这也是东西方思想传统的共同看法。

这也是人之存在的希望的根源之所在，也是人之存在的诗性的根源之所在。但垂直层面的自由常常是难以实现的。我们前面已经谈到人之存在的二律背反，这也是人之存在的难以调和的存在困境之一。我们经常性地陷入平行层面的现象之我的种种束缚：即人与物性自然、人与人之间、人与表层我的关系性束缚。在与自由相对的各种现象关系性层面上，在所谓现实生活中，各种牢笼无处不在。其中，人类社会中的平庸化的僵死的关系性体制就是最大的牢笼，所谓体制就是一些缺乏智慧的僵硬的规则与规矩，由某些人规定且控制，并支配了我们的职业生活、日常生活，甚至一般意义上的内心生活，它让我们陷入海德格尔所说的共在，它让我们“沉沦”、消失，它让我们成为芸芸大众之一员，成为平庸的没有自由感的“常人”，成为一个统计学意义上的数字。平庸的存在似乎只具有统计学上的数量意义。这种平庸的常人习惯性陷入“烦”“畏”等状态之中，遗忘了真正的存在感，陷入与自由的存在状态相反的状态。同样属于存在主义哲学的法国哲学家加缪就不追求自由与永恒的关联，他不追求人的存在永恒稳定性。他追求的是不断基于选择的创造的重生性。他看重的是自由中的之重生感。

古罗马的奥古斯丁和和荷兰的伊斯拉谟都写过《论自由意志》，后者还写了《愚人颂》。奥古斯丁开辟了对人类自由的理解。对自由意志的追问是对人的自由存在觉醒的标志，而他对自由的种种领悟首先是从垂直层面上进行的，他的哲学也是从基督教信仰开显出来的，是出于他对“天主”以及基督教“原罪说”的信仰和理解。对人的自由的全面自觉是近代启蒙哲学的核心精神，但近代启蒙哲学大多是从现象平行层面来领悟人之自由的。在这个意义上，奥古斯丁对自由意志的追问并不完全等同于近代哲学的追问，但他的这种追问却隔着时代召唤了近代哲学思想。

真正本体的自由体验是无中生有似的，也是消融式的——现象之我的消融。虽然看起来以“无”为基础，但实质上却拥有一种完善感、充实感、价值感、美妙感。本体之自由是富有灵魂性的、富有生机的。前提是你的内在灵魂配得上这种自由，前提是你没有被现象之我过多束缚，如何才能使我们的内在灵魂配得上真正的自由？通过那些基于思想的智者的纯思或通过虔敬的信仰，我们看出了一些途径。信仰者找到了属于自己的真正的信仰——找到这种信仰的标志就是精神上常常进入忘我状态。如果自由状态不是垂直层面的，如果不能因此连接真正的存在，不能连接原初，不能给你带来切实的美妙的感受，如果自由只是现象平行层面形式性的，那么你迟早会“逃避”它，因为种种消极的形式自由经常会变成一种负担，常常也变成一种需要打发的时间性重负。事实上，任何事情，如果其不能给你带来切实的美好体验，你迟早会逃避那个事情。关于爱关于求知关于思考等都是如此。但这种消极的否定性形式自由也为更美好的自由感创造了外部条件。创造了自由的外在形式，及自由的潜在可能性。现象平行层面的群己关系界定无法给人真正的内容上的自由，无法给你实质性的真正自由体验，实质性的自由体验来自垂直层面上的天心之绝对，来自智者的智慧性纯思，或信仰者的内在真诚的信仰，来自由此而生的忘我（现象之我）的存在状态。自由与我们前面提到的单纯永恒无限圣洁等神性面孔在本质上是相通的，都与存在的原初本体的发生关联，也都与美好、美妙、和谐、深邃、神秘等感受联系在一起。获得真实自由美好感受的最大障碍就在于心心通道的堵塞与遮蔽。

四　超越庸俗、创造与存在之重生

“自由是心灵的最高定性……有了自由，一切欠缺与不幸都消除了。”①

这是黑格尔对自由最高的赞词，尽管他所理解的自由有自己特殊的含义。我们所理解的自由是天人合一式的，这种自由境界是一种美妙的和谐的深邃境界，这种境界的一个动人标志就是精神创造力量迸发。所谓海阔凭鱼跃的比喻虽然被局限于有形，但也能说明一点问题。鱼儿在辽阔的大海上游动飞跃、鸟儿在无垠的天空中飞翔，在某种程度上可以展现人与存在之根的关联。人之存在的自由

① 〔德〕黑格尔：《美学》第一卷，朱光潜译，商务印书馆，1996 年 6 月版，第 124 页。

与创造的本质就是心灵飞跃至深邃辽阔之境。在与原初贯通、联系与统一的状态里，自由、创造与存在合一，在天心—人心贯通、联系与统一之原初里，自由、创造差不多等同于纯存在性（不同于别尔嘉耶夫的自由先于存在论），是天心之纯存在性（或天之神性或心性）的显现。中国思想传统中的天心不是任何具体的存在，而是存在之存在，其也代表自由与创造本身。天心也是单纯、永恒、无限、圣洁本身，也是空静与气韵之本体。自由之纯粹性恰恰来自天心（天之神性或心性）。近代以来，从康德开始，经过谢林、克尔凯郭尔等哲学家，特别是到了现象学哲学，本体性自由似乎又回到思考的中心位置，这个东西方古老的核心思考主题，成了与存在真理直接相关的存在论问题。自由是最美好的本真存在之一，之所以如此，也恰恰起因于其天人合一性质。列奥·施特劳斯说：

“自由教育是从庸俗中解放出来。古希腊人关于‘庸俗’，有一个绝妙的词：他们称之为 apeirokalia，形容缺乏对美好事物的经历。自由教育将赠予我们对美好事物的经历。”①

自由的体验（自由感）—自由之存在着，这被视为一种最美好最美妙的存在体验之一，是一种绝对正面的对存在的肯定词，但真正具有美学意义的是垂直层面的本体性自由，而不是现象平行层面的消极自由或形式自由。本体性自由也属于存在的最圆满和谐完善的状态。真正的富有诗性的自由是天心人心连接同在之存在状态。天人合一之存在境界是一种自由的本体性存在，是垂直层面的自由存在，也是与自由创造相联系的存在。通过天人（天心—人心）的启

① 刘小枫，陈少明主编：《古典传统与自由教育》（之五），华夏出版社，2005 年 1 月版，第 8 页。

示性交流对话，获得了天人相通同在感，让人从现象物质性—功利关系性—被动性境况中解脱出来。这是存在之内在性重生。基于自由创造的内在重生也就是一种生命的枯木逢春，基于自由的各种经历（比如爱）把人从“庸俗”中解放出来。

只有自由之爱才能使人避免庸俗，也才能使人获得精神的重生，如同其连接了自由本身。自由之爱也是天心（或天之心性、神性）的见证者。真正意义上的爱具有本体价值，或者说具有连接本体的价值。真正的爱创造出新的存在，使人连接本体因而使人精神获得重生，并将“庸俗”之气一扫而空。自由、创造与爱都属于内在心灵价值现象学研究对象。这种心灵价值现象虚幻吗？对陷于俗在（陷入自然物欲者）那是当然，真正的自由、创造与爱是内在的美学性的，也是经常性被遮蔽的。这个时代有很多遗忘，包括遗忘了基于价值的自由、创造与爱。这个时代遗忘了真正意义上的价值观念（这个时代充满了对真正价值的遗忘）。心心美学（或存在诗学）是基于自由、创造的不断重生的美学或诗学。重生的核心秘密在存在自由及各种或隐或现的创造里。自由创造的感觉与体验是人类的最深邃的最有价值的感觉之一。自由、创造的体验是美妙的、迷人的、忘我的、令人陶醉的。自由与创造的观念就是人之纯真存在的基础性观念之一。这些观念以情感感受、体验的方式，在人的身上出现（或显露）时，就会呈现出一种特别的精神性韵味，就会让人产生一种特别的存在面貌，我们也常常把其称为“诗意般的”。创造、自由的感觉是最美妙的也是最直接的感觉，并在完整的直觉体验中显现。被天心之自由所启示所召唤启示的时刻，也就是被天之神灵（圣灵）光顾的时刻。这属于灵光乍现的时刻，这些时刻对那些伟大思想家、作家、诗人而言也是最美的时刻。这是存在的最自由的时刻，也是最富有创造力的时刻，也是人之存在的最有价值的时刻，也是人拥有深度价值体验的时刻，当然也是富有诗意的时刻（或充满美学性的时刻）。

天心—人心相通同在及启示性对话交流意味着真正地存在，简称心心存在。灵魂、自由、创造、诗意、重生、深度价值体验一同显现。这也是超越性存在特征之一。所谓内在重生也意味着非存在（或非存在性）的没落，也意味着新存在的诞生。人通过超越性的自由、通过创造的情境获得重生。真正的自由是让人得以存在的力量，也是克服虚无的力量，而不是使人通向虚无。这也是精神美好的真正秘诀。

中国诗人郭沫若在《凤凰涅槃》中吟唱道：

我们更生了，
我们更生了。
一切的一，更生了。
一的一切，更生了。

重生（或更生）是对旧的各种非存在及虚无的否定，是再一次通过深度价值体验肯定存在，肯定新存在的诞生。西方基督教文化中的所谓“做新人”（所谓上帝使你得自由），也是人之存在重生的隐喻式表达：通过水的洗礼或火焚烧旧生命的仪式感，实现新的诞生或更生或复活。真正意义上的祈祷也是一种创造或类创造，这也是不断地面向原在，沟通交流的过程。真正的祈祷及过程是一种心灵的创造过程，也是自由展现的过程。这种祈祷需要的是真诚虔敬的态度。

洗心革面也是一种诞生。还有通过写灵性日记反省自身方式。在世界各种文化中——比如基督教文化与婆罗门教文化——诞生都被象征性地提出。从虚无中诞生对于人之存在而言具有极其重要的象征性及意义。这是生命内在丰盈的一种溢出。人之存在的诞生—溢出意象是最古老的象征性表达。诞生也可以说是原初的显露或在场。真正人之存在的诞生具有原初的性质，植根于原初存在的内在的丰盈，也是由灵魂自上而下地发动的。美籍罗马尼亚学者米尔恰·伊利亚德在《神圣的存在——比较宗教范型》第八章写了“植物：再生的仪式与象征”一节。详细分析了各种各样的再生仪式。虚无中的诞生是天人合一性质的。存在之内在重生主要是心灵性质的，是一种启示性的对话交流，通过这种对话交流，实现心心相通同在，也见证了天心（天之神性、心性）。自由、创造与内在重生在本质上都是原初的显现者、见证者。

第九章 天人合一之文化价值及心心存在主义

诗人们并不发明任何诗，
诗在那后面某个地方，
它在那里已经很久很久，
诗人们只是偶然将它发现。

——〔捷〕詹·斯卡塞尔

心心美学（或诗学）是对人之存在更为本质的方向的思考，也更多关乎人之存在的纯粹面，而不是关乎人之实存的现象复合面，其更关乎人的存在整体而不是局部，其是内在的超越之学，而不是外在的世俗的成功之学，也是为了使人之存在变得更有精神价值学说，也是为人的存在寻找更为根本的精神基础之学，或者说是为人之存在寻找灵魂之根的学说，也可简称“寻找存在之根的学说”——寻找存在的深邃的精神之根。这是天心—人心敞开联系性启示性对话学、回归学或复归学，也即复归于源头之学，也是一种超越“俗在”之学，也是为了使我们的存在变得饱满、有意义有生机之学。天心（或天之神性、心性）之维占据了心心美学（诗学）第一精神基石的位置，因此可以说其是基于天心（或天之神性、心性）之维的保守主义诗学，或者说其是为了“克服虚无之学”。

“存在主义态度的主体是经验的人。”[①] 心心存在主义的美学（或诗学）态度的主体是能产生深度价值体验的人。

一　天人合一之文化价值与现代性危机

美国施特劳斯认为现代性的最大的危机与弊端就是价值虚无，这种虚无就植根于实证主义、历史主义等。事实上，现代性危机的实质就是天人分离的危机，也就是人心空洞的危机，或者说是人心已经变成现象心，而不再像人心的危机，也即天心—人心之间不再对话交流，不再有相通同在感，天人之间神秘的内在通道被堵塞被遮蔽。具体地说就是：人心由单纯走向杂多，追求瞬间性与有限性，缺乏内在的光明与圣洁感，不再拥有空灵与宁静，也没有本体的气韵支撑，不能享有来自天心之自由。天人合一之存在境界是敞开联系的内在对话境界；各种貌似有理的现代性给人之存在带来了价值虚无的困境。所谓价值虚无，不是指没有价值或缺乏次级价值，而是指最高价值源泉的枯竭以及最高价值（包括最高真、善、美、爱、意义等）的被贬损与渐次跌落。尼采与海德格尔的观点也与此类似。如何避免人之存在陷入价值虚无困境呢？那就得“挽救人心”，就得不断地展开“救心运动”，如何挽救人心或者说如何展开救心运动呢？首先要

① 〔美〕汉斯·约纳斯：《诺斯替主义》，张新樟译，上海三联书店，2006年6月版，第36页。

做的就是脱去重重现象心（知性之心、机械心、欲心、妄心等）的束缚，更多留下纯粹的本心（或道心、照心），这就需要恢复人心与天心的真正联系，也即恢复天心—人心的内在的启示性对话交流，让人有一个稳固的精神根基。诗人斯卡塞尔的诗句实际上就是肯定价值根基，而否定把人（现象人）置放在精神根本性位置上的倾向。他歌颂的是存在源头，歌颂存在之第一本性。这和中国信仰“天心”之古老思想传统是一致的。中国思想传统认为一切真正的精神价值都来自天心（中国思想传统之一：心体、心性、神体三位一体，一体而三名），或者说来自天之整体显现出来的“心性”与“神明性”或“神性”。真正的诗性（美学性或诗意等）也来自心心存在秩序。心心美学（诗学）就是给人以存在之根之学，就是给人以精神之根之学。天心——天之存在整体——所显露出来的源头属性对人之存在是最宝贵的，也是最有价值的。单纯、永恒、无限、圣洁等，都是源头特性进入人之存在的体验呈现，其可让人们获得超越的美妙的神圣的伟大的和谐的体验与感受，也因此使人之存在成为真正的存在。许多具有深邃的思想潜力者通过“沉思”或纯思——巴门尼德的思、普罗提诺的理智、谢林的理性、海德格尔的思等——凝思（或凝视）源头，但大部分人是通过情感或情绪体验并模糊地神秘地触及源泉。

“这产物生成之后又转到太一，被充满……构成了是（即存在——引者注）……它凝思自己的源头，从而被充满……没有任何东西能独立于自己的先在，或者从先在中完全分离出来。”[①]

“天心”代表终极性肯定存在的力量，而人心则代表对天心之纯

① 〔古罗马〕普罗提诺：《九章集》，石敏敏译，中国社会科学出版社，2009 年 10 月版，第 562—563 页。

粹性的分有，也代表人之存在的带有终极性色彩的肯定存在的力量。从心心美学的视角看，凝望（包括凝思）源头的存在就是价值存在，这也是克服虚无的法门，也是诗性之根本所在，其也代表真正的本真存在。天人合一之存在境界归根结底来自这一存在之源头。这是使存在有价值的根本，也是最高的价值正义，或者说是本原价值正义，是人之存在价值的第一根基，因而也具有最高存在正义性或精神正义性。所谓正义，按照一般的说法就是人们按一种至高的标准所应当做的事。心心美学之存在就是回归精神源头的存在。这就是最高的精神正义性。为什么在海德格尔的心中，诗性存在能代表真正的本真存在？因为这种存在靠近第一本性，也即靠近所从自出的最初的神圣源头，真正的诗性来自最初之源，而不是来自后来的经过多重演变的流。科学要把握的是从源流溢出来的局部有限物质，科学也没法用实证的方式把握存在之源。存在美学（或诗学）要领悟的是超越有限具体对象的那个深邃之源，那个无具体自然对象的存在之源头。所谓诗意的体验常常就是以隐蔽方式（及形象、情境、氛围、韵味等）连接源头或源泉的体验。

“怎能了解萦绕着神秘的梦想的悲伤灵魂？怎能懂得那些凶猛激烈、受本能与意念支配的头脑——这种头脑半是思考、半是幻想，其意志就是些不可抗拒的冲动——呢？推理理性不能设想这类形象；为了将它们纳入自己笔直的条条框框中，必须简化它们、重塑它们。”①

① 〔法〕伊波利特·泰纳：《现代法国的起源：旧制度》，黄艳红译，吉林出版集团股份有限公司，2014 年 4 月版，第 217 页。

"从本质上来说，宗教就是有信仰为伴的形而上学之诗。"[①]

"它们慢慢确立下来，一起构成人类文明……只会更加神圣，因为它们向我们揭示了一种隐蔽的力量，正是这种力量把野蛮的兽群塑造成了人的社会。一般说来，一种习惯越是普遍、越是古老，它的根基便越是深厚。"[②]

心心美学（或诗学）是和人之更深厚的存在密切相关之学，其思路常常与知性理性或自然科学是相左的，其所谓的研究方法也与所谓科学之方法是相左的。受现代启蒙运动推崇的知性理性与科技理性正面临着胡塞尔所说的"基础性危机"。

"胡塞尔从研究生涯开始就意识到当代数学和逻辑学中显然可见的'基础危机'，人们通常把物理学家和数学家与'基础危机'一词相连，但胡塞尔则是在更广泛的意义上使用此词……用其指一般科学危机。"[③]

现代性危机本质上也是人本主义的危机，是以人为中心的各种思潮的危机。科学与理性的基础性危机也伴随着一系列的新的自然发现，这些新发现——比如测不准原理等——对追求精确为目的的现代科学理性是个打击。整个的"现代性危机"就来自一些基础的被颠覆。科学与理性本身无所谓意义，相对来说其与人的深厚的存在关联不大，其对人的存在也是具有价值的，但这只能是局部价值与工具价值（或手段价值），在人之存在的价值序列中，其也属于次一级的价值。有价值的存在比理性精确的存在远为重要，而所谓价值

① 同上，第 215 页。
② 同上，第 213 页。
③ 〔爱尔兰〕德尔默·默兰 约瑟夫·科恩：《胡塞尔词典》，李幼蒸译，中国人民大学出版社，2015 年 7 月版，第 49 页。

常常就根源于人之存在的那个更为深厚的面。所以，谨慎地逆科学思维而行就可找到心心诗学之法。自然科学面向相对僵硬的自然物质现象（也被称为显现在外的影像），心心美学（诗学）面向心性自然，面向内在于自然有超越自然的源头，自然科学是分拆是细分，而所谓专业或专业性常常就是大全真理、源头真理的敌人，而不是亲密的朋友。

“亲爱的先生，所谓专业，它不是真理的朋友，而是真理的敌人。”[①]

天心关联着人之存在真理，其代表终极性实在，也代表最高的终极性真理，也代表终极性肯定存在的力量，也代表原初的纯粹完整与大全。关于这个大全真理在东西方有不同的称谓，可以用“天心”，也可以用“梵”“道”或“上帝”“太一”等表述之。在不同的文化中，常常用不同的称谓来命名或隐喻这个最高肯定。在《反异教大全》这本书里，托马斯·阿奎那就用了“上帝”说明大全与最高完整。在第三卷第十八章中写了“上帝何以是万物的目的”，在第十九章写了“论万物趋向于变得像上帝”。

“上帝他是如何在现实存在上先于万物的，他也就如何成为万物的目的。”[②]

心心存在触及的是整体性真理。而所谓专业是盲人摸象式的，即喜欢触摸某一个细小的局部，而所谓的学科特征常常意味着细分、再细分，这些被细分的学科最终能触及的只是大象的某一局部，但

① 〔英〕西里尔·斯科特：《看见真相的男孩》，冯倩珠译，广西师范大学出版社，2010 年 7 月版，第 154 页。

② 〔意〕托马斯·阿奎那：《反异教大全》，段德智译，商务印书馆，2017 年 6 月版，第 93 页。

却忽视大象之存在整体、总体，最后细微的有限的局部成了真理的化身，从而也就实实在在地歪曲了基于总体大全的真理。从精神深层角度看，热衷于细枝末节的实证科学无法真正地认识事物，也就是无法全面地整体地认识事物，无法全面地整体的认识事物也差不多等于没有真正认识事物。那些早已被肢解的局部的专业行话，外行人根本也无法弄懂。这意味着非专业人士没几个人能触及这个专业问题。心心美学（诗学）是关于完整存在之学。要把握这种完整依靠的是综合性直觉，自然科学要把握的是片面的局部现象，心心美学（诗学）要领悟的是现象之本质。自然科学是面向形而下之器，心心美学（诗学）更多是面向形而上之道。而所谓诗意就是对原初之完整的回归或复归，就是在体验中越过驳杂之现象连接深邃的源头之完整，并和源头交融连成一片，使自己成为源头的一部分。这时，人的现象之我自然和谐地消融——包括自然之我、社会之我与表层意识之我的自然和谐地消融。从这个角度看，基于数量与实证的科学式存在就是分割性存在，就是无源头之存在，就是局部性地细化扭曲之存在，也就是组合之碎片化存在。如果人类沿着这个方向一直单向地走下去，那必将使人之存在陷入世俗性沉沦与无意义之境地。从这个角度讲，也可以说，科学式存在是无最高精神正义性的存在，顶多拥有次一级正义性。

从中国传统视角看，原初的完整与大全就是天心，其也代表存在之第一本性及原初精神之根本。东西方传统文化都认为回归源头具有原初的正义力量——这个原初也是超越时间性的——也具有普遍深邃的精神性。“为天地立心”是一种狂妄，也是一种虚妄，也缺乏真正的正当性。“天心”作为万物存在之第一本性与依据——岂是卑微的人类可立的——其是一种本原性存在。人心——分享了天心之完整与大全——并不外在于天心，人心与天心本质相同相通，也是天心的一部分。心心美学（或诗学）所要做的就是去人心之遮蔽，在人之存在的各个层面上（社会文化等）回归顺应深邃之“天心”，由此其也具有了最高的正当感。这种“天启性”带来的存在正义感深刻地影响了中国思想传统，这是立足于天人合一之至高点的存在诗性，或者说存在诗性本身也因为其天人合一性质，拥有了至高的精神正义性。顺应天心的诗性存在也是人之本质之所在，也符合人之存在的最深邃的渴求，其也是人之为人的理想目标，从垂直层面上理解（对人的本质的界定有垂直与平行两种路径、方式或视角），人的本质在其理想性上（或在纯粹性上）就是天人合一之存在关系及存在状态的总和。这也是社会之为社会的理想目标，也是文化之为文化的理想目标。社会与文化也会因此具有至高的正义的精神光芒。正义的本原在天心，或者用西方人爱用的词汇讲就是上帝，都是代表终极性最原初的源泉及肯定存在的力量。

心心美学（诗学）信仰终极性肯定存在的力量，倡导人以心灵敞开联系的方式向着存在源泉的回归。与这一回归（或复归）源头思想相联系，所谓诗性（或诗意）承接了古老的人类之精神源泉，承接了古老深厚的灵魂性传统。所谓古老性常常意味着具有更浓厚的源头精神性，常常也因此具有精神上的正当性。我们这里所说的正义性也是对总体存在（可覆盖政治、法律、道德等领域）的肯定性精神判断，和其相对的是执着于局部片面性的否定性判断。诗性精神作为一种与存在源头相连接的精神，其应成为人之存在真正立法者与指导者。这也是古老的东西方共同的思想。归根结底，只有人之存在在诗性精神指引下逼近诗，人之存在才算是真正的存在，人之存在在所谓科学性指引下逼近科学，那人之存在的形态一定是趋于否定性的，也因为远离大全与总体精神，一定变得机械僵硬，一定失去人之存在之为人之存在的底色。你的存在越科学化，你的存在越有非存在的因素，你的存在也越狭隘僵硬。流行的科学潮流与人之存在的诗性渴望有着本质上的内在冲突。

“诗……是指一种内在的，植根在对象内部的诗，就像天体的音乐那样。人们说出话语之前，事情本身就是诗意的。”①

从广义上，我们可以说，以倡导人文精神为目的的人文学科在本质上都属于心心存在诗学，都应是和自然科学并行不悖的，都是为了精神之最高正义——以特别的方式肯定存在，复归源头，回归完整、整体、大全——都是为美妙、和谐、深邃、神圣而伟大的存在状态而在的，这种存在状态也是人之为人的最有价值的存在状态，也是人最为珍视珍惜的存在状态，这种有价值的存在状态借助深度价值体验自明地显现。各种看起来很有学术性的人文知识只是其表象——远离存在之根的人文只可能抓住表象。人文学科失去了自己根本的精神宗旨，必将陷入自然科学的那口无名的陷阱，也必将陷入自娱自乐的境地。这同伟大的文学艺术作品是一样的，文学艺术作品也是一种生动具体形象的心心存在诗学，也即是说，失去了把人带向美妙、和谐、深邃、神圣而伟大的存在状态这一目的，文学艺术作品也只能陷入各种局限性（包括私人化等）的自娱自乐之境地。

心心存在也通过真纯的文化表达出来，文化层面的诗学就是把

---

① 〔德〕谢林：《哲学与宗教》，先刚译，北京大学出版社，2017年1月版，第175页。

文化看成是“心体”。我们现代文化是以现象人为本的文化，也是悬在半空状态的文化，这种几乎只是为了顺从人的感性欲望及表层意识（知性理性等），但人之存在及其文化是有根基的，根基的动摇差不多就等于人之存在与文化根本的动摇。我们的文化需要根基的支撑，这就需要走内在超越之路，而不能被各种现象性事物迷惑、困住。有根的文化常常以隐喻、象征的方式触及存在源泉，其也属于最能持久深入人心（触及灵魂）的价值文化。东西方传统中那些看起来宗教式的或形而上性的概念、仪式，人们可以认定其为本体价值文化象征，或本体价值之文化隐喻。中国思想（及文化）传统有自己的第一原理，也即探讨存在之第一本性的思想，也即对“天地之心”（天心）的思考。以此为基础，中国文化有了最可贵的“天人合一”的思想传统。这个悠久的思想传统让每个中国人的存在宽阔深邃伟大了起来，也就是成为被“天”“天心”“天之心性”“天之神性”（天之道性）所支撑的存在。但我们这个精神传统又常常处在“被遮蔽”状态，未能成为我们文化的主流追求。中国传统文化的复兴也需要在这个方向上做深度挖掘。中华文化需要一次复兴性改造，需要从第一精神原理与第一存在之本性出发，从天人合一的想象中汲取伟大的精神源泉。让我们的古老的传统文化成为真正有深邃深远之根的文化，让我们每个中国人的存在成为被深邃深远的存在支撑的存在。我们需要扎根于大自然，我们更需要扎根于存在本身——用中国的术语表达就是扎根于天心。

二　天人合一、文化的内涵与意义启蒙

所谓文化通常是一种相对外显的表达形式。关于文化的内核，思想家也有着莫衷一是的理解，角度的不同造就了对文化内核理解的分歧。由于世界的世俗化倾向的加重，现在人们谈论的所谓文化更多指向日益外显的物质性客观性方向，并把那些物质性客观化的文化场景、器物展现、物欲消费等当作文化或文化活动。还有所谓的制度层面的文化等也越来越被重视。这些理论家倾向从有形的可测量的外部界定文化，从可感知的日常生活角度来理解也属于这种。这些理论倾向把文化看成是形而下的，可见的，并将之同实在的物欲世界关联在一起。比如美国学者劳伦斯·格罗斯伯格就持这种观点。他在《文化研究的未来》第一章“文化研究的核心”中，就明确支持具体的物质时空中的文化认知，强调其与外在的社会性的日常生活的关联，反对文化的普遍性、本质性、完美性，强调文化的相对性、地域性（即强调文化的和人的日常生活相关的具体语境）。

“文化研究描述了文化是如何影响人们日常生活的……文化研究剖析的是人们的日常生活如何被经济、社会、文化和政治权力的轨迹宰制。”①

如果沿着这个思路一直走下去，所谓文化离无形之心就越来越

① 〔美〕劳伦斯·格罗斯伯格:《文化研究的未来》，庄鹏涛等译，中国人民大学出版社，2017 年 7 月版，第 7 页。

远，也会愈益外化，并日渐成为远离心性的外在事物，也会成为各种物欲活动的描述，也会成为对现代人物欲与科技发展的集中表达。但无数个自然科学家、哲学家却郑重预言：这种以技术为核心的文化最后有可能导致人类的灭绝。“放缓技术发展的步伐”（马丁·里斯语）对人类发展而言是恰切的。实际上，从古老的东西方视角来看，所谓文化本质上也是心体，就像天是心体，人之整体存在是心体一样。每一种真正有价值的文化都蕴含着核心之“诗心”。受东西方古老思想传统影响，有些思想家则倾向从内部理解文化，并将之和人的深层存在（及体验）联系在一起。从这种内在视角透视，文化的最核心内核是“诗心”（美学之心），并和人的价值性存在相关，和人之最纯粹的灵魂相关，和人们最切实的心灵体验紧密关联。反过来说，那些缺乏价值性的，缺乏心灵性的，和人的内在的灵魂体验关联不大，甚至与之相反的文化方向、要素，很难作为真正的文化被理解被承认被传承。马克斯·韦伯说：

“文化的概念就是一个价值概念。”[①]

“自由教育是在文化之中或朝向文化的教育，它的成品是一个有文化的人。‘文化’首先意味着农作：对土壤及其作物的培育，对土壤的照料，按其本性对土壤品质的提升。在派生性上，‘文化’现今主要意味着按心灵的本性培育心灵，照料并提升心灵的天然禀赋。正如土壤需要它的培育者，心灵需要老师。”[②]

这是施特劳斯的看法。文化虽然常常以客观物化形式表现出来，

---

① 转引自〔英〕伯恩斯，〔英〕皮卡德：《历史哲学：从启蒙到后现代性》，张羽佳译，北京师范大学出版社，2008 年 1 月，第 285 页。

② 刘小枫，陈少明主编：《古典教育与自由传统》“经典与解释”之五，华夏出版社，2005 年 1 月版，第 2 页。

但其最内核或最核心内涵却与深邃的“心性”不可分，或者说文化与更深邃的存在密切相关。心心美学（诗学）是人类深邃心灵性的歌颂者、培育者，也是内在的精神性文化的推动者。另一个英国学者迈克尔·奥克肖特曾从人类内在交流的角度，说明了诗性的重要性，他写过《人类交流中诗歌的声音》一文，也写过《人类教育中谈话的声音》。人类交流中诗歌的声音主要不是来自人类理性部分，即主要不是来自人类的那些计划、目的及其有目的的创造方向，而是来自超越的方向，来自更为广阔的存在背景，及广阔存在背景中的神秘之声。这些常被称为“天籁之声”的声音，就来自天心—人心的内在的默默对话与交流。这里蕴含着内在的启示与隐蔽的精神激情。在《文化和它的敌人》一文中，马修·阿诺德说道：

“孟德斯鸠说过：‘驱使我们学习的首要动机是扩展我们天性中的精华部分，使灵长生物更具性灵’。这是正宗科学激情的真正动因与缘由，无论这种激情得到何种之宣泄；这也是文化真正的动因与缘由，文化可以看作是这种激情的结果……这也正是文化的目的，它能让我们弄清完美的意义，并使它发扬光大——而且在确定人类完美之所在的时候，宗教的结论与文化的结论是同一的。”①

所谓文化其核心内核在心性（灵性）——而不在知性（包括技术等）——方向上，更不在物性物欲方向。而所谓的人文，究其本质也是如此。真正的人文在心性（灵性）而不在知性（包括技术等）方向。那些只知要弄知性概念，并习惯于用知性方式思考世界者，那些习惯于用物质性（或事实性）常识来理解世界本质者，他们很难

① 转引自金惠敏主编：《差异》第 6 集，贺淯斌译，河南大学出版社，2011 年 5 月版，第 103—105 页。

得人文之深层要旨、要领。东西方传统精神与文化的最深层的连接点就在那份超自然的灵性上。按照上面奥氏的句式，可写为《人类诗歌（或诗性）中的天的声音》。所谓灵性、完美、诗性或诗意就是天之声音的回音，就来自天人合一的性质。宗教、哲学、诗学等之所以非常重要，更多源自其与存在之源头的那份深刻的关联。天人合一之存在境界也会通过文化使诗性客观化或象征化。而客观化的诗性文化又反过来促进人之存在：首要的核心的目的是保护、促成我们的有价值的体验——也包括人们经常提到的自由创造的存在体验。任何无助于有价值存在状态形成的文化都有可能是偏离正确方向的。任何威胁我们的有价值的存在状态——常常通过天人合一之有价值体验呈现——文化制度，及其规划、指令等——也是需要促进其精神变革的。有哪一个真正有价值存在状态（深度价值体验）和过分人为的方向（比如政府的宏观的计划、硬性指令等）有联系呢。

“大众文化需要所谓新观念的事物的不断支持，这些新观念是那些所谓有创意的人的产品：连歌曲广告都会失去吸引力，如果它们不随时更新的话……从长远来看，仍然需要一些完全不同的品质：一种献身、一种专注、一种辽远、一种深邃。”[①]

深刻的精神或心灵不需要那么多的人为性新观念或创意。深刻的心灵与精神通向基于忘我的献身、专注、辽远与深邃，而这条丰富深邃的心灵之路，其根基恰恰是天人合一性的。真正的天人合一文化主要不是所谓的生态文化，虽然天也有其物质自然性含义。天人合一文化主要是超越性文化，即人之向天心敞开的文化，这也是人类

① 刘小枫，陈少明主编：《古典教育与自由传统》“经典与解释”之五，华夏出版社，2005年1月版，第4页。

最深邃的精神品质培育的文化，这种精神品质就包含了施特劳斯所说的高贵的单纯与宁静的卓越。我们这里说的天超越物质自然性，代表存在第一本性，代表源源不断的高贵精神品质的力量源泉，其是天心或天之心性的体现。与此相对应的是信仰型文化，即对天心—天之神性（心性）—精神原型的客观化象征化的表达，以及对凝望源头的文化表达的信赖。各种信仰形态本身就是把源头作为存在核心与支柱的精神及文化形态。这是一种凝望存在源头的文化表达。所谓客观化、象征化、细节化的文化意味着：文化在包围着我们生活的各种各样的细节里，衣食住行的、听的看的、感觉的、想象的、体验的各种具体对象，包括我们置身于其中的各种环境——自然也包括教育环境，教育也是文化的一部分。但我们现在的教育差不多是无源头（无根）的教育，是割断存在深远之根的教育。现在人们喜欢说的文化等差不多也是缺少深远之根的文化。

从中华文化的一个独特视角来看，天心（或天之神性、心性）的显露需要通过人心，即通过心心存在及心心文化。心心文化指向天心—人心的对应、相通、交融与同在感，指向天人之启示性对话交流，指向天心（天之神性、心性）通过我们的内在存在感受获得表达、延伸，其也指向人心对天心的响应或应和。天之物质自然方向属于有形的，有场域的、时间性的，随处可发现其踪迹。心心方向则根本、无形、实在、深邃而微妙，只有通过微妙的体验及其语言形式才能被彰显，其不会受各种人为因素（政治目的、意识形态等）长久束缚。马克斯·韦伯认为：

“无论哪种情况，‘意义’都因某种形而上学的标准而被认为是客观‘正确的’或者是‘真理’……其目标均在于从其主观性抽取‘正确的’或‘有效的’意义。”①

在东西方古老的主流思想传统中，人之存在意义都因天人对话交流而生。但进入现代社会，存在意义已经渐次丢失——或意义感逐渐模糊、远去，这也是各种现代性所面临的最大危机。德国哲学家尼采的“上帝死了”——用中国传统的视野来看就是“天心之死”——概括了人之存在的现实，也即伴随着天心之死而来的人心之死。上帝死了一天心死了，事实上也就是能提升扩展人之存在价值的——最深邃的意义源泉枯竭了。自然主义、科学主义、外在的异化劳动实践观念等，都是使我们陷入意义丢失与模糊的推手，其让我们陷入与本质分离的疏离状态，这也是一种无意义状态，或者说是没有坚实意义源泉的状态，或者用保罗·蒂里希的术语说就是“意义模糊”状态，也即意义沉睡与不觉醒状态。这事实上也就是人与存在源泉的分离与割裂状态。为此，我们需要真正的意义启蒙。现代人活在现象之我里，几乎忘记了最坚实的意义感是什么。意义启蒙不同于目前流行的理性的或政治的启蒙（包括各种关于进步发展的启蒙）。近几百年来，理性启蒙成了社会上最流行的形式。但当下的现实是理性不再处于匮乏状态，甚至这种启蒙有过度之势（尤其是科技理性几乎压过了一切），真正意义上的政治启蒙略显不足，而真正的意义启蒙更是匮乏，或者说当下的人们似乎不太理解意义的真正的源泉是什么。当下的人们习惯在肤浅的意义上理解意义，把意义理解得过于狭隘，理解得过于功利化。在本质上，人之存在的意义是通过人走出自己，在面天而在中获得的。

① 转引自〔英〕伯恩斯，〔英〕皮卡德：《历史哲学：从启蒙到后现代性》，张羽佳译，北京师范大学出版社，2008 年 1 月版，第 289 页。

“至人无己，神人无功，圣人无名。”（ 战国庄子：《庄子·逍遥游》）

那些达到了天人合一之存在境界之典范——至人、神人、圣人——都是忘己的面天而在者。他们也是有意义的存在典范。现代人需要真正意义上的意义启蒙，也需要弄懂关于意义的较为清晰的感知方向。所谓意义启蒙意味着启发人们对真正的意义方向、意义情境与意义现实的觉知，或者说启发人们对真正有意义的敞开联系性现实与意义情境有着较为明确的觉醒，也可以说意义启蒙就是启发人们对“意义现实”、意义情境更为深刻的领悟理解与想象。关于这种敞开性联系性“意义现实”的精神精髓，美国著名哲学家蒂里希说：

“这不是一个存在的现实，而是一个意义现实，而且是那终极的、最深的、撼动一切事物却又重新建造一切事物的意义现实。”[①]

意义现实意味着基于此就能重塑一切事物，这需要最深邃的根基精神的参与。在中国的思想传统里，心心相通同在及合一，以及其启示性对话交流的内在过程，就是能撼动一切事物又重新建造一切事物的意义现实及体验过程。天人合一之相通同在感及合一感自明地体现在我们的深度价值体验里，也具体地显露于我们文化的方方面面。单纯存在及单纯体验，永恒存在及永恒体验，无限存在及无限体验，光明存在及光明体验，圣洁存在及圣洁体验，自由存在及自由体验，气韵存在及气韵体验，空静存在及空静体验等，都是属于最深的能撼动一起的意义现实。

① 参见〔德〕维尔纳·叔斯勒：《蒂里希：生命的诠释者》，杨俊杰译，河南大学出版社，2011年3月版，第34页。

有意义的语言启蒙也是意义启蒙的一部分。当下的现实里充斥着无意义的语言，其或是基于科学事实，或是基于物欲，或是基于狭隘的理性或政治意识形态，包括以语言运用为核心的部分诗人似乎也是如此。但科学式语言、基于物欲的日常语言，表层意识语言等，其很难创造出有震撼力的意义情境与意义现实。人们（包括一些诗人）似乎并不知道语言背后的真正的意义源泉，或者说不知道语言的意义感究竟来自哪里。哲学家海德格尔就曾说过，诗人是神性的召唤者、回应者，同样真正诗人也是富有神性的语言的创造者及传达者。恢复语言的可传达的原在神性的特质，祛除语言的各种人为成分，包括祛除语言的意识形态性、各种无意义中介性等。这是语言能给人带来价值感受的前提。恢复语言可传达的原在神性的特质意味着祛除各种遮蔽于语言之上的东西，让语言拥有本质性的质朴、自然之貌，更为重要的是：让其扎根于存在，并拥有与存在之根沟通的力量。这种质朴自然的富有神性的语言，常常是寂静的沉思性的，也常常以富有韵味的象征—隐喻的方式表达出来，人们借助这种语言——并通过具体的经验感受——通向更为深邃的存在根基，通向永恒、无限、单纯、光明，通向圣洁、空静、气韵、自由。这种语言不是基于各种各样的自然物欲及社会功利性目的，也不是规范的精确的科学性质的，当然也不受制于狭隘的政治意识形态。正如德国哲学家阿多诺所说的，抒情诗的语言具有更为纯粹的性质：

“在我们看来，抒情诗的最高形式是那些没有留下任何过去和现在的时间痕迹并杜绝了粗俗的尘世气息的作品，而它们恰恰是靠作品能使自我远离自然同时又唤醒自然的力量来获得这一荣誉的。”[①]

这和我上面所说的“人类诗歌（或诗性）中的天的声音”的提法是一致的。

三　敞开之联系性、天心之维与审美保守主义

以人为中心的人文主义本质上缺乏自足性。人文之道的最内核事实上就是敞开之道、联系之道，或者说是保持对原初的敞开联系之道。因为这涉及人之存在的精神内核问题。作为价值体验之一的审美当然也是如此，可以说审美是人文主义精神（人文之道）的最生动形象的表达。关于审美（诗意体验是审美的核心）几千年来说法众多。人们从不同之处着眼，看法自然就有所不同，甚至有很大的不同。如果不是从表面的现象变化，而是从本质及核心处看，那么我们可以说，没有一种真正的审美（及诗意）不是保守型的，即保守原初之纯存在性。但在普遍信奉社会进化及进步主义的背景下，保守原初的态度常常遭到各种非议，甚至和各种反动发生了摆脱不掉的关联。进步主义者热衷于现象平行层面的变化，也即人与物质自然、人与人之间的关系层面变化，也即热衷于人类历史的向前运动（尤其体现在现代技术体系方向），历史进步主义者忽视了人之存在的垂直

① 刘小枫选编：《德语诗学文选》（下），蒋芒译，华东师范大学出版社，2006 年 9 月版，第 427 页。

层面，忽视了人类存在的先验性精神潜能（这也被荣格称为集体无意识），忽视人之存在那些精神的根基，所谓变化开放、进步、发展等都只是现象意义上的，或者说是形式意义上的，而审美（诗意）在最深的意义上与精神根基相关，更多来自垂直层面的精神律动，审美是对存在本质的一种直观性洞悉，是以某种方式对原初之纯粹性的分有与留存。

基于此，在审美（及诗意）领域，只有一种主义是真正维护核心价值的主义，这一主义就是基于垂直精神层面的审美保守主义，也只有一种派别是真正有价值的理论派别：这个派就是心心美学之派。甚至可以说东西方思想传统的核心派别就是“心心存在”派。真正有核心价值的爱情都是保守的爱情，没有开放进步、随机变化的世故型爱情可触及爱之核心，在审美领域也是如此。关键是怎么理解所谓的保守。关于保守也可以从不同的层面（文化、政治等）上加以领会。地域不同，民族不同，对保守的领悟也有差异。我们这里所说的保守是保守原初之纯存在性，和面向天的存在态度相关，和天人合一之存在境界相关。就审美（及诗意）的精神实质看，基于人自身的物质外显的社会实践主义，基于历史演进的进步主义、基于地域的文化相对主义等都离真理较远。除此之外，审美保守主义也与基于信仰的深度价值体验紧密联系在一起，把价值的根基建筑在对纯存在的分有与留存上，建筑在真诚信仰的方向上。

所谓信仰本质上是天心—人心启示性的，没有基于人启的所谓信仰。人为制造出来的信仰是偶像崇拜。各种人启的信仰常常也是虚假的信仰。所谓天启式信仰也就是天心—人心的启示性对话交流，以及由此而生的人的沉思、领悟与信靠，并由此产生相通同在感（分有感)。信仰之存在状态会对人之存在产生实质性影响，相信一个终极性的肯定存在的力量或源泉，你的存在就会获肯定性力量的支撑，就会获得来自那个源泉的力量。真正的存在意味着首先你得相信并信靠那个终极性肯定存在的力量，就像真正的爱情意味着首先你得相信爱情一样。东西方古老文化的核心精神意向性就是相信那个终极性的肯定性源泉，然后在信的基础上仰望、依赖，最后产生深爱。你相信—深信什么，你的存在就靠近什么趋近什么。你深信现象、事实、物质，你的存在就会趋近现象性的事实与物质。信仰的最大功能是给人的存在带来基于原初的纯粹性、肯定感、灵魂感、完整感与单纯感。

中国思想传统中的最古老最正宗的一个思路是：相信天人在本质上是相通的，相信天心—人心在本质上是相通的，也相信天心—人心先验共通的存在模式，也即人的存在（或命性）和更为开阔更为深邃的天同质相通，基于此，人也具有深刻的先验性精神潜能（这也被荣格称为集体无意识)，这种精神潜能常常以深邃的意向性形式展现出来。而每个人在最深的本性上都是“天之子”，每个存在都呼应响应天之存在：每个人的存在在潜能上都可以像天之存在一样单纯、伟大、辽阔而深邃；人之存在是秉承天地而来，具有天之存在的本质特征及潜力。人之存在的核心任务（也是存在价值之所在，也是存在纯粹之所在)就是通过“修心”“养心”“存心”“明心”等，分有(或留存)天心之纯粹性，恢复自己潜在的精神先验性，以敞开的方式面向天而在，让天之心性通过人的有限存在获得一种表达、显现。这也即是中国传统所说的天人合一之存在境界。天人合一之存在境界的要旨不是你追寻天，而是你自然自发地敞开联系性的心扉，让天心

（天之心性）通过你去展露去延伸。

中国传统的思考方式与现代现象学是一致的。而现代所谓现象学其实是一种本质学，也是一种先验学，也是价值的根基学，也是以深信的情感状态（意向性）作为依托。中国传统的现象学式的思路是：每个人的存在与天之存在在潜能素质方面本质上是相同的（万物一体说的延展形式），人的存在与精神核心（人心）与生俱来的和天之核心（天心）遥相呼应、感应，这一思想在古印度叫梵，梵性之呼应感应。前面我们已经说过，中国古代的天大体上包含两个方向的含义：一是天之物理表层所表明的，其指向自然或自然性，儒、道两家莫不如此。二是指天之本体层面，也即指向天之自然—物理—生物性背后的心、心性或道，或道之神性，或者也可以说，指向天背后的神明性，也即把天之整体看成是“心体”。这也即天心之维，天心之维事实上是天之整体的心性（心体）之维。据此，如果哪天人存在结构中欠缺了天心—天之神性一维，人之存在也就堕落了，剩下的就是人和动物（或生物）共有的一面，或者剩下人与智能机器共有的那面。如果哪天文化中欠缺了天心—天之神性一维，文化也就衰落了并可产生致命性灾难，最后剩下的就是人和动物共有一面的文化，或者剩下人与智能机器共有的文化。

所谓文化衰落也包括语言的衰落，而语言的衰落常常是文化衰落的先行指标。这里以基督教的说法为例。据说，人类历史上曾经经历过三大灾难。亚当堕落、大洪水及语言的灾难，这个语言灾难被巴别塔的故事所表达。在《圣经·旧约·创世记》11:1 节记载。神用洪水除灭地上的恶之后，诺亚的后代在地上分为邦国。那时，天下人的口音、言语都是一样。人们变得骄傲，要为自己建造一座城和一座通天的塔。人们把自己当作偶像来拜，远离神，所以恶的种子在人们心中发芽。神就在那里变乱他们的口音，使他们的言语彼此不通，又让他们分散在全地上。他们就停工，不造那城了。“巴别”，在希伯来文又称巴比伦，就是“变乱”的意思，这些诺亚的子孙愿意建所谓“通天塔”，就是为要接近上天，与上天同等；他们还想传扬自己的名，所谓“传扬我们的名”，也就是人自以为可以和神等同。结果受到了上帝的惩罚：弄乱了原初的语言系统。因为神感受到了人类掌握了语言后的自大，于是就把自己所创造的人类正在使用的语言系统重新拆解了。让他们无法有效地交流。语言变乱意味着人类不再能借助语言通往最原初之路，不再能通过富有神性的语言结合成一个存在整体。

按照基督教的说法，堕落前的亚当的语言是富有神性的原初的语言，是上帝所创造的语言，也是能通往原初的语言，更是能使不同的人结合成一个生命整体的语言，也是能与神沟通、并使人相互沟通的语言，也是最完美的神所创造的原始语言，是神所命名的最初的语言，也是人能够直接读懂领会的语言。而此后的语言因为与神的沟通路径断了（神故意以此惩罚人类），只是人的语言，是人自己所创造的约定俗成的地域性的语言。对人而言，语言具有本质的意义，人是通过语言中介应和天人之合相通同在感的，应和天人之间启示性对话交流。对人而言，语言具有本体自由的性质，也是神性的一种显现。纯洁语言是更新存在的前提之一；本真的存在也包括纯粹的语言。存在的诗意之维（内在美学之维）需要通过诗性语言实现，而所谓诗性语言本质上就是富有神性的语言。真正的富有生命的语言是最初的神性（绝对性等）的见证者。而不是立足于个人表达的标新立异的个性化语言，更不是赶潮流时髦的先锋前卫的语言，而是能使人相互沟通并结合成一个存在整体的语言。这种语言也是多样的，文字语言、艺术性语言、大自然语言，社会性语言，能表达语义精神的那些中介性工具都是一种语言。这种语言就像一座通向人之深邃存在经验的桥梁。

天人合一之存在境界既是敞开性联系性的，本质上又是封闭的保守性的。在这一点上东西方思想家的核心思考是相似的：人之存在的精神核心就是要守护纯一之原初，这也意味着保守纯存在性之精神价值，也即保守天心之纯粹性之内在精神价值。所谓的保守主义只有从这个层面上去理解，才不会偏离其最基准含义。美国学者约翰·凯克斯（John Kekes）写了《为保守主义辩护》一书 。英国政治家昆汀·霍格（Quintin Hogg, 1907—2001）也写一部同名作品《为保守主义辩护》（The Case for Conservatism）。他们也都认为：保守主义与人性深处的永恒需要相一致。所谓的传统之所以可贵也就是因为其具有永恒的光泽。各种保守主义的首要职责在于：保护、应用和复兴传统中最美好的部分。文化保守主义同东西方的各种神秘主义与各种宗教信仰一样，具有明显的永恒指向。

“这样的保守主义指的仅是一种对旧方式的依恋，它是一种比任何方式的革新主义，比任何刻意的创新尝试更为古老的行为模式……其最初形式与神秘意识有关。”①

所谓旧、旧有的、旧的方式等描述性词汇，均指向人之存在的纯粹性根基，而这个根基就在天之方向上，或者说在天心之道及天心显

① 〔德〕卡尔·曼海姆：《保守主义》，李朝晖，牟建君译，译林出版社，2002 年 10 月版，第 56 页。

现的那个方向上。这种显现正是通过天心—人心的相通同在，及其启示性对话交流而来。单从人类学的视角来看，所有旧有的文化方式都来自人类的那种不变的守护。前面我们已经说过，从东西方古老的传统精神来看，所谓自然，其本质也在对原初的守护里。对旧方式的依恋也就是对源头的那种莫名的信靠。

审美保守主义与基于守一的自由主义是交融在一起的。这种自由主义与保守主义在核心精神上是相通的，也都能唤起人的内在生命激情。在欧美世界（尤其是英美）一直受保守主义文化思潮的影响，这个文化潮流也很懂得人作为精神载体所需要的，很懂得通向精神性的那些深邃的原理。美国著名学者拉塞尔·柯克曾写了一本专著叫《保守主义思想：从伯克到艾略特》。但保守或保守主义的核心本质就是“守一”，所谓的“一”代表天之核心本质，即天心。人们可以从各个现象层面上——比如自然环境的、观念的、社会文化制度的、习俗的等——来理解保守。也有一种是形式主义的压抑性保守，保守一些旧有的形式外观与礼仪，有助于政治的或道德伦理统治，却无助于个体的人的真正存在状态的改进，不能让人的内心真正实现敞开的联系性，并因此压抑了人的内心的无尽的可能性与潜力。另一种保守是本质层面的，有助于改善人之存在状态的，其保守是原初之纯粹性，保守的是存在的精神核心与灵魂，并认为其事关真正的存在。这种保守从本质上说也是审美的、诗意的。关于这一点，在中国道家的思想传统里已经有了比较明确的答案。审美（诗意）在最深的意义上与精神根基相关，更多来自垂直层面的精神律动。

审美保守主义是通向单纯体验：包括各种单纯性文化语言的表达与显现。审美保守主义是通向永恒体验：包括各种永恒性文化语言的表达与显现。审美保守主义是通向无限体验：包括各种无限性文化语言的表达与显现。审美保守主义是通向光明体验：包括各种光明性文化语言的表达与显现。审美保守主义是通向圣洁体验：包括各种圣洁性文化语言的表达与显现。审美保守主义是通向空静体验：包括各种空静性文化语言的表达与显现。审美保守主义是通向气韵体验：包括各种气韵性文化语言的表达与显现。审美保守主义是通向自由体验：包括各种自由性文化语言的表达与显现。

从着眼历史不断进步的启蒙主义视野看，心心美学（或诗学）也是保守主义美学（诗学），其主要不是讲人之存在的自然性及进化，不是讲人与自然的生物性和谐共生，也主要不是讲人之存在社会历史的相对性，也不是讲人之自以为傲的各种表层意识。心心美学（或诗学）讲的是天心（天之神性、心性）—人心相通同在，是天心—人心启示性对话交流，也可以说讲的是人之存在的内在心性（或灵魂性）。心心美学（诗学）是对人的心灵路线的讴歌，也是对人之本真存在的一种理论表达，心心美学还可扩展为内在的文化叙事诗学，也即人的纯粹存在的生动的文化表达形式。文化叙事之诗学只是把心心美学（诗学）讲述得更加具体更加细微，更具有事件感。因此，那些听起来有些形而上的存在，也就有了形而下的外显的各种表达形式，也即有了更多生动完整的关于第一存在、自然、人类历史及人类心灵的故事。

四　天人合一及美学的中心基础、任务

中国现当代主流美学面临着中心模糊的致命问题，这将导致所谓的美学思考偏离真正的方向（当然也包括美育之类的局部问题），或者说现当代主流美学的那些中心主题（思想），并不能成为美学的真正中心，其基本上属于虚假的偏离真正方向的理论：核心还是对人的本质缺乏真正的洞悉与理解。美或诗意的微妙本质归根结底与人的微妙本质是一致的。当你标识“实践美学”“生态美学”或“生命美学”时，你实际上也是以不同的方式在描述人的本质。至于你对人的本质这种标签式描述对与不对，那是另一回事。美的本质与人的本质在根子里不可能相互分离、断裂，也不可能不内在相通，因此也就不可能“去本质化”或“去本体化”。所谓本质（或本体）讲的就是最根本的“根”，讲的就是最深邃的基础，讲的就是最核心的依据与中心。流行的“实践”“生态”“生命”可以成为人之为人的存在之根、核心基础与依据吗？恐怕是不能的，人之为人的最核心基础与依据——也是美之为美的最核心基础与依据——不在外在的使用工具的劳动实践，也不在“生生”“生态”之生命，而在其对终极性存在的隐蔽显露与表达。对人之本质理解的狭隘与偏离，也会导致以此为基础的美学难以成立。当然你可以说人是没有本质的，因而美也是没有本质的，这是多元的单纯现象性思维。这样虽然会陷入公说公有理，婆说婆有理的后现代境地，但至少在说法上是自洽的。但流行的美学派别又想抓住

这个根本，又想把自己的美学思考奠定在可靠的基础之上，又想使其成为一种依据与中心，因而其思路又不是后现代多元倡导意义上的，但另一方面，你试图抓住的这个“根”及试图奠定的这个基础，真的扎实牢靠吗？具有真正的（逻辑的或精神的）起点意义吗？具有第一存在本性吗？具有终极实在性吗？从逻辑上来说，派生的属于流的事物不具有这种基础地位。如果缺少这个基础特性，其能成为真正的依据与中心吗？其还能经得起思想不断地刨根问底式终极性追问吗？真正深刻的哲学（包括美学）必须面对这种终极性追问（中国现当代美学学者普遍缺乏终极性追问的气质）。与实践论、生态论、生命论相比，所谓存在论（包括我们的心心存在论）似乎就可以直面这种追问。在终极性的追问面前：中国现当代主流美学的缺陷就暴露出来了：既未能通向源头的深邃的存在之根，也缺乏真正的基于切实体验的个体意义。这种以流为基准的空中美学不可能有超越时间的持久魅力。

如果所谓的问题意识真的重要的话，这就是美学中的最大问题。中国现当代主流美学思想应该扩展自己的精神视野，并需要在此基础上做出更大的改变，也即需要在汲取东西方古老传统基础上的改变。美学——作为第一哲学——要解决的正是科学能不能解决的问题，要解决的也不是生活的基于感性的枝节问题，而是人之存在之根本问题，即那些看起来无形却更重要的心灵支撑问题。可以这么说，进入美学状态就是进入“非异化”、“非疏离”、“非片面”的状态（席勒等思想的核心），就是进入“拥有心”的状态，就是进入人之真正的存在状态，也可以说是进入人之为人的本质状态。关于人之真正的本质，我前面已经说过，此处不再赘述。蔡元培校长曾在百年前提出以《以美育代宗教说》，这个观点似乎也只是从现象着眼，从根本上说是难以成立的，其似乎也有内在的逻辑问题。

“知识、意志两作用，既皆脱离宗教以外，于是宗教所最有密切关系者，唯有情感作用，即所谓美感。”[①]

“纯粹之美育，所以陶养吾人之感情，使有高尚纯洁之习惯，而使人我之见、利己损人之思念，以渐消沮者也。盖以美为普遍性，决无人我差别之见能参入其中。”[②]

植根于人之存在深处的宗教渴望（及敞开的联系性渴望、贯通性渴望等）具有先验性质（美国学者马斯洛的 Z 理论称之为“超越渴求”或“灵性渴求”，英国学者穆勒将其称为“宗教天赋”），岂是一般意义上以艺术教育为中心的美育可替代的？所谓宗教所谓信仰就是人心的一种敞开与交流的意向状态，或者说是一种对话状态，也就是通过内在的敞开，寻求与存在本质贯通、联系与统一、或者也可以说是寻求中心的存在倾向。在我们这里就是心心贯通、联系与统一倾向，这也是人之存在最深邃的精神趋向之一。深邃感、美妙感、和谐感、神圣感、灵性感、神秘感、意义感、价值感等都是其体验层面的显现。所谓美育从根底里说关乎真正的人的教育，或者说关乎使人进入真正存在状态的教育。从中国心学传统的视角看，人的本质不在孤立封闭的现象之我方向，而在联系的敞开的纯粹本心方向。中国心学传统对人的本质的界定更着眼于垂直层面（对人的本质界定有垂直与平行两种路径、方式或视角），即更着眼于人与终极性实在或创造性本原的贯通性、同一性或统一性。也即通过人之联系性

① 北京大学哲学系美学教研室编：《中国美学史资料选编》，中华书局，1981 年 4 月版，第 459 页。

② 同上，第 460 页。

敞开获得天人之贯通性、同一性、统一 性。人的本质在其理想性上（或在纯粹性上）就是天人合一（心心合一）——通过内在的意向性：启示性对话交流，并趋近相通同在——存在关系及存在状态的总和，或者说，人的本质在其理想性上（或在纯粹性上）就是天人合一之存在境界的总和，也就是说人的本质不是固定的，而是运动的敞开性的，是一个永无终结的启示性对话交流过程，这也确保了人的存在被向上引领。这也是我们心心美学（或诗学）的最基础性观点与看法。

一般意义上的美育要想替代宗教，那么这个美育必须是类宗教甚至超越宗教的（而且美育之宗教精神功能依旧能保留），否则如何替代、代替的依据何在。但从蔡元培先生罗列的那些美育例子来看，他说的美育差不多相当于艺术（包括文学）教育。如果文学艺术教育能够替代宗教，那信仰的根基岂不是很肤浅？实际情况是：在现代世界那些试图代替宗教的——包括正统的文学艺术等——日渐衰落，而其想替代的宗教却有复兴趋势，因为人的那份隐蔽的灵性渴求深深植根于人之存在的根基处。换句话说，真正的所谓宗教——不是一般意义上的形式性仪式或迷信状态——关联着人之真正存在方向。现在的好多哲学与美学为了科学之形忘却存在之神，为了生活的枝节忘却了存在的根本。为此，许多有抱负的哲学家（包括美学家）试图挽回其精神颓势，试图返回到古老传统并（比如德国哲学家海德格尔经常说要返回到哲学的开端）从中汲取更有价值的养料，这是许多哲学家的思考方法，也是他们的解决问题的途径。巴迪欧在《存在与事件》的导论中说：海德格尔认为这个时代由开启性的遗忘所主宰，需要返回到被遗忘的源头——古希腊的古老那里去。其实所谓美学更需回溯以往，从更为古老的传统中汲取有价值的营养。为此，更需要返回到鲍姆加登以前对美的理解与领悟中。

所谓“美”（及审美）其有两个基本的方向性的来源：垂直层面的与平行层面的。从现象平行层面或平行视角而来的美（及审美），与现象之我—自然社会层面（人与物质性自然、人与他人、人与表层自我关系性层面）有更多关联，也与现象—表象心的种种变化有关。这个层面的美（及审美）通常有较为具体感性的审美细节，来自人与自然的某种接触，或来自人与他人（社会）的种种关系性场面（关系性束缚的不存在），或来自某种生物层面的生机。这个层面的美（及审美）更多关乎那个自然之天及其人化，这个层面的天人合一差不多就相当于“自然人化”或“人之自然化”，这个层面的美（及审美）也关乎人与物质性自然、人与人之间关系的各种关联，也关乎个体的自由、自足、自我选择、自我设计、自我创造等。这也属于强调人之现象之我的美（及审美），是基于人与物质性自然性、人与他人，人与表层自我的关系性的美（及审美）。另外一种更加根本性的美（及审美）似乎属于东西方古老传统，这是关于更为根本的垂直层面的美的来源（或来自垂直方向的美及审美）。从这个方向看，所谓美（及审美、诗性等）就是天人合一性或心心合一性。这个天不是自然物理性的，而是指天心，天人合一即天心与人心的合一。这是美（及审美）的最为根本的层面，属于心心存在之美或心心存在之诗，心心存在是具有内在的贯通性、一体性、统一性的存在。而研究这种存在境界的美学（诗学）可简称“心心美学”（或诗学）。

没有“心”支撑的美（或审美）不会有纯粹性，而没有纯粹性的美（或审美）就没有真正的价值，就像现代之爱可以花样百出，但真正有价值的爱却基于某种纯粹性，没有纯粹性的爱能叫爱吗？美或诗性的那个心（中国思想传统中也有诗心之说，宋·王令《庭草》诗："独有诗心在，时时一自哦"。但和我们这里说的不同）是美（或审美）能被叫美（或审美）的核心支撑，那个心是不能忽视与遗忘的。这种美（或审美）事关人之本心，事关人之存在本质，其不同于现代心理学意义上的心，更不同于日常生活之心（心情），这两者都属于现象之心（前面说过，现象心不具有终极性的肯定存在的内在力量）。美或诗性之心是敞开的联系性之心，这是同上面（天心）与深处（人心）相通同在之心。在这个意义上，我们可以说美与诗意是终极性的某种流露与表达，也就是天心一人心的某种显现与表达，或者说美与诗意就是心的某种显现与表达。但这里所谓"上面"与"深处"在本质上也是相同相通的，在本质上也是一体的。这种隐藏着的方位意识只是一种象征性或类比性的说法。可以说，东西方核心传统都在追求这种意义上的美（及审美），如果从各种现象性对象及其关系中，看不到心的映现，那很难说那是美的或有诗意的。如果说，平行层面的自然对象性及关系性审美主要来自近现代传统，那么整个东方核心传统（中印传统等）、西方的核心传统（基督教传统等）更在乎垂直层面的心心审美，这个层面的审美更关注"心"的状态。基于此，所谓美、诗性就是心的一种或隐或显的折射与流露，具体地说就是天心之纯存在性被人心以某种方式分享或留存，或者说其就是显现了天心一人心的形象或情境（氛围、韵味等），或者在比喻的意义上，也可以说是存在源头在人心中的映射与流淌。这种映射或流淌让人心无蔽而澄明，也让人心成为中国传统所说的"道心"、"本心"、"照心"、"澄明之心"、"无碍之心"。是"心"让人的整体存在成为本真的存在，是"心"让人的存在成为具有诗性或美学性的存在。

人之“本心”（也是诗心、美学之心）——和天心相通同在之心——只有通过我们深度价值体验才得以显现，只有通过心灵路线才得以确立，它是各种宗教理论学说以及精神性强的哲学（包括富有诗性的浪漫主义哲学等）感兴趣的研究对象。但这种神性（或形而上性）并不虚无缥缈（当然现代人排斥这种无形的非精确的思想），而是真正自明的——对有心灵之人显示的那种真切的自明——经常流露在人之深切的价值体验里，作为支配我们存在的隐形的真理基础，其也恰恰是人之存在的根本部分，也是人之存在的最纯粹的部分（也可以说最富有诗意的部分），这也是中西方关于人之存在的最古老最传统的表述，即人的存在本质在垂直的天赋的方向，在天赋的“心性”“神性”（或道性、梵性、天性等）方向及其追求里，为了获得存在的价值感、意义感，为了摆脱现象之我的过分缠绕，人要走出自己，走出自己的狭隘世界，敞开、面向天（天心）而在，以期抵达天人合一之存在境界。这种天心—人心的启示性对话交流，及对应、感应、顺应与合一应该被放置在被称为第一哲学——美学——的中心。所谓美（诗性）就是心的显现与表达，就是“心之象”“心之境”（包括心之韵味、氛围等）。因此，心心美学（诗学）会更多触及难以言说的“心象”、“心境”、“心韵”等方面，并更多触及真正的存在之根。心心合一存在关系及其状态是人的理想本质之所在，也是人的精神潜力（潜能）渴求向往之所在。诗性或美学性就是内在的天人合一带来的情感体验（及形象、情境、氛围、韵味等）。所以，心心美学（诗学）的核心任务就是“挽救心”，让人真正地“拥有心”，从而在某种程度上将人从虚无中解脱出来。这也是心心美学（诗学）的真正的中心与基础。

用近现代的眼光来看，美学在关于人的知情意的传统三分法中也更接近情，但这个情的本质不是植根于自然之情，而是植根于超自然之情，植根于天心—人心的启示性对话与同在。换句话说，美学要研究的诗性或美学性，其更接近以纯粹心性为中心的存在体验学，也就是心心合一之价值体验学，或者说基于心心存在之价值体验学。德国古典哲学的开创者康德（《判断力批判》）与中国的近现代美学开创者之一王国维都把美学与情学联系在一起。在《论教育的宗旨》中，王国维称美育为情育，认为“美”就是感情之理想。他们都认可美学是价值情感学。但既然讲价值，就是涉及价值基础，这个基础主要在具有终极性的方向中。基于此，美学的命名与修辞主要不应是科学式的，主要不是使其符合客观事物，而应是使其超越物质与物性连接源头，并使之成为富有哲学感的价值修辞与命名（尤其是要成为能触及人之本心的具有本体感的价值修辞与命名）。美学要想真正触动人的情感体验，就必须使自身与存在源头及人之本心发生连接，只有这样才能触及人之存在的核心部分，也因此才会变得更有价值。美学作为一种价值性修辞、命名，就不应该过分纠缠外在之形（那是科学应该做的），而是应把重心放在领悟心心之纯粹性及心心存在关系及状态方面。

中国现当代美学主流被（以自然物质为基础的）现实现象界所引导，差不多忘记了美之所以能成立的那个终极性基础，也就忘记了天心（也代表终极性的肯定存在的力量）与人心（具有终极性的肯定存在的内在力量），差不多忘记了美那个更深邃本体之根，差不多忘记了那个被现象遮蔽的存在本原，差不多忘记了存在及精神的最高原则，差不多忘记了存在及精神的根本性源泉——也即以天心为核心的最高源泉——差不多忘记了天人合一（天心—人心合一）带来的心心存在性——而这是美学性、诗性根本之所在。中国现当代美学主流在认识社会客观物象或社会物质实践现象的层面上耗费精力，在物欲感性生活方向上倾注注意力，几乎成为现代大众消费的忠实伙伴。总之，中国现当代美学主流外在技艺感、物欲感太强，实用性功利性日常性太明显，研究对象也过于驳杂，到了几乎无所不包的程度，马尔库兹式的感性之维或"反升华"方向成了主基调（感性形式感性快感成了核心），迷失了精神性中心及方向，缺乏深邃稳固的精神性基础。你不深信存在的深邃并对之开放，那么你的存在就有可能趋近非深邃的肤浅。现代人倾向认为有没有那个深邃的存在之根的支撑并不重要，这种认识缺乏对人之存在的真正领悟，因而有极大的局限性。可以说，那种有根的感觉及先验性体验是诗性（美学性）支柱性基础，其不是可有可无的，失去这种感觉就会从根本上失去美学性（诗性），正如爱之根的失去会导致爱的变质一样。

"胡塞尔相信，重要的是建立一门日常朴素信念的科学，一种信念的科学……我们的日常信念，在我们的实践活动和兴趣的生活世界中，具有自身的有效性和正当性。"①

"胡塞尔强调，我们的'根本信念'或'基本信念'关系到通过知觉被给与的世界之存在和实在性。他将信念对比于知识。"②

信仰终极性实在及终极性肯定存在的力量，信仰存在的那个基础之根及源泉，这会让人产生真正意义上的美学（或诗性）状态。仅

① 〔爱尔兰〕德尔默·默兰 约瑟夫·科恩：《胡塞尔词典》，李幼蒸译，中国人民大学出版社，2015 年 7 月版，第 57 页。

② 同上，第 26 页。

仅从现象平行层面看待美（或审美），美（或审美）的基础就不稳固不深邃。以此为基础的美学也常会陷入虚假状态，因为这种美学思考的基准是“复合的”“驳杂的”现象现实。但失去精神源泉浇灌的生活现实从根本上说谈不上美（或诗性），相反日常生活之所以美主要还是因为其显现了更深的精神之道（也就是心），而不是因为生活之形与技的那些方面，日常生活之所以美主要还是因为其隐蔽曲折地展现了心，换句话说，日常生活之美恰恰来自一种隐在的心性（比如茶道等），来自基于这种隐在心性的自然自发性，来自那种心性的含蓄平静的显露与流淌。美学（包括美育）的主要功能不是要解决生活的枝节问题，不是为了让我们的生活感性舒服美观，而是要解决存在的最根本问题，要使人之存在更具“心性”，要让人之存在成为有心性的或有心的，成为“心心的象征与表达”，从而能让人从各种虚无中解脱出来。以实用型美学（包括实用生活美学）指导生活，人之存在将失去神圣基础与神圣感。实用型美学常常成为常识性枝节性生活的指导理论，常常成为现代人众感性消费的粗浅指南，其常常也成为触动不了人的内在精神的文字游戏，而且是非常耗脑的复杂的文字游戏。不能说日常生活没有美（或没有诗性），只是其“含美量”（含诗意量）“纯粹度”不高。作为一个理论思考者，我们更应该以“含美量”（或含诗意量）“纯粹度”更高的“心之象”或“心之境”（包括氛围、韵味等）为思考对象。实际上，没有建立在真实的价值体验基础上的“升华”（升华的最终依据就在天心之纯存在性上），所谓美所谓诗意就达不到“心性”高度，也就是永远“含量”不够，也永远会缺乏“纯粹度”。“满足于一种不纯粹的，甚至可以说是肮脏的经验"[1]，这种态度不是一个真正的理论者（尤其是美学理论者）应有的态度。没有纯粹度就没有至善与至爱，也没有至美与至真，更没有真正意义上的美学性或诗意。一种具有第一性色彩的基础理论（即人文精神的最基础科学）不能把"复合的""驳杂的"现实当作自己理论思考的依据，也不能把其当作自己理论体系的支撑根基，一种具有第一性色彩的基础理论如果缺乏"纯粹度"，那它就很难成为真正的理论。美学（所谓第一哲学）的中心应该是解决存在之最根本问题，也应该解决的是内在而普遍的问题，而不是基于感性物欲的生活的现象枝节问题，或现代感性消费的指南问题（虽然感性消费生活也包含了美与诗意的含量），而存在根本问题恰恰关乎存在之升华方向（这绝不是所谓的压抑方向，而是根基更深的真切体验方向）或超感性方向，正是超感性方向（或升华方向）构成人之存在的最坚实的支撑基础。

从东西方更为古老的传统视角看，所谓美学（诗学）更多是从垂直层面来谈的（而不是以人为核心的平行层面），主要研究人的特别的存在状态，也即存在之面向终极的开放性状态，常常正是这种开放性状态带来存在的美好、和谐、微妙、深邃、神圣。这常常是人的一种忘己性状态，也是人之敞开的联系性状态，即心心贯通状态。这种特别的存在状态属于"心""神"（而不是属于"形"或外在形）。如果美是心的象征与表达，是"心之象""心之境"（包括心之韵味、氛围等），那么美学也就属于基于"神""心"的学科，或者说属于更为精妙的"关乎心"的精神学科，也是非功利的更具有内在感的学科，

---

① 〔德〕谢林：《哲学与宗教》，先刚译，北京大学出版社，2017 年 1 月版，第 353 页。

其命名、修辞与书写主要不是为各种形（形而下的感性层面的事物）服务，主要不是描述天人相分之科学式状况，其理论思想也主要不是为了符合客观事物，其也不属于物质实践性（或感性生活）现象学，而属于敞开联系性心灵实践性现象学，也即基于天人合一性的价值体验现象学，是为了把握超感性的“心心合一”之价值存在状态（或形象、情境、氛围、韵味等）。人之实存确实常常处在二律背反式的困境中，但这并不影响美学的核心使命。美学主要是价值性（尤其是本体价值）命名、修辞与书写的学科。中国现当代美学（主流）需要真正意义上的正本清源，需要恢复自身直接的内在精神性，需要更多从外视转到内悟，这样才能紧扣美学真正的核心枢纽。美（或诗性）之存在关联着人之真正存在（本心），关联着从理想性（纯粹性）角度界定的人之存在本质。

美学——本质上应等同于诗学——应该走上超越科学之路，其作为价值性命名、修辞与书写，最根本的方向应该是领悟人之存在之根——尤其是第一存在本性方向，在中国思想传统中，也就是天心（天之神性、心性）的方向。从心心存在主义的视点来看，美学研究者本人本质上不应该像拘泥于局部事实的科学家，而更应该像敏感深邃的诗人。他的心能自然自如地敞开，倾听来自天心的启示与召唤。美学应该和深邃的心灵的向往，和真正的纯粹存在意志达成一致。美学应该像睡美人一样在内在精神王子的一吻之下，真正地苏醒过来，更多循着古老精神传统足迹前行，恢复其与本体价值的内在关联，并需要沿着鲍姆加登命名美学（他以感性感觉学命名美学）以前的古老方向（也是古老的深邃的精神方向），走向深邃纯粹的精神远方。这种经过矫正的美学就有了“根之感”，就能更多体现本体价值之隐蔽光芒。这种美学可简称心心美学（或诗学）。

天人合一之存在境界是对人之存在的诗意之维的描述，其更注重人们未能予以留意的纯粹方向与基础，其既超越了人与动物的共同共有的面——自然物欲性，也超越了人与人之平行层面社会历史性，也超越了人与未来智能机器人共有的表层知性理性。心心美学（或诗学）倾向于谈论人的存在独有的也是最纯粹的基质及其状态，这种意义上的人之存在不再是生物性的“生生”“生态”，也不是人与人之间的社会关系，也不是智能机器人式的机械僵硬之知性理性，而是天心—人心之“心心”存在。“心心”存在有自己独有的非动物性的本质，有自己本原性的基础与方向，也即超越一般的自然意志欲望、表层知性理性及社会性实践的基础与方向。人面天而在接受“天心”的启示与召唤，与天之神性（心性）合一，这构成了人之存在的最纯粹的方面。忽视、分解或拆散了这个最深邃的基础与方向，人之存在将必然被损害被扭曲。近代以来，人之存在——因为基于局部的感性物欲与现象关系性，丧失了整体感根基感——表面上看来似乎越来越多彩丰富很多样化，但也使人之存在愈益走向外在化，缺少真正的精神内核。所以，我们的存在实际上一直走在被损害被扭曲的路上。

参考文献

[1] 王阳明:《王阳明全集》, 上海古籍出版社，2011 年 10 月版。
[2] 王夫之:《船山全书》(一), 长沙岳麓书社，2011 年 1 月版。
[3] 冯友兰:《中国哲学史》, 重庆出版社，2009 年 11 月版。
[4] 北京大学中国哲学史教研室编:《中国哲学史》, 商务印书馆，2004 年 10 版。
[5] 张岱年主编:《中国哲学大辞典》, 上海辞书出版社,2014 年 5 月版。
[6] 陈来:《宋明理学》, 北京三联书店，2011 年 1 月版。
[7] 张世英:《天人之际——中西哲学的困惑与选择》，人民出版社，1994 年 12 月版。
[8] 北京大学哲学系美学教研室编:《中国美学史资料选编》，中华书局，1981 年 4 月版。
[9] 杜继文:《汉译佛教经典哲学》(上下), 凤凰出版传媒集团，2008 年 11 月版。
[10] 徐小跃:《禅与老庄》, 凤凰出版传媒集团，2010 年 2 月版。
[11] 黄裕生:《宗教与哲学的相遇》，南京江苏人民出版社，2007 年 8 月版。
[12] 黄裕生:《西方哲学史》第三卷《中世纪哲学》，凤凰出版社，江苏人民出版社，2005 年 12 月版。
[13] 曹荣湘选编:《后人类文化》, 上海三联书店，2004 年 7 月版。

[14] 刘小枫，陈少明主编：《古典传统与自由教育》之五，华夏出版社，2005年1月版。
[15] 孙晶：《印度吠檀多哲学史》，中国社会科学出版社，2013年5月版。
[16] G. S. 基尔克等：《前苏格拉底哲学家——原文精选的批评史》，聂敏里译，华东师范大学出版社，2014年5月版。
[17]〔德〕康德：《三大批判合集》上下，邓晓芒译，人民出版社，2009年10月版。
[18]〔德〕黑格尔：《美学》，朱光潜译，商务印书馆，1996年6月版。
[19]〔德〕鲍吾刚：《中国人的幸福观》，严蓓雯等译，江苏人民出版社，2004年10月版。
[20]〔德〕马克思：《1844年哲学经济学手稿》，人民出版社，2002年12月版。
[21]〔美〕詹启华：《制造儒家——中国传统与全球文明》，徐思源译，北京大学出版社，2019年5月版。
[22]〔日〕铃木大拙：《铃木大拙中国哲学小讲》，吾久乐译，北京大学出版社，2019年9月版。
[23]〔古罗马〕普罗提诺：《九章集》，石敏敏译，中国社会科学出版社，2009年10月版。
[24]〔古罗马〕奥古斯丁：《论三位一体》，周伟驰译，世纪出版集团，上海人民出版社，2005年5月版。
[25]〔意〕托马斯·阿奎那：《反异教大全》，段德智译，商务印书馆，2017年6月版。
[26]〔意〕托马斯·阿奎那：《论存在者与本质》，段德智译，商务印书馆2013年4月版。
[27]〔英〕尔曼·P. 巴利：《古典自由主义与自由至上主义》，竺乾威译，上海人民出版社，1998年1月版。

[28]〔美〕奥尔森:《基督教神学思想史》,吴瑞诚,徐成德译,北京大学出版社,2003 年 8 月版。
[29]〔美〕R. 尼布尔:《人的本性与命运》,成穷,王作虹译,贵州人民出版社,2006 年 6 月版。
[30]〔爱尔兰〕德尔默·默兰约瑟夫·科恩:《胡塞尔词典》,李幼蒸译,中国人民大学出版社,2015 年 7 月版。
[31]〔英〕大卫·鲍兹:《古典自由主义》陈青蓝译,同心出版社,2009 年 8 月版。
[32]〔德〕谢林:《哲学与宗教》,先刚译,北京大学出版社,2017 年 1 月版。
[33]〔德〕谢林:《论人类自由的本质》,先刚译,北京大学出版社,2019 年 3 月版。
[34]〔德〕谢林:《世界时代》,先刚译,北京大学出版社,2018 年 3 月版。
[35]〔德〕谢林:《对人类自由的本质及其相关对象的哲学研究》,邓安庆译,商务印书馆,2008 年 6 月版。
[36]〔德〕谢林:《学术研究方法论》,先刚译,北京大学出版社,2019 年 1 月版。
[37]〔德〕迈尔·Hernrich Meier:《古今之争中的核心问题》,林过季等译,华夏出版社,2004 年 9 月版。
[38]〔波〕瓦迪斯瓦夫·塔塔尔凯维奇:《西方六大美学观念史》,刘文潭译,上海译文出版社,2006 年 8 月。
[39]〔日〕铃木大拙:《铃木大拙中国哲学小讲》,吾久乐译,北京大学出版社,2019 年 9 月版。
[40]〔德〕海德格尔:《海德格尔选集》,孙周兴译,上海三联书店,1996 年 12 月版。
[41]〔德〕马丁·海德格尔:《哲学论稿——从本有而来》,孙周兴译,

商务出版社，2012 年 6 月版。
[42] 〔英〕维特根斯坦：《维特根斯坦全集》第一卷，陈启伟译，河北教育出版社，2003 年 1 月版。
[43] 〔美〕约瑟夫 · 坎贝尔：《千面英雄》，朱侃如译，金城出版社，2012 年 2 月版。
[44] 〔美〕汉斯 · 约纳斯：《诺斯替主义》，张新樟译，上海三联书店，2006 年 6 月版。
[45] 〔法〕阿兰 · 巴迪欧：《存在与事件》，蓝江译，南京大学出版社，2018 年 4 月版。
[46]《超越生物中心主义：以生命和意识为中心，重构时间、空间、宇宙与万物》，杨泓，孙红贵等译，湖南科技出版社，2017 年 5 月版。
[47] 〔瑞士〕C. G. 荣格：《寻找灵魂的现代人》，苏克译，贵州人民出版社，1987 年 9 月版。
[48] 〔古希腊〕普鲁塔克：《论埃及神学与哲学》，段映红译，华夏出版社，2009 年 1 月版。
[49]（匈）马尔库什：《马克思主义与人类学》，李斌玉，孙建茵译，黑龙江大学出版社，2011 年 12 月版。
[50] 〔日〕今村仁司等：《现代思想的源流》，卞崇道，周秀静等译，河北教育出版社，2002 年 1 月版。
[51] （法）贝尔纳 · 斯蒂格勒：《技术与时间：爱比米修斯的过失》，裴程译，译林出版社，2000 年 1 月版。
[52]《舍斯托夫文集第四卷：旷野呼告》，方珊，力勤译，上海人民出版社，2004 年 9 月版。
[53] 〔美〕尼尔 · 波斯曼：《技术垄断：文化向技术投降》，何道宽译，北京大学出版社，2007 年 10 月版。
[54] 〔德〕埃德蒙德 · 胡塞尔：《欧洲科学的危机与超越论的现象学》，王炳文译，商务印书馆，2001 年 12 月版。

[55]〔德〕埃德蒙德·胡塞尔:《现象学的观念》,倪梁康译,上海译文出版社,1986年6月版。

[56]〔爱尔兰〕德尔默·默兰 约瑟夫·科恩:《胡塞尔词典》,李幼蒸译,中国人民大学出版社,2015年7月版。

[57]〔德〕胡塞尔:《哲学作为严格的科学》,倪梁康译,商务印书馆,1999年1月版。

[58]〔法〕亚历山大·柯瓦雷:《牛顿研究》,张卜天译,商务印书馆,2016年10月版。

[59]〔法〕雅克·朗西埃:《历史之名——论知识的诗学》,魏德骥,杨纯娴译,华东师范大学出版社,2017年1月版。

[60]〔俄〕别尔嘉耶夫:《末世论的形而上学》,张百春译,城市出版社,2003年1月版。

[61]〔法〕朱迪特·勒薇尔:《福科思想词典》,潘培庆译,重庆大学出版社,2015年6月版。

[62]〔德〕卡尔·洛维特:《从黑格尔到尼采:十九世纪思想中的革命性决裂》,李秋零译,北京三联书店,2006年4月版。

[63]〔德〕鲁道夫·奥伊肯:《生活的意义与价值》,万以译,上海译义出版社,2005年5月版。

[64]〔法〕弗朗索瓦·多斯:《从结构到解构——法国二十世纪思想主潮》上卷,季广茂译,中央编译出版社,2004年5月版。

[65]〔美〕乔治·莱考夫,马克·约翰逊:《我们赖以生存的隐喻》,何文忠译,浙江大学出版社,2015年3月版。

[66]〔德〕苏索:《论永恒的智慧》,林克译,华夏出版社,2004年12月版。

[67]〔法〕乔治·巴塔耶:《内在体验》,尉光吉译,广西师范大学出版社,2016年6月版。

[68]〔波兰〕莱泽克·科拉科夫斯基:《马克思主义的主要流派》第一

卷，唐少杰、顾维艰等译，黑龙江大学出版社，2015 年 11 月版。
[69]〔丹麦〕克尔凯郭尔：《克尔凯郭尔的人生哲学》，谢秉德译，香港基督教文艺出版社，1986 年 3 月版。
[70]〔法〕文森特·德贡布：《当代法国哲学》，王寅丽译，新星出版社，2007 年 2 月版。
[71]〔英〕柯普斯登：《西洋哲学史》第二卷，邝锦伦，陈明福译，台湾黎明文化事业出版社，2004 年 10 月版。
[72]〔英〕司各特：《论第一原理》，王路，王彤等译，华东师范大学出版社，2008 年 3 月版。
[73]〔印〕克里希那穆提：《最初和最终的自由》，于自强，吴毅译，华东师范大学出版社，2005 年 11 月版。
[74]〔德〕阿诺德·盖伦：《技术时代的人类心灵》，何兆武，何冰译，上海科技教育出版社，2003 年 6 月版。
[75]〔美〕米尔恰·伊利亚德：《神圣存在》，晏可佳，姚蓓琴译，广西师范大学出版社，2008 年 8 月版。
[76]〔奥〕弗里德里希·希尔：《欧洲思想史》，赵复三译，中文大学出版社，2003 年版。
[77]〔法〕E. M. 齐奥郎：《眼泪与圣徒》，沙湄译，商务印书馆，2014 年 1 月版。
[78]〔荷〕乌特·哈内赫拉夫：《西方神秘学指津》，张卜天译，商务出版社，2018 年 1 月版。
[79]〔美〕罗洛·梅：《人的自我发现》，郭本禹，方红译，中国人民大学出版社，2008 年 9 月版。
[80]〔美〕威利斯·巴恩斯通编：《博尔赫斯谈话录》，西川译，广西师范大学出版社，2014 年 10 月版。
[81] 麦里斯滕·利平科特，翁贝托·艾柯，贡布里希等：《时间的故事》，刘研，袁野译，中央编译出版社，2013 年 10 月版。

[82]〔印〕泰戈尔:《修行：生命的证悟》，钟书峰译，法律出版社，2019年3月版。
[83]〔德〕汉斯·约阿斯:《人之神圣性》，高桦译，上海人民出版社，2017年5月版。
[84]〔美〕M. A. R. 哈比布:《文学批评史——从柏拉图到现在》，阎嘉译，南京大学出版社，2017年1月版。
[85]〔法〕马赛尔·莫斯:《论祈祷》，蒙养山人译，北京大学出版社，2013年6月版。
[86]〔德〕马克斯·韦伯:《新教伦理与资本主义精神》，于晓，陈维纲等译，北京三联书店，1987年版。
[87]〔意〕翁贝托·艾柯:《美的历史》，彭淮栋译，中央编译出版社，2010年10月版。
[88]〔德〕卡尔·雅思贝尔斯:《大哲学家》，李雪涛主译，社会科学文献出版社，2005年2月版。
[89]〔波兰〕米沃什:《米沃什词典》，西川北塔译，广西师范大学出版社，2014年2月版。
[90]〔法〕波德里亚:《象征交换与死亡》，车槿山译，凤凰出版传媒集团，译林出版社，2006年4月版。
[91]〔美〕米尔恰·伊利亚德:《宗教思想史》，晏可佳，吴晓群，姚蓓琴译，上海社会科学院出版社，2004年6月版。
[92]〔德〕威廉·狄尔泰:《历史中的意义》，艾彦译，译林出版社，2014年7月版。
[93]〔法〕莫里斯·布朗肖:《文学空间》，顾嘉琛译，商务印书馆，2003年11月版。
[94]〔英〕迈克尔·奥克肖特:《历史是什么》，王加丰，周旭东译，上海财经大学出版社，2009年2月版。
[95]〔英〕弗里德里希·奥古斯特·哈耶克:《自由宪章》，杨玉生等译，

中国社会科学出版社，2012 年 5 月版。
[96] 〔英〕约翰 • 穆勒:《论自由》，吕凡礼译，广西师范大学出版社，2011 年 9 月版。
[97] 〔法〕加缪:《加缪全集》，柳鸣九主编，丁世中，沈志朋译，散文卷（I），上海译文出版社，2010 年 1 月版。
[98] 〔美〕劳伦斯 · 格罗斯伯格:《文化研究的未来》，庄鹏涛等译，中国人民大学出版社，2017 年 7 月版。
[99] 〔英〕伯恩斯，皮卡德:《历史哲学：从启蒙到后现代性》，张羽佳译，北京：北京师范大学出版社，2008 年 1 月版。
[100] 〔德〕维尔纳 · 叔斯勒:《蒂里希：生命的诠释者》，杨俊杰译，河南大学出版社，2011 年 3 月版。
[101] 〔德〕卡尔 · 曼海姆:《保守主义》李朝晖，牟建君译，译林出版社，2002 年 10 月版。
[102] 〔美〕约翰 · 赛尔:《心灵、语言和社会》，李步楼译，上海译文出版社，2001 年 2 月版。
[103] 〔美〕乔治 · 赫伯特 · 米德:《心灵、自我与社会》，赵月瑟译，上海译文出版社，2018 年 4 月版。
[104] 〔英〕吉尔伯特 · 赖尔:《心的概念》，徐大键译，商务印书馆，1992 年 7 月版。